張成秋撰

先秦道家思想研究

中華書局印行

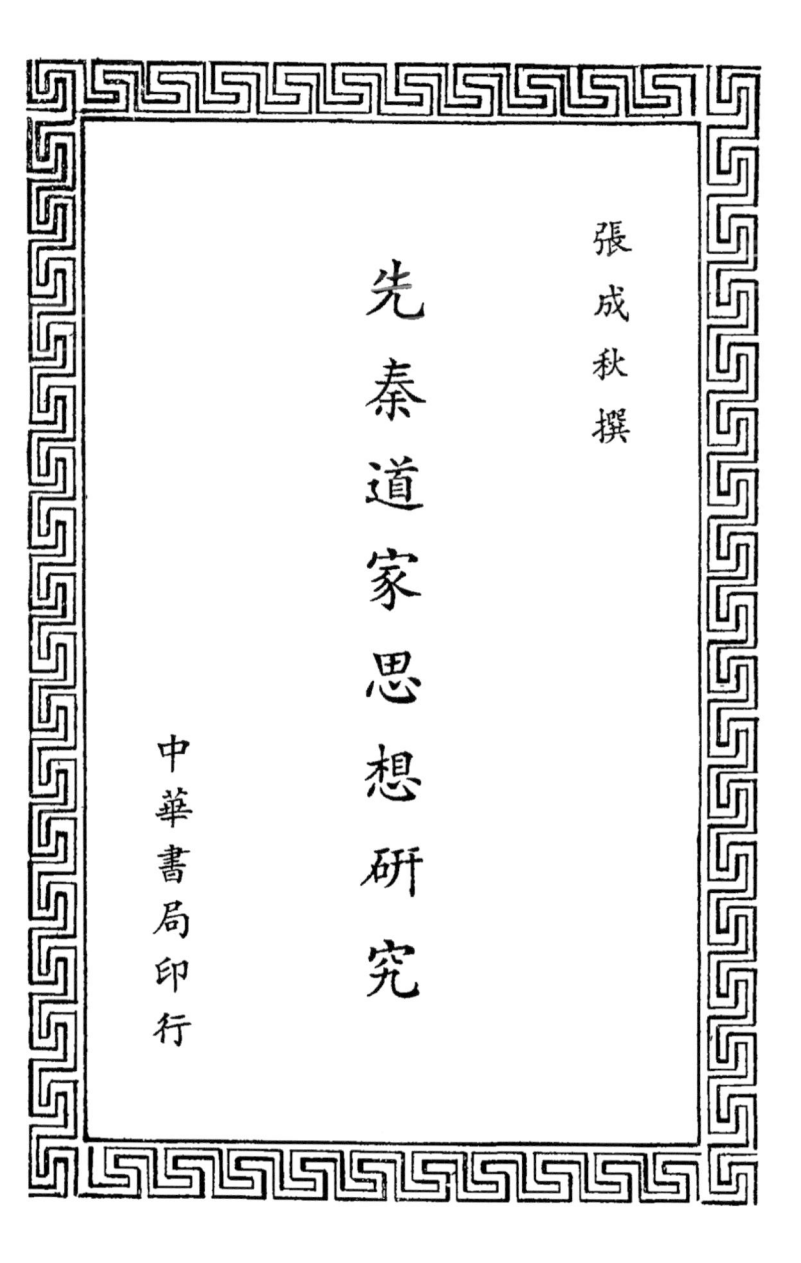

林序

張生成秋，以所撰「先秦道家思想研究」一書，卽將刊印問世，而求序於余。余惟先秦之時，百家齊鳴，學術之盛，蔚成大觀，而道家思想，影響尤鉅，故司馬談論六家要旨，獨崇道德之言。蓋道家者流，出於史官，史官明歷史故實，知成敗興衰之由；故體驗事實，而成結論。若「柔弱勝剛強」，若「後其身而身先」，若「無爲而無所不爲」，若「將欲取之，必固與之」，皆人情世故變化之極致也。夫極明人情世故者，其流必趨於二極端：一則知人世之變僞，研求以應變，此黃老之術也；一則以人世之變僞，反感而憤世，此老莊之說也。黃老之術，爲道家入世之用，老莊之說，乃道家出世之想，要皆本於老子道德之言。

司馬遷史記以爲老子百有六十餘歲，或言二百餘歲，而於老聃、老萊子、太史儋，疑莫能明。後人論老子之書，爲春秋時作，爲戰國時作，亦爭辯未決。余謂老子爲殷柱下史，周守藏史，其世爲史官，已無可疑。故其立論，世代相傳，要旨相同。余又嘗謂：老子之稱，老蓋其姓，子乃尊稱，稱爲老子，亦猶今之稱爲某先生也，老爲其姓，則其父可稱老子，其子及孫亦可稱爲老子，太史公所舉之老聃、老萊子、太史儋，皆老子也，然決非一人。孔子問禮於老聃之老子，當先於孔子，爲關尹著書之老子，則後於孔子。今道德經雖爲戰國時代集大成而書之簡策，然歷世相傳，淵源已久。故先秦諸子，多採其說，而受其影響也。

成秋此書之作，明道家思想之淵源，論道家思想之流變，述道家諸子之異同，並及道家思想與其他諸家之關係，用工既勤，採集遂富，其所論證，亦多可取，故爲之序云。

中華民國六十年二月瑞安　林　尹

徐序

夫道家者。九流之冠冕。而諸子之樞機也。通天地之統。序萬物之性。達死生之變。稱神明之容。鑒窮八荒。澤周六合。明內聖外王之道。識古今治亂之由。通其道者。足以功濟塵劫。施洽羣有。與化爲體。流萬代而冥物。隨感而應。順萬變以逍遙。上則足以與造物者遊。而並天地精神以相往來於寂虛之域。下則足以與外死生無終始者爲友。而齊大化流行以俱神靈于玄冥之境。棲遲於大千。則不撓無爲之澹。應化於無道。則足以撥亂世而反諸正。堅林而焚燎。則不歇無盡之靈。時世而太平。則足以任帝王而爲宗師。內德之貞芳。則絜矩於神明。養生之妙術。則方軌乎造化。河漢沍而不能寒。土山焦而不能熱。動合無形。贍足萬物。其道至大。皆實學也。昔無懷葛天。得其一術。而杳玄冥於萬古。黃帝大庭。得其一方。而措天下於大治。赤松雨師。廣成仙子。得其一道。而乘雲氣之上。御飛龍之駕。涉乎太虛之阿。暢乎惚恍之庭。而躋其名於列仙之林。安期先生。姑射神人。得其一藝。而憑天地之正。騁六氣之辯。蹈乎無何之鄉。遊乎四海之外。而致其譽於神明之域。此皆上古得道術之要者也。洎乎中古。彭祖得其一術。而長壽於三代之間。蕭生得其一藝。而乘龍飛行於天地之外。接輿得其一偏。而佯狂以避世禍。晨門得其一曲。而肥遁以隱卑官。長沮桀溺。商山六皓。得其粃糠之末。而隱居以避世亂。此則中古得道術之一隅者也。至若老聃關尹。得其術而澹然獨與神明居。芴乎寂乎。歸然有餘。列子莊生。得其藝而逍遙乎大道之岸。芒乎昧乎。宏大而辟。餘若浮丘公、王子晉、黃石公之倫。昌容、犢子、陽都、連眉之輩。玄俗、木羽、琴高、嘯父之徒。乃至洪崖、若士、淮南八師之類。或白日飛昇。遨遊天地之際。或駕鶴上漢。飛遁塵垢之外。此則中古得道術之較全者也。至若太公、張良。得道家之治術。而用之於事功。卒能撥亂世而反諸正。其餘如孫吳之用兵。愼到之用勢。申不害之用術。鬼谷子之縱橫捭闔。皆以道家思想之一偏。而用之於政事兵學者也。若乎鄒衍之談天。楊朱之爲我。韓非之言法。乃至其餘諸家之學。皆嘗取資於道家思想而用之於學術者也。至於鎔鉛鑄汞。煉丹煉藥之徒。(或謂煉金術爲科學之原。而此術由阿拉伯人自我國傳入西方。始造成科學之發展。)服食導引養生延年之輩。符籙書呪。立教治病之士。皆廣取斑駁之道家思想。而施於用者也。夫道家思想博大精深如此。此其所以爲百家之冠冕，諸子之樞機者也。友人張君成秋。博聞強識。妙達六經。貫通百氏。明於道學。嫺于思理。因感道家思想之重要如此。遂探賾鉤深。研精索微。弋釣書庫之藪。深涉道藏之林。專心潛研。勉精數載之勞。夙興夜寐。勤用三餘之暇。遂成先秦道家思想研究一書。余讀其書。深覺眞能以閎識孤懷。貫穿道術之要。而考證精詳。說理博贍。用意新穎。創見頗多。採科學之方法。用原始之資料。不假他人之語辭。而直用原文原意。闡釋義理。又能獨抒機軸之功。歸納其思想體系。如以內七篇貫串莊學之大旨。而統計其相互之關係。凡二十有八。又如後二章理論之精闢。皆頗有所得。是其書之優點頗多。足以昭章雲漢。暉儷日月。而爲學者所取法潛研也。因喜其書之成。故樂而爲之序。

庚戌仲秋東海徐　芹　庭敬序

先秦道家思想研究

張成秋　撰

目次

林序
徐序
上編　緒論
第一章　研究之目的與方法……一
第一節　研究之目的……一
第二節　研究之方法……五
第二章　先秦道家思想之資料問題……九
第三章　先秦道家思想之淵源……四〇
第一節　辯「諸子不出於王官論」……四〇
第二節　周代史官制度與其職掌……四三
第三節　「道家者流蓋出於史官」解……四六

第四節　道家思想與史書古書之關係……四八
第五節　道家思想與古先聖王之關係……五八
第六節　隱者思想與道家之關係……六二
第七節　道家思想與老莊個性……六四
第四章　先秦道家思想之時代背景……六六
第一節　歷史大勢……六六
第二節　周之封建與禮制……六八
第三節　社會經濟之劇變……七一
第四節　道家與時代……七五

中編　本　論

第一章　近人考證老子年代之總檢討……七九
第二章　老子思想述要（上）……一〇〇
第一節　概　說……一〇〇
第二節　本體之道……一〇三
第三節　道理之道……一一八

第四節　取柔取弱取反取下……一二八
第三章　老子思想述要（下）……一三八
第一節　個人修養……一三八
第二節　處世之道……一四五
第三節　政治主張……一五〇
第四章　莊子思想述要（上）……一六六
第一節　概　說……一六六
第二節　逍遙遊……一七二
第三節　齊物論……一八四
第四節　養生主……二〇五
第五章　莊子思想述要（下）……二一六
第一節　人間世……二一六
第二節　德充符……二二六
第三節　大宗師……二三三
第四節　應帝王……二四一
第五節　試論莊學體系……二五〇

第六章 老莊思想之比較……二五四
第一節 老莊思想之關係……二五四
第二節 就本體論比較……二五八
第三節 就知識論比較……二六〇
第四節 就人生論比較……二六二
第五節 就社會思想比較……二六四
第六節 就政治思想比較……二六四
第七節 結論……二六六
第七章 先秦道家其他諸子……二六八
第一節 陰符經……二六八
第二節 列子……二七八
第三節 楊朱……二九一
第四節 關尹黃帝鬻子……三〇一
第五節 魏牟它嚚詹何子莫田駢慎到彭蒙陳仲史鰌……三〇九
第六節 伊尹辛甲老萊子黔婁子鄭長者……三一六
第七節 子華子鶡冠子……三二三

第八章　法家雜家書中之道家思想……三三一
第一節　管子中之道家思想……三三一
第二節　晏子春秋中之道家思想……三三九
第三節　韓非子中之道家思想……三四一
第四節　尸子中之道家思想……三四六
第五節　呂氏春秋中之道家思想……三四九
第六節　淮南子中之道家思想……三五七

下編　餘論

第一章　先秦道家思想之流變……三六九
第一節　法　家……三七〇
第二節　黃　老……三七四
第三節　老　莊……三七九
第四節　道　教……三八六
第二章　先秦道家思想與儒墨名兵陰陽諸家之關係……三九四
第一節　道家思想與儒家之關係……三九四

第二節　道家思想與墨家之關係……四〇〇
第三節　道家思想與名家之關係……四〇三
第四節　道家思想與兵家之關係……四〇五
第五節　道家思想與陰陽家之關係……四〇八
第三章　先秦道家思想之評價……四一二
第一節　道家思想之價值……四一三
第二節　對於道家思想之批判……四二〇
第三節　結　論……四二四
重要參考書目一覽表……四二六

上編　緒論

第一章　研究之目的與方法

第一節　研究之目的

欲了解一箇民族，不可不了解其文化；欲了解其文化，不可不了解其學術思想。思想爲學術之中心，學術爲文化之中心，而文化則構成此一民族之特徵。

晚近談文化者，率以「文化爲人類之生活方式」。此說固不可謂之謬誤，然實未能掌握其重心。何則？生活方式非確定者，乃因學術之改變而改變也。重其末節，而忘其本根，不可謂智。請申言其理。

吾人所言學術者，合學問與技術二者而言，而技術實生自學問。生活方式之進步，實肇源於生活技術之進步。上古之時，穴居而野處，茹毛而飲血，之所以有居室，有烹飪，胥賴生活技術之進步也。伏羲氏教民漁獵，神農氏教民稼穡，燧人氏教民鑽木取火，於是先民之生活方式乃大爲改變；皆本於生活技術之進步也。降及近世，自十八世紀英國工業革命以後，運用蒸氣之動力，使生產方式大爲改變，於是製品日新，文明日進，而人類生活又進入一種嶄新之境界，此皆技術之進步有以致之也。

技術爲學問之旁枝，無學問之研究則無技術之進步。近世所謂應用科學者，實亦胚胎於純理科學之研究。故「學」「術」連稱，學問實高於技術也。

有學問然後有技術，有技術然後乃能改進生活之方式。由此觀之，徒論生活方式而不談學問技術者，是不知本末也。

而尤有進者，「生活方式」一詞，不足以包括所有文化之內容。生活方式，所指者不過爲衣食住行……等物質享受之水準，（今人之病，即在以此水準論斷文化之高低。）而道德、法律、禮制、哲學、美術、音樂……等「高層文化」不與焉。（註一）是以以文化爲生活方式者，眼光甚爲狹小，所見甚爲卑下，不足以與論大道。

學問爲具有系統之知識。知識爲對一事一物之所知所識。夫外物感人，人有知之本能，又有接觸外物之器官，根據本能，憑藉器官，以與物接，則產生知覺，此一知覺即謂之「知」。識者記也。旣「知」之，又「識」而不忘，夫是之謂「知識」。然知識之累積，爲枝節的，片段的，零碎的，必須加以融合，加以條理，加以組織，而提出具體之見解，始能稱之爲學問；故知識不可貴，可貴者在學問，學問不可貴，可貴者在學問所得之具體見解。此一見解，即是「思想」。

思想領導學問前進之路向，決定道德，禮制之形式，影響個人與社會之整體生活，故思想決定一切。此所以欲了解一箇民族之文化，不可不了解其學術與思想之故也。

吾國思想萌芽於春秋戰國時代。蓋周朝末年，封建崩壞，諸侯崛起，社會發生劇烈之變動；而王官失守，學術流於民間。哲士賢者，為救世之亂，乃應時而起，發抒其對政治與時局之見解，以及其對宇宙人生之觀念，而形成百家爭鳴之諸子時期。

諸子中，以儒道墨三家最具勢力。儒家主張恢復周朝之一切禮樂制度，提倡仁義道德為修己治人之至寶。墨家主張兼愛非攻，尚賢節用。兩派均為積極救世，而緩急不同。道家靜觀變化，認有為不足以救世；而淡泊無為，以反於純樸，乃為徹底解決社會及政治問題之良方。此三派思想之大概也。

先秦而後，墨家學派漸歸衰竭。其原因一方固由於秦帝國之拑制思想，一方亦由於其道理過於刻苦，非人性所堪。當人之熱情消失後，遂不得不背叛其說。故莊子天下篇論之曰：「墨子……作為非樂，命之曰節用，生不歌，死無服。墨子汎愛兼利而非鬭……以此教人，恐不愛人，以此自行，固不愛己。未敗墨子道。其道大觳，使人憂，使人悲，其行難為也。恐其不可以為聖人道，反天下心，天下不堪。墨子雖能獨任，奈天下何？」

雖如此，墨家思想之影響並未停止。其勢力蓋轉入下層社會，其精神則貫注於各人之心，而形成吾民族特性之一。如幫會中之講義氣、講服從、講任俠，講大碗酒大塊肉，論稱稱銀兩，按套穿衣服；如匹夫匹婦之「損己而益所為」，（梁任公墨子學案第二自序舉窮鄉下邑，弱嫠襁負呱呱之子，襤褸而行乞者，為吾國習見之庸德。）如革命志士之犧牲奮鬪精神……在在皆為墨家精神之反響。

儒家思想，自孔子後，有子思孟軻荀卿之徒傳其學，並加以發揚光大；至漢武帝時，董仲舒倡議罷黜百家，獨尊儒術，其思想乃與實際政治相結合。此後數千年來，君主以儒術治國，儒術藉政治而生存發展。故能始終取得有利之地位，而得以傳世不墜。儒家思想之所以成爲吾國思想之正統者在此。

道家思想發展至於漢代，與僞托黃帝者相結合，而入於實際政治；主張淸靜無爲，號稱黃老。東漢晚期，張陵假托道家之學，而雜以神仙長生之術，成立道敎，其後又有寇謙之、陶宏景、葛洪、魏伯陽等之改革與充實，乃使道家學說，結合迷信，而滲入民間。魏晉之時，文章之士，頗以放曠自逸，或主名理，或崇玄論，或依曠達，皆自以謂祖尙老莊，而亦道家之流變，此其發展之大要也。

佛於漢時傳入中土，經佛圖澄、鳩摩羅什、智顗，玄奘、法藏諸人之發揚，乃大盛於隋唐。

其後儒家思想與佛道思想之精華相融合，而形成新儒學，卽宋明理學之全盛。至於淸代學術，亦不過漢學（漢朝之經學，考據），與宋學（宋明之理學）之再現與發揚而已。

以上爲吾國思想發展之大勢。數千年來，此種思想，已融入吾國文化之各部份，而構成吾中華民國之國民性。了解吾國思想之流變，則中國之所以爲中國，中國文化之所以爲中國文化，可以洞徹其原委矣。

由此，吾人可得以下之結論：

(1)思想爲學術之樞紐，亦爲文化之核心，欲了解一民族之文化，不可不了解此一民族之學術思想。

(2)吾國思想，以先秦諸子爲基礎，亦以先秦諸子爲綱領，後世思想，除佛家外，多屬先秦思想之流變，與其彼此間相互激蕩之波瀾。

(3)先秦思想之中，以儒、道兩家最具勢力，而對中國文化之影響，亦以此兩學派爲最深厚，是以欲明先秦各家思想，又不能不對道家思想有所了解。

(4)研究先秦道家思想，其目的在於溝通諸子哲學，並從而了解中國學術思想演變之大勢，以爲研究中國文化之一助。

第二節 研究之方法

吾人研究一種學問，不可不留意其方法。方法乃爲一種工具，一種憑藉。古人云：「工欲善其事，必先利其器」，蓋惟有良好之方法，始能收事半功倍之效也。

近人講究治學方法，頗重科學精神，科學精神所指者爲何？即三W精神是也。三W指 What, Why, How 三者而言。即對任何事務，必須追究其是什麼（What），其眞象如何？追究其爲什麼（Why），所以有此種現象之道理。追究其怎麼樣（How），既有此種道理，又當如何？

敝人對先秦道家思想之研究，亦本乎此種三W之原則：第一步，探究先秦道家思想究竟是怎麼一回事，其眞象如何？第二步，說明此種思想之所以然。其產生之原因，背景，及思想系統。第三步，評論其價値，指明其對吾人之關係；即討論此種學說之「怎麼樣」？

一、如何探究其眞象

欲探究先秦道家思想之眞象，必須根據現存之先秦道家思想史料。現存先秦道家思想史料，以漢書藝文志所載三十七種，另漢志未著錄者三種爲基本。除此而外，法家雜家書中，涉及道家之言論，亦可以摘出加以研究，此種書籍共有五種。

然資料有眞僞，資料不眞，則其結果必將難免有所誤謬，此自然之理也。第現存資料中，眞僞難辨者比比皆是，如何處理運用，實爲一大難題。而吾人處理之步驟，則如以下所述：

首先，根據前人之考證資料，對現存各書作一初步之審查。確定其著作之時代、性質，以及其可信之程度。此即緒論第二章之所由作也。

其次，根據資料可信之程度，而鈎畫其思想。(1)假如此項資料可信之程度極大，則直接採用，作爲敍述之依據。例如：老子楊朱陰符等資料，均確信其爲先秦之史料無疑，故完全加以採用。(2)假如此項資料部份可信，部份値得懷疑，則以可信之部份爲主幹，先建立其間架，再據有疑問之資料，尋找其可與相參者，以爲補充之說明。例如莊子內篇最爲可信，而外篇雜篇則可疑者甚多。故以內篇爲骨幹，而以外篇雜篇爲補充。又如今本關尹子，知其僞造之成份居多，然而莊子天下篇引有關尹子之言，甚爲可信，乃以天下篇所引者爲骨幹，而以今本關尹子之有關部份作一補充說明。(3)假如此項資料可信之程度極少，甚至完全不可信，則予以捨棄，或者僅取其可能發生於先秦之部份，略爲一提。

如子華子鶡冠子亢倉子是。

敍述之時，盡量保持客觀，以免滲入個人之偏見。故多引原書之文句，筆者僅略加解釋，或爲之前後連絡，以構成其邏輯系統，俾使綱目淸晰，條理分明；至於文字之多寡，則視其在思想上之地位而定。地位重要，雖原書字少，亦須詳加解說；地位次要，雖原書文繁，亦舉其大略而已。例如老子雖五千言，而陰符僅數百言，然其地位特殊，故敍述甚爲詳盡。

二、如何解釋其所以然

既述其然矣，當論其所以然之理。

就先秦道家思想之整體言，當論其源流、時代背景、以及其與他家思想之關係，藉明此派學理所以產生之原因。故有緒論第三章，先秦道家思想之淵源，第四章，先秦道家思想之時代背景，及餘論第二章，先秦道家思想與儒、墨、名、兵、陰陽諸家之關係之作也。

就道家諸子彼此間之關係言，若謂某人之思想，必定出於某人，大多很難斷然確定，且資料不足，吾人亦不欲過份主觀。惟老子與莊子思想，爲先秦道家思想之兩大支柱，且莊在老後，其說之成，必受老子之影響，殆無疑問。故作老莊思想之比較（本論第五章），以明其彼此間之關係。至於其他諸子，雖未敢確定其年代，然而觀其學說，或出於老，或出於莊，或部份出於老部份出於莊，吾人但能對於老莊學說有深刻之了解，則其地位，與相互間之關係，亦不難察出其蛛絲馬跡；覽者自味之可也。

至於敍述各家學說，則完全以其邏輯系統爲根本。並時時根據其思想系統，而解釋其所以有此主張之理由。例如論及老子何以不取剛強而取柔弱時，舉出「相反之物常相生也」「宇宙變化之摧剛長柔也」「物理之相對性」「柔弱本身之恃久力」四項理由。至於其他各家，或發揮老莊學說之一端，則不再重複其主張之所以然，惟逕指其與老子或莊子之某項主張相近，使覽者自會其意而已。

三、如何確定其評價

三W之第三爲 Why，卽「怎麼樣」？旣明道家思想之所然，又明其所以然，然則如此又當如何耶？此則涉及其思想之評價矣。餘論第三章，先秦道家思想之評價，卽據此而作。

思想之評價，包括兩方面：一爲批評，一爲價值。批評爲專就其學說之本身，指出其漏洞與缺點；價值則以今日之社會，與現代之環境，觀察其學說之優點與效用。此固然可以參考前人之研究報告，然而大致均係筆者苦思冥想之一得之見。

〔註一〕英哲馬林諾斯基將人類文化分爲三層，卽物質基層、社會組織、與精神生活是也。物質基層爲基礎，社會組織、精神生活則爲建於其上者。

第二章　先秦道家思想之資料問題

吾人研究古代學術，當先確定其可供研究之資料，然後始能著手進行。研究先秦道家思想，自亦不能例外。然則如何確定研究之資料耶？曰，根據目錄。由目錄上查得有某書某書可供研究，再按圖索驥，循序以求，則可收事半功倍之效。

於此所當注意者，資料有眞僞，不辨其僞，則易：(1)失去各家學說之眞象；(2)亂了學說先後之次序；(3)亂了學派相承之系統。（胡適說）

然僞書亦有其應用之價值，不可全然棄置。其價值何在？

(1)可以窺知作者當時之思想：例如黃帝之書，必非黃帝之所作，其理甚明；然而吾人知其作僞者之時代當在戰國，則可以由此窺知戰國時托爲黃帝思想之一斑。管子雖非管仲之所作，亦可以由此研究戰國時法家思想之大概。

(2)僞書中保有前代資料，可以藉此闡發先代學說之意旨：梁啓超曰：『僞書非辨別不可，那是當然的。但辨別以後，並不一定要把僞書燒完。固然也有些僞書可以燒的……但自唐以前的僞書却很可寶貴……其故因爲僞書斷不能憑空造出，必須參考無數書籍；假貨中常有眞寶貝，我們可以把它當作類書看待。』（古書眞僞及其年代）

故僞書資料，倘運用得當，亦未始不可補眞書史料之不足。惟當特別謹愼，不可受其迷惑而已。

先秦道家思想，最可靠之書目，當推漢書藝文志。（漢志則本諸劉氏父子之七略。）今且就漢志所載各書一一討論之。

一、伊尹五十一篇

漢書藝文志注：「湯相。」又：本志小說家伊尹說廿七篇。注曰：「其語淺薄，似依托也。」隋書經籍志無著錄。

王應麟曰：「孟子稱伊尹曰：『天之生此民也，使先知覺後知，使先覺覺後覺也。予，天民之先覺者也。予將以此道覺民也。……』伊尹所謂道，豈老氏所謂道乎？志於兵權謀者，伊尹太公而入道家，蓋戰國權謀之士，著書而托之伊尹也。」（漢書藝文志考證）

梁啓超曰：「伊尹時已有著作傳後，且篇數多至五十餘，此可斷其必誣。然孟子已徵引伊尹言論多條，則孟子時已有所謂伊尹者可知。逸周書有伊尹獻令，其起源當亦頗古也。」（漢書藝文志諸子略考釋）

成秋按：本書已佚，世界書局印有清馬國翰輯佚本，共計十篇，其中有篇目可考者五篇，餘俱收入雜篇。其言與戰國術士語近，蓋出依托，王說是也。

二、太公二百卅七篇（謀八十一篇，言七十一篇，兵八十五篇。）

漢書藝文志注：「呂望爲周師尚父，本有道者，或有近世又以爲太公術者所增加也。師古曰：父讀曰甫也。」

成秋按：此書今佚，梁啓超謂今本陰符經當在太公謀中，不知然否？又六韜，三略均托爲太公兵法，亦非此書。

三、辛甲二十九篇

注云：「紂臣，七十五，諫而去，周封之。」

成秋按：本書之佚已久，隋、唐志皆不著錄。世界書局印有清馬國翰輯佚本，其虞箴似太公金匱陰謀，故入道家。

四、鬻子二十二篇

注云：「名熊，爲周師，自文王以下問焉。周封爲楚祖。師古曰：鬻，音戈六反。」又小說家有鬻子說十九篇，注曰：「後世所加。」隋志及兩唐志，宋志，俱載鬻子一卷。

葉夢得曰：「世傳鬻子一卷，出祖無擇家。漢書藝文志本二十二篇，載之道家。鬻熊文王師，不知何以名道家？而小說家亦別出十九卷，亦莫知孰是，又何以名小說？今一卷止十四篇，本唐永徽中逢行珪所獻。其文大略，古人著書不應爾。廖仲容子抄云：六篇。馬總意林亦然。其所載辭略與行珪先後差不倫。恐行珪書或有附益。」（文獻通考引）

李壽曰：「藝文志二十二篇，今十四篇。崇文總目以爲其八篇亡，特存此十四篇耳。某謂劉向父子及班固所著錄者，或有他本，此蓋後世所托也。熊既年九十始遇文王，胡乃尚說三監、曲阜時，何耶？又文多殘闕，卷第與篇目皆錯亂，甚者幾不可曉，而注尤謬誤，然不敢以意刪定，姑存之以俟考。」（同上）

黃震曰：「逄行珪序其書云：『熊，楚人，年九十，見文王，王曰：「老矣。」熊曰：「使臣捕獸逐麋，已老矣。使臣坐策國事，尚少也。」文王遂師之。』故其書首之以文王問，此必戰國處士假托之辭。蓋自漢藝文志已有其篇目，其語亦多可採。如曰，『知其身之惡而不改爲大忌』，如曰『自謂賢者爲不肖』，如曰『察吏於民』，皆足以警世。其餘載五帝、禹、湯之政，皆主得人。文亦不煩，異乎諸子之寓言虛誕者矣。然每篇多以『政曰』起語，而以『昔者』追述文王之問。既託文王，而下又曰魯周公。且亦未知自稱『政曰』者爲誰。逄行珪既不能明言，而反釋以爲政術之問，則非辭矣。」（黃氏日鈔）

楊愼認爲今所存鬻子十四篇，皆無可取，似後人贋本無疑也。又按賈誼新書所引鬻子七條，文選注亦引有一條，皆今本所無，是以知其爲僞書矣。（丹鉛雜錄）

胡應麟曰：「今子書傳於世而最先者，惟鬻子。其書概舉修身治國之術，實雜家言也，與柱下漆園宗旨迴異，而漢志列於道家，諸史藝文及諸家目錄靡不因之。雖或以爲疑，而迄莫能定。余謂班氏義例，咸規歆、向，不應謬誤若斯。載讀漢志小說家有鬻子一十九篇，乃釋然悟曰：此今所傳鬻子乎？蓋鬻子道家言者漢末已亡，而小說家尚傳於後，後人不能精覈，遂以道家所列當之。

故歷世紛紛，名實咸爽，漢志故灼然明也。」（九流緒論）姚際恒曰：「鬻子今一卷，止十四篇，唐逢行珪所上。案史記楚世家：『熊通曰：「吾先鬻熊，文王之師也，蚤終」。』敍稱見文王時行年九十，非矣。又書載三監、曲阜事，壽亦不應如是永也。是其人之事已謬悠莫考，而況其書乎？論之者葉正則、宋景濂，皆以兩見漢志爲疑，莫知此書誰屬。胡元瑞則以屬小說家，亦臆測也。高似孫以爲漢儒綴緝，李仁父以爲後世依托，王弇州疑其『七大夫』之名，楊用修歷引賈誼書及文選註所引鬻子，今皆無之。此足以見其大略矣。」

（古今僞書考）

四庫提要曰：「劉勰文心雕龍云：『鬻熊知道，文王咨詢，遺文餘事，錄爲鬻子。』則裒輯成編，不出熊手，流傳附益，或構虛詞，故漢志別入小說家歟？獨是僞四八目一書，見北齊陽休之序錄，凡古來帝王輔佐有數可紀者，靡不具載；而此書所列禹七大夫：皋陶、杜子業、旣子施、子黯、季子寗、然子堪、輕子玉；湯七大夫：慶浦、伊尹、湟里且、東門虛、南門蝡、西門疵、北門側，皆具有姓名，獨不見收，似乎六朝之末尚無此本。或唐以來好事之流，依仿賈誼所引，撰爲膺本，亦未可知。觀其標題甲乙，故爲佚脫錯亂之狀，而誼書所引，則無一條之偶合，豈非有心相避，而巧匿其文，使讀者互相檢驗，生其信心歟？且其篇名冗贅，古無此體，又每篇寥寥數言，詞旨膚淺，決非三代舊文。」

譚獻曰：「鬻子遺文殘缺，非盡僞造。以逢注本較賈生所引，不至有武夫魚目之歎。」（復堂日

記）

成秋按：鬻子之言，賈誼新書、文選註、列子、呂氏春秋均有摘引，故先秦道家必有鬻子之書，可以斷言；然今本鬻子，已大悖於柱下漆園之旨，甚無可取。其後人之僞托乎？抑係原屬漢志所列小說家之鬻子乎？資料殘缺，無從論斷。姑取其可與道家思想相參者三條，並合以各書佚語，作一敍述，以窺其一斑而已。

五、筦子八十六篇

漢書藝文志注云：「名夷吾，相齊桓公，九合諸侯，不以兵車也，有列傳。師古曰：筦讀與管同。」司馬遷曰：「吾讀管氏牧民、山高、乘馬、輕重、九府，及晏子春秋，詳哉其言之也。既見其著書，欲觀其行事，故次其傳。至其書，世多有之。」（史記管晏列傳贊）傳玄曰：「管子之書過半便是好事者所加，乃說管仲死後事，輕重篇尤鄙俗。」（劉恕通鑑外紀引）

舊唐書經籍志，唐書藝文志法家均有管子十八卷，管夷吾撰。宋代有管子二十四卷，齊管夷吾撰。

宋濂曰：「是書非仲自著也，其中有絕似曲禮者，有近似老莊者，有論伯術而極精微者，或小智自私而其言至卑汙者，疑戰國時人采掇仲之言行，附以他書成之。不然，『毛嬙、西施』『吳王好劍』，『威公之死，五公子之亂』，事皆出仲後，不應豫載之也。朱子謂仲任齊國之政，又有

『三歸』之溺，奚暇著書，其說是矣。」（諸子辨）

四庫提要曰：「今考其文，大抵後人附會多於仲之本書。其他姑無論，即仲卒於桓公之前，而篇中處處稱桓公，其不出仲手，已無疑義。書中稱經言者九篇，稱外言者八篇，稱內言者九篇，稱短語者十九篇，稱區言者五篇，稱雜篇者十一篇，稱管子解者五篇，稱管子輕重者十九篇。意中其孰爲手撰，孰爲記其緒言如語錄之類，孰爲記其逸事如家傳之類，孰爲推其義旨如箋疏之類，當時必有分別。觀其五篇明題管子解者，可以類推。必由後人混而一之，致疑竇耳。」

梁啓超以管子批評兼愛非攻息兵，明係戰國初年墨家興起後方成爲問題。若認管子爲管仲作，則春秋初年即有人講兼愛非攻等問題，時代豈非紊亂？（古書眞僞及其年代）又以其中一部份當爲春秋末年傳說，其大部份則戰國至漢初遞爲增益，一種無系統之類書而已。（漢書藝文志諸子略考釋）

羅根澤以牧民、形勢、五輔問，戰國政治思想家作；霸形、霸言，戰國中世後政治思想家作；立政、乘馬、君臣上、君臣下、七臣、七主，戰國末政治思想家作；七法，戰國末爲孫、吳、申、韓之學者所作；法禁，法法，戰國法家作；任法、明法，戰國中世後法家作；樞言，戰國末法家緣道家爲之；宙合、侈靡、四時、五行，戰國末陰陽家作；勢，戰國末兵陰陽家作；心術上、心術下、白心，戰國中世以後道家作；制分，疑戰國兵家作；小稱，戰國儒家作；內業，戰國中世以後，混合儒道者作；戒，戰國末調和儒道者作，正戰國末雜家作；管子解五篇，戰國末秦末統一前雜家作；禁藏，戰國末至漢初雜家作；大匡，戰國人作；地圖，最早作於戰國中世，版法似亦戰國時人作；中匡、四稱，疑亦戰國人作；王言（亡）疑亦戰國中世以後人作；入國、九守、桓公問，疑戰國末年人作；九變疑戰國以後人作；權修，秦漢間兵家作；幼官，秦漢間兵陰陽家作；水地，漢初醫家作；封禪司馬遷作；輕重十九篇，漢武、昭時理財家作；八觀、正世、治國西漢文、景後政治思想家作；小匡、度地，漢初人作；地員，疑亦漢初人作；參患，漢文、景以後人作；弟子職疑漢儒家作；幼官圖，漢以後人作；小問，輯戰國關於管子之傳說而成；謀失、正言、言昭、修身、問霸並亡，無考。（管子探源）成秋按：筦與管同，筦子今作管子。管子書所包甚廣，必非夷吾之自箸，梁任公以類書稱之，近是。然其中多言富國強兵之道，實近於刑名法術之間，故後世多列爲法家。今惟取其書中可與道家思想相參者，作一敍述而已。

六、老子鄰氏經傳四篇

漢書藝文志注云：「姓李名耳，鄰氏傳其學。」

七、老子傅氏經說三十七篇

漢書藝文志注云：「述老子學。」

八、老子徐氏經說六篇

漢書藝文志注云：「子少季，臨淮人，傳老子。」

九、劉向說老子四篇

成秋按：以上四書，皆解釋老子或發揮老學者；可見班氏之前，老子書早已流行，而漢志獨不備載，甚感奇怪。今四書均已不傳，惟老子巋然獨存，因補列其書於後，且附考證焉。

〔補〕老子道德經上下篇計八十一章

司馬遷曰：「老子者，楚苦縣厲鄉曲仁里人。姓李氏，名耳，字伯陽，謚曰聃，周守藏室之史也。………老子修道德，其學以自隱無名爲務，居周久之，見周之衰，乃遂去。至關，關令尹喜曰：『子將隱矣，強爲我著書。』於是老子乃著書上下篇，言道德之意五千言而去，莫知其所終。」（史記老莊申韓列傳）

七略曰：「劉向讎校中老子書二篇，太史書一篇，臣向書二篇，凡中外書五篇，一百四十二章，除複重三篇六十二章，定著八十一章。上經第一，三十七章；下經第二，四十四章。」（道藏宋謝首灝混元聖紀引）

班固曰：「昔老聃著虛無之書兩篇。」（漢書揚雄傳贊）

闞澤對孫權曰：「漢景帝以黃子、老子義體尤深，改子爲經，始立道學，勅令朝野悉諷誦之。」（法苑珠林引吳書）

隋書經籍志道家有老子道德經二卷，周柱下史李耳撰，漢文帝時河上公注。舊唐書經籍志儒家有老子二卷，老子撰。又二卷，河上公注。唐書藝文志道家有老子道德經二卷，李耳撰。又三卷，河上公注二卷。三志均有他家注若干卷。

晁說之曰：「弼知『佳兵者不祥之器』，至於『戰勝以喪禮處之』，非老子之言，乃不知『尙善救人，故無棄人，常善救物，故無棄物』，獨得諸河上公，而古本無有也。賴傅奕能辯之爾。然弼題是書曰道德經，不析乎道德而上下之，猶近於古歟？」（道德經跋——景迂生集）宋濂曰：「或稱周平王四十二年，以其書授關尹喜。今按平王四十九年，入春秋，實魯隱公之元年。孔子則生於襄公二十二年。自入春秋，下距孔子之生，已一百七十二年；老聃，孔子所嘗問禮者，何其壽歟？豈史記所言，『老子百有六十餘歲』，及『或言二百餘歲』者，果可信歟？「聃書所言，大抵歛守退藏，不爲物先，而壹反於自然。由其所該者甚廣，故後世多尊之行之。『視之不見名曰夷，聽之不聞名曰希，搏之不得名曰微』，道家祖之。『谷神不死，是謂玄牝；玄牝之門，是謂天地根』，神仙家祖之。『吾不敢爲主而爲客，不敢進寸而退尺，是謂行無行，攘無臂，扔無敵，執無兵；禍莫大於輕敵，輕敵幾喪吾寶，故抗兵相加，哀者勝矣』，兵家祖之。『道冲而用之，或不盈，淵兮似萬物之宗，挫其銳，解其紛，和其光，同其塵，湛兮似或存，吾不知誰之子，象帝之先』，莊列祖之。『將欲弇之，必固張之，將欲弱之，必固強之，將欲廢之，必固興之，將欲奪之，必固與之』，申韓主之。『以正治國，以奇用兵，以無事取天下』，張良祖之。『我無爲而民自化，我好靜而民自正，我無事而民自富，我無欲而民自朴』，曹參祖之。

聃亦豪傑士哉！傷其本之未正，而末流之弊，至貽士君子有『虛玄長而晉室亂』之言，雖聃立言之時，亦不自知其禍若是之慘也。」

成秋按：老子書爲道家學說之總綱；道家流派雖殊，罔不以此書爲根源。書成以來，歷數千載，其章句雖不免小有異同；而其內容，至今仍能保持其本來之面目，甚爲難得。洵爲研究道家思想之重要資料。（另有關於老子成書年代之討論，見本論第一章）

十、文子九篇

漢書藝文志注曰：「老子弟子，與孔子並時，而稱周平王問，似依托者。」

隋書經籍志道家有文子十二卷，注曰：「文子，老子弟子。七略有九篇，梁七錄十卷，亡。」

柳宗元曰：「文子書十二篇，其傳曰：『老子弟子。』其辭有若可取，其旨意皆本老子。然考其書，蓋駁書也。其渾而類者少，竊取他書以合之者多。凡孟子輩數家皆見剽竊，嶢然而出其類，其意緒文辭，叉牙相抵而不合。不知人增益之歟？或者衆家爲聚斂以成其書歟？然觀其往往有可立者，又頗惜之，閔其爲之也勞。今刊去謬惡亂雜者，取其似是者，又頗爲發其意，藏於家。」（柳柳州文集）

洪邁曰：「其書一切以老子爲宗，略無與范蠡謀議之事，所謂范子，乃別是一書。馬總只載其敍計然及他三事，云餘並陰陽曆數，故不取。則與文子了不同。唐藝文志范子計然十五卷，注云：『范蠡問，計然答』，列於農家，其是矣，而今不存。」（容齊隨筆）

黃震曰：「文子者，周平王時辛鈃之字，卽范蠡之師計然。嘗師老子，而作此書。其爲之註與序者，唐人默希子，而號其書曰通玄眞經，然僞書爾。孔子後於周平王幾百年，及見老子，安有生於平王之時者，先能師老子耶？范蠡戰國人，又安得尚師平王時之文子耶？此僞一也。老子所談者淸虛，而計然之所事者財利，此僞二也。其書述皇王帝霸，而霸乃伯字，後世轉聲爲霸耳，平王時未有霸之名，此僞三也。相坐之法，咸爵之令，皆秦之事，而書以老子之言，此僞四也。僞爲之者，殆卽所謂默希子，而乃自匿其姓名歟？其序盛稱唐明皇垂衣之化，則其崇尙虛無，上行下效，皆失其本心。爲可知明皇之不克終，於是乎兆矣！豈獨深宮女子能召漁陽鞞鼓之變哉？書之每章必托老子爲之辭。然用老子之說者，文衍意重，淡於嚼蠟；否則又散漫無統，自相反覆。謂默希子果有得於老子，吾亦未之信。」（黃氏日抄）

姚際恒以文子列入「眞書雜以僞者一類。」並云：「河東（柳宗元）之辨文子，可謂當矣。其書雖僞，然不全僞也，謂之『駁書』良然。其李暹爲之歟？高似孫謂子厚所刋之書，今不可見。」（古今僞書考）

孫星衍曰：「黃帝之言述於老聃，老聃之學存於文子。西漢用以治世，當時諸臣，皆能稱道其說，故其書最顯。唐天寶能尊老氏，而不用其言，又號之眞經，儒者始束而不觀。然諸子散佚，獨此有完本存道藏中，其傳不絕，亦其力也。今文子十二卷，實七錄舊本，班固藝文志稱九篇者，疑古以上仁、上義、上禮三篇爲一篇，以配下德耳。

「藝文志注言『老子弟子，與孔子並時，而稱周平王問，似依托。』蓋謂文子生不與周平王同時，而書中稱之，乃託爲問答，非謂其書由後人僞託。宋人誤會其言，遂疑此書出於後世也。案書稱平王，並無周字，又班固誤讀此書，此平王何知非楚平王？書有云：『老子見常樅，見舌而知柔。』又云：『齒堅於舌而先弊。』考孔叢子云：『子思見老萊子，老萊子曰：「子不見齒乎？齒堅剛，卒盡相磨，舌柔順，終以不弊。」』老聃疑即老萊子。史記所云：『亦楚人，著書十五篇，言道家之用。』文子師老子，亦或游於楚，平王同時，無足怪者。杜道堅亦以爲楚平王不聽其言，遂有鞭屍之禍也。書又云：『秦、楚、燕、魏之歌』，則其人至六國時猶在矣。」（文子序）

陶方琦曰：「文子非古書，現今屬於雜家之文子，與漢志屬道家之文子不同。文子雖冠以『老子曰』，中間有『故曰』，實引淮南作爲老子之語。又淮南作爲戰國時人問答者，文子亦作爲老子之語。詳細考之，文子首章之道原，卽淮南之原道，精誠卽精神，上德卽說林，上義卽兵略，實相一致，而割裂矛盾之跡顯然。」（漢孳室文鈔）

梁啓超曰：「此書自班氏已疑其依托，今本蓋並非班舊，實僞中出僞也。其大半勦自淮南子。」（漢書藝文志諸子略考釋）

黃雲眉曰：「星衍既謂班固誤讀楚平王爲周平王，則固之疑爲依托，當由誤讀而來，不應又謂班固依托之托，乃托爲問答之托，非後人假托之托。且問答之托，爲古書所常有，班固既誤讀此平王爲周平王，則文子與平王問答，不妨直言依托，何必曰『似依托』？似之云者，蓋懷疑及其書之本身，未敢爲斬然之語，則似之云爾！星衍又據史記『或曰老萊子亦楚人』之說，謂老聃疑卽老萊子，則史記又云：『或曰儋卽老子』，將謂老聃卽太史儋耶？此等惝怳之辭，本不足憑，星衍乃以僞孔叢，強事比附，惑矣。且此平王卽定爲楚平王，而楚平王之卒，距三家分晉之時，已百四十年，星衍謂其人至六國時猶在，亦不應老壽至此。綜星衍所辨，無以勝黃震，則定是書爲僞書，實無不可。」（古今僞書考補證）

成秋按：此書世界書局之諸子集成，及古今文化出版社之百子全書，均不收錄，惟在正統道藏洞神部玉訣類見之，題曰璧宇通玄眞經，默希子注。（藝文印書館出版）吳全節通玄眞經纘義序：「文子者，道德經之傳也……文子法老子而立言。」其文皆稱老子曰，然不盡老子言也。文句多抄錄淮南子，而思想則本乎老子，間亦雜有莊子及法家、儒家、陰陽家言，未見深意。

十一、蜎子十三篇

漢書藝文志注云：「名淵，楚人，老子弟子。師古曰，蜎，姓也。音一元反。」

成秋按：蜎子書久已亡佚，亦無輯本。近人或以爲蜎淵卽環淵。引史記孟荀列傳云：「學黃老道德之術，因發明序其旨意，著上下篇。」並謂上下篇卽道德經，乃蜎子錄其師老子之說；至蜎子十三篇，則爲其個人之思想。（見古史辨第四冊）

十二、關尹子九篇

漢書藝文志注曰：「名喜，爲關吏，老子過關，喜去吏而從之。」

葛洪序曰：「關令尹喜，周大夫也。老子西遊，喜望見有紫氣浮關，知眞人當過，候物色而迹之，果得老子。老子亦知其奇，爲著書。喜既得老子書，亦自著九篇，名關尹子。」

宋濂曰：「喜與老聃同時，著書九篇，頗見之漢志，自後諸史無及之者；意其亡已久矣。今所傳者，以一宇、二柱、三極、四符、五鑑、六匕、七釜、八籌、九藥爲名，蓋徐藏子禮得於永嘉孫定；未知定又果從何而得也。前有劉向序，稱『蓋公授曹參，參薨，書葬；孝武帝時，有方士來上，淮南王安秘而不出，向父德治淮南王事，得之。』文既與向不類，事亦無據，擬即定之所爲也。

「間讀其書，多法釋氏，及神仙方技家，而藉吾儒言文之。如『變識爲智』，『一息得道』，『嬰兒蕊女，金樓絳宮，青蛟白虎，寶鼎紅爐』，『誦呪土偶』之類，聃之時無是言也。其爲假託，蓋無疑者。或妄謂二家之說，實祖於此，過矣。然其文雖峻潔，亦頗流於巧刻；而宋象先之徒乃復尊信如經，其亦妄人哉！」（諸子辨）

胡應麟曰：「關尹子九篇，似即老聃弟子，而莊周稱之者。案七略道家有其目，自隋志絕不載，則是書之亡久矣。今所傳，云徐藏子禮得於永嘉孫定者。陳振孫疑定所受不知何人，宋景濂以即定撰，皆有理。余則以藏定二子，尙非如阮逸，宋成輩實有其人，或俱子虛烏有，未可知也。篇首劉向序，稱：『渾質崖戾，汪洋大肆，然有式則，使人冷冷輕輕，不使人狂』等語，蓋晚唐人學昌黎聲口，亡論西京，即東漢至開元無有也。至篇中字句體法，全倣釋典成文，如『若人有超生死心，厭生死心』等語，亡論莊列，即鶡冠至亢倉亡有也。且隋志既不載，新、舊唐志亦復無聞，而特顯於宋，又頗與齊丘化書有相似處，故吾嘗疑五代間方外士掇拾柱下之餘文，傅合竺乾之章旨，以成此書。雖中有絕到之談，似非淺近所辦。第以關尹，則萬無斯理。彼藏耶，定耶，眞耶，贋耶？吾何暇辯之也哉！「關尹子談理，間入莊列長生，其文則全倣釋氏。九篇之中，亡弗然者，世反以釋氏掇之。夫莊列，釋氏掇之者也，讀其文，於釋氏毫髮類乎？今篇掇其一，餘可類推……（下略）」（四部正譌）梁啓超曰：「關尹子所講，全是佛教思想，即名詞亦全取自佛經，如受想行識，眼耳鼻舌心意，都不是中國固有的話。文章則四字一句，同楞嚴經一樣。史記稱關尹子名喜，守函谷，是老子後輩，老子出關，他請老子作書。莊子天下篇亦把老聃，關尹並列，說他們是古之博大眞人。這樣看來，關尹這個人生得很早，但是關尹子這部書則出得很晚，看其文章，純是唐人翻譯佛經的筆墨，至少當在唐代以後。」（古書眞僞及其年代）

成秋按：本書隋、唐志均不載，足見其亡佚已久，至宋復出，其文體內容又絕不類，梁啓超認其至少當在唐代以後，信然。又據張心澂之考證，作僞者係五代時蜀人杜光庭。原名文始先生說道經，宋徽宗求書時得之，入道藏，鄭樵亦著錄於通志。而外間一本，經改題關尹子，故黃庭堅張邦基得見之。西元一一七三年（癸巳），張仲才南遊攜歸金國，故世稱此書出於金世宗大定十三年。其說甚爲有理，似可採信。然關尹之學，莊子天下篇論之已詳，而苦無其他參考資料。姑以天下篇之言爲本，而以書中不涉佛教道教之文參之，作一推斷而已。

十三、莊子五十二篇

漢書藝文志注曰：「名周，宋人。」

司馬遷曰：「莊子者，蒙人也。名周，周嘗爲漆園吏，與梁惠王齊宣王同時。其學無所不闚，然其要本歸於老子之言。故其著書十餘萬言，大抵率寓言也。作漁父、盜跖、胠篋，以詆訾孔子之徒，以明老子之術。畏累虛、亢桑子之屬，皆空語無事實。然善屬書離辭，指事類情，用剽竊儒、墨，雖當世宿學，不能自解免也。其言洸洋自恣以適己，故自王公大人不能器之。」（史記老莊申韓列傳）

隋書經籍志道家有莊子二十卷，注曰：「梁漆園吏莊周撰。晉散騎常侍向秀注。本二十卷，今闕。梁有莊子十卷，東晉議郎崔譔注，亡。」又十六卷，注曰：「司馬彪注，本二十一卷，今闕。」又三十卷，目一卷，注曰：「晉太傅主簿郭象注。梁七錄三十三卷。」又集注莊子六卷，注曰：「梁有莊子三十卷，晉承相參軍李頤注；莊子十八卷，孟氏注，錄一卷，亡。」

舊唐書經籍志、唐書藝文志俱有莊子十卷，郭象注；二十卷，向秀注，及其他各家注解若干卷。

宋代有郭象注莊子十卷，成玄英莊子疏十卷，文如海莊子正義十卷，又莊子邈一卷，呂惠卿莊子解十卷，張昭補注莊子十卷，張煊莊子通眞論三卷，李士表莊子十論一卷（宋史藝文志）

宋濂曰：「盜跖、漁父、讓王、說劍，諸篇不類前後文，疑後人所勦入。」（諸子辨）

焦竑曰：「內篇斷非莊生不能作，外篇、雜篇則後人竄入者多。之、噲讓國，在孟子時，莊子身當其時，而莊文曰：『昔者』；陳恒弑其君，孔子請討，而胠篋曰：『陳成子弑其君，子孫享國十二世』；即此推之，則秦末漢初之言也。豈其年踰四百歲乎？曾、史、盜跖與孔子同時，楊墨在孔後孟前，莊子內篇三卷未嘗一及五人，則外篇雜篇多出後人可知。又封侯宰相等語，秦以前無之，且避漢文帝諱，改田恒爲田常，其爲假託尤明。」（焦氏筆乘）

林景伊先生曰：「莊子……今所存者三十三篇，共分內篇七，外篇十五，雜篇十一，蓋郭象之所訂也。內篇者，莊子學說之綱領，外篇充其不足之意，雜篇其雜記也。然內篇雖爲莊子宗旨所寄，猶有後人加入之語，至外篇，雜篇之爲莊子所作，或其弟子所記，尤難言矣。」（中國學術思想大綱）

成秋按：莊子與老子並爲道家思想之兩大支柱。莊書以內篇爲綱領，外、雜之作者雖不可必，又有後人加入之資料，然大旨在於發揮內篇之學說。故吾人取內篇爲骨幹，而以外、雜篇之合於莊學綱領者爲輔翼，則綱擧目張，莊學之大旨，可得而窺知也。

十四、列子八篇

漢書藝文志注曰：「名圄寇，先莊子，莊子稱之。」

劉向上列子序曰：「所校中書列子五篇，臣向謹與長社尉臣參校讎，太常書三篇，太史書四篇，臣向書六篇，臣參書二篇，內外書凡二十篇。以校除復重十二篇，定著八篇，中書多，外書少。章亂布在諸篇，中或字誤，以盡爲進，以賢爲形，如此者衆。在新書有棧，校讎從中書已定，皆以殺青，書可繕寫。列子者，鄭人也，與鄭繆公同時，蓋有道者也。其學本於黃帝、老子，號曰道家。道家者，秉要執本，淸虛無爲，及其治身接物，務崇不競，合於六經。而穆王、湯問二篇，迂誕恢詭，非君子之言也。至於力命篇，一推分命，楊子之篇，惟貴放逸，二義乖背，不似一家之書。然各有所明，亦有可觀者。孝景皇帝時貴黃老術，此書頗行於世。及後遺落，散在民間，未有傳者。且多寓言，與莊周相類，故太史公司馬遷不爲立傳。」

張湛列子序曰：「湛聞之先父曰：『吾先君與劉正輿、傅穎根，皆王氏之甥也，竝少遊外家。舅始周，始周從兄正宗、輔嗣，皆好集文籍。先並得仲宣家書，幾將萬卷；傅氏亦世爲學問。三君總角，競錄奇書。及長，遭永嘉之亂，與穎根同避難南行。車重各稱力，竝有所載。而寇虜彌盛，前途尙遠。張謂傅曰：『今將不能盡全所載，且共料簡世所希有，各各保錄，令無遺棄。』穎根於是賫其祖玄父咸子集。先君所錄書中，有列子八篇，及至江南，僅有存者，列子唯餘楊朱、說符、目錄三卷。比亂，正輿爲揚州刺史，先來過江，復在其家得四卷。尋從輔嗣女婿趙季子家得六卷，參校有無，始得全備。』」

高似孫曰：「劉向論列子書穆王、湯問之事，迂誕恢詭，非君子之言。又觀穆王與化人遊，若清都紫微鈞天廣樂，帝之所居，夏革所言，四海之外，天地之表，無極無盡，傳記所書，固有是事也。人見其荒唐幻異，固以爲誕。然觀太史公殊不傳列子，如莊周所載許由務光之事，漢去古未遠也。許由、務光，往往可稽，遷獨疑之，所謂禦寇之說，獨見於寓言耳。遷於此詎得不致疑耶？周之末篇，敍墨翟、禽滑釐、愼到、田駢、關尹之徒，以及於周，而御寇獨不在其列。豈御寇者，其亦所謂鴻蒙、列缺者歟？然則是書與莊子合者十七章，其間尤有淺近迂僻者，特出於後人會萃而成之耳！至於『西方之人有聖者焉，不言而自信，不化而自行』，此故有及於佛，而世猶疑之。夫『天毒之國，紀於山海，竺乾之師，聞於柱史』，此楊文公之文也。佛之爲教，已見於是，何待於此時乎？然其可疑可怪者不在此也。」（子略）

宋濂曰：「列子八卷，凡二十篇，鄭人列禦寇撰。劉向校定八篇，謂禦寇與鄭繆公同時。柳宗元云：『鄭繆公在孔子前幾百載，禦寇書言鄭殺其相駟子陽，則鄭繻公二十四年，當魯穆公之十年；向因魯穆公而誤爲鄭耳。』其說要爲有據，高氏以其書多寓言，而并其人疑之。『所謂禦寇者，有如鴻蒙列缺之屬，』誤矣。書本黃老言，決非禦寇所自著，必後人會粹而成者。中載孔穿、魏公子牟及『西方聖人』之事，皆出禦寇後。天端黃帝二篇，雖多設辭，而其『離形去智，泊然虛無，飄然與大化遊』，實道家之要言，至於楊朱，力命，則『爲我』之意多；疑即古楊朱書，其未亡者勦附於此。御寇先莊周，周著書多取其說；若書事簡勁宏妙，則似勝於周。

「間嘗執讀其書，又與浮屠言合。所謂『內外進矣，而後眼如耳，耳如鼻，鼻如口，無弗同也；心凝形釋，骨肉都融，不覺形之所倚，足之所履』，非『大乘圓行說』乎？『鯢旋之潘爲淵，止水之潘爲淵，雍水之潘爲淵，汧水之潘爲淵，肥水之潘爲淵』，非『修習教觀說』乎？『有生之氣，有形之狀，盡幻也；造化之所始，陰陽之所變者，謂之生，謂之死；窮數達變，因形移易者，謂之化，謂之幻；造物者，其巧妙，其功深，故難窮難終；因形者，其巧顯，其功淺，故隨起隨滅；知幻化之不異生死也，始可以學幻』，非『幻化生滅說』乎？『厥昭生乎濕，醯雞生乎酒，羊奚比乎不筍，久竹生青寧，青寧生程，程生馬，馬生人，人久入於天機。萬物皆出於機，皆入於機。』非『輪回不息說』乎？『人胥知生之樂，未知生之苦，知死之惡，未知死之息』，非『寂滅爲樂說』乎？中國之與西竺，相去一二萬里，而其說若合符節，何也？豈其得於心者亦有同然歟？近世大儒，謂華、梵譯師，皆竊莊、列之精微，以文西域之卑陋者，恐未爲至論也。」

（諸子辨）

四庫提要曰：「柳宗元以其言魏牟、孔穿皆出列子後，不可信云云。今考第五卷湯問篇中，併有鄒衍吹律事，不止魏牟孔穿，其不出禦寇之手更無疑義。然考爾雅疏引尸子廣澤篇曰：『墨子貴兼，孔子貴公，皇子貴衷，田子貴均，列子貴虛，料子貴別囿，其學之相非也數世矣，而已皆弇於私也。天帝皇后辟公宏郭宏溥介純夏憮冢晊昄，皆大也，十有餘名，而實一也。若使兼公虛均衷平易別囿一實也，則無相非也』云云，是當時實有列子，非莊周之寓名。又穆天子傳出於晉太康中，爲漢魏人之所未睹，而此書第三卷所敍，駕八駿，造父爲御，至巨蒐，登崑崙，見西王母於瑤池事，一一與傳相合，此非劉向之時所能僞造，可確信爲秦以前書。考公羊傳隱公十一年：

『子沈子曰』，何休註曰：『子沈子，後師沈子，稱子冠氏上，著其爲師也。』然凡稱子某子者，乃弟子之稱師，非所自稱。此書皆稱子列子，則決爲傳其學者所追記，非禦寇自著。其雜記列子後事，正如莊子記莊子死，管子稱吳王西施，商子稱秦孝公耳，不足爲怪。張湛作是書註，於天端篇首所稱子列，知爲追記師言，而他篇復以載及後事爲疑，未免不充其類矣。」

章炳麟曰：「列子書漢人無引者。王、何、稽、阮，下及樂廣，清談玄義，散在篇籍，亦無有引列子者。觀張湛序，殆其所自造。湛謂與佛經相似，實則有取於佛經耳。」（菿漢昌言）

馬敍倫有列子僞書考，認列子書及劉向序，均屬僞造，共列二十條證據，見天馬山房叢書，又見古史辨第四冊。後有日人武內義雄作列子寃詞，逐條駁之，認列子八篇，非禦寇之筆，且經後人刪改，然大體上尙存向校定時面目，非王弼之徒所僞作。至於以鄭繆公之誤，斷爲序非向作，因一字之誤，而疑序之全體，頗不合理。況由後人之僞寫，抑由向自誤，尙未可知。（武內義雄之文，見於先秦經籍考）

呂思勉曰：「此書前列張湛序，述得書源流，殊不可信。而云：『所明往往與佛經相參，大同歸於老莊』；『屬辭引類，特與莊子相似。莊子、愼到、韓非、尸子、淮南子，玄示指歸，多稱其言』，則不啻自寫供招。佛經初入中國時，原有以其言與老莊相參者，一以爲同，一以爲異，兩派頗有爭論。湛蓋亦以佛與老莊之道爲可通，乃僞造此書，以通兩者之郵也。其云莊子愼到等多稱其言，蓋即湛造此書時所取材。」（經子解題）

成秋按：本書非列子自著，中間又經劉向、張湛兩番整編，益非原來之面目矣。世之疑此書者，一因魏牟、孔穿、鄒衍，爲列子所不能見，二因張湛所述得書經過事涉離奇，三因中有佛理。關於第一點因係列子後人所記，不成問題，四庫提要言之已詳。至於書之來歷不明，及含有佛理，本人亦有一點不成熟之意見。吾以爲設若張湛存心作僞，以常理言，自當設法使之天衣無縫，何至於故意將得書經過曲述離奇，又自言其可與佛理相參，以啓後人之疑竇？且以本書與劉向所言之書相校，又頗爲接近，不能謂毫無根源矣。故謂本書爲張湛之所僞作，證據似尚欠充分。以吾之見，本書雖經張湛整理，並可能加入部份其他資料，但其內容，仍有大部承自劉氏之所傳；尤其楊朱、力命、天端、黃帝四篇，更有絕對可能爲先秦道家思想之史料，未可全然舍棄。至於謂列子中含有佛理，此一問題，亦値得討論。夫道家思想，本近於佛，而於莊子爲尤甚。列子書本近於莊，又數經整理，可能滲入其他資料，則其中間或夾入一二佛學名詞，自亦難免。然若遽以推定其書爲佛經初入中國時所僞造，似又未免過於孟浪。總而言之，吾以謂此書固然不無些許可疑之成分，但就整體而論，仍不失爲先秦道家思想之重要史料也。

十五、老成子十八篇

十六、長盧子九篇

漢書藝文志注曰：「楚人。」

十七、王狄子一篇

成秋按：以上三書，均已亡佚，又無輯本，不可考證。

十八、公子牟四篇

漢書藝文志注曰：「魏之公子也，先莊子，莊子稱之。」

成秋按：書已亡佚，其學蓋近於楊朱之縱欲派，世界書局印有淸馬國翰輯佚本，可供參考。

十九、田子二十五篇

漢書藝文志注曰：「名駢，齊人，遊稷下，號天口駢。師古曰：駢，音步田反。」

成秋按：書已亡佚，其學蓋由道入法，所謂「老莊之後，流爲申韓」者也。淸馬國翰有輯佚本，世界書局印行。

二十、老萊子十六篇

漢書藝文志注：「楚人。」

史記老莊申韓列傳：「老萊子亦楚人也，著書十五篇，言道家之用，與孔子同時云。」

二十一、黔婁子四篇

漢書藝文志注云：「齊隱士，守道不詘，威王下之。師古曰：黔，音其炎反，下，音胡稼反。」

成秋按：二書已亡，世界書局印有輯本，載其言行。

二十二、宮孫子二篇

漢書藝文志注：「師古曰；宮孫，姓也，不知名。」

成秋按：此書已亡，亦無輯本遺事可考。

二十三、鶡冠子一篇

漢書藝文志注：「楚人，居深山，以鶡爲冠。師古曰：以鶡鳥羽爲冠。」

隋書經籍志道家有鶡冠子三卷，注曰：「楚之隱人。」

唐代，宋代，均有鶡冠子三卷。（舊唐書經籍志，新唐書藝文志，及宋史藝文志）

崇文總目曰：「今書十五篇，述三才變通古今治亂之道。唐氏嘗辯此書後出，非古所謂鶡冠子者。」

晁公武曰：「韓愈稱愛其博選，學問篇，而柳宗元以其多取賈誼鵩賦非斥之。按四庫書目，鶡冠子三十六篇，與愈合，已非漢志之舊。今書乃八卷，前三卷十三篇，與今所傳墨子書同，中三卷十九篇，愈所稱兩篇皆在；宗元非之者，篇名世兵，亦在；後兩卷有十九論，多稱引漢以後事，皆後人雜亂附益之。今削去前後五卷，止存十九篇，庶得其眞。其辭雜黃老刑名，意皆鄙淺，宗元之評蓋不誣。」（郡齊讀書志）

王應麟曰：「鶡冠子博選篇用國策郭隗之言，王鐵篇用齊語管子之言，不但用賈生鵩賦而已。柳

子之辨，其知言哉！」（困學記聞）

胡應麟曰：「鶡冠子之僞與亢倉不同，蓋賈誼鵩賦所云，初非出鶡冠子；後世僞鶡冠者剽誼賦中語以文飾其陋。唐人不能辨，以鶡冠在誼前，遂指誼爲所引，河東之說極得之。」（四部正譌）

姚際恒曰：「鶡冠子漢志止一篇，韓文公所讀有十九篇，四庫書目有三十六篇，逐代增多，何也？意者原本無多，餘悉後人增入歟？」（古今僞書考）

梁啓超曰：「今書時含名理，且多古訓，似非出魏、晉以後人手。惟晁氏曰：『按四庫書目鶡冠子三十六篇，已非漢志之舊。今書乃八卷……』然則此書經後人竄亂附益者多矣。今所存者，卽中三卷，雖未必爲漢人之舊，然猶爲近古，非僞關尹、僞鬼谷之比也。」（漢書藝文志諸子略考釋）

成秋按：今所見之鶡冠子，收入百子全書者，已去其前後各卷，僅餘十九篇，蓋復韓愈所見之舊也；然其所述，多雜黃老刑名之說，實言道家之用者。

二十四、周訓子十四篇

漢書藝文志注：「師古曰，劉向別錄云：人間小書，其言俗薄。」

成秋按：書已亡佚，不可考矣。

二十五、黃帝四經四篇

二十六、黃帝銘六篇

二十七、黃帝君臣十篇

漢書藝文志注曰：「起六國時，與老子相似也。」

二十八、雜黃帝五十八篇

漢書藝文志注曰：「六國時賢者所作。」

成秋按：以上四書，均題爲黃帝，而書又已亡佚，無法考證。然衡諸常理，三代之前，當不可能有此等書行世，其爲僞託也明矣。至於作僞之時代，據漢書藝文志注，黃帝君臣、雜黃帝均在六國，則黃帝銘、黃帝四經想亦在此前後。今由荀子、呂氏春秋，摘其一、二遺文，雖非眞正之黃帝思想，然亦可以代表戰國時托爲黃帝思想之一斑矣。

二十九、力牧廿二篇

漢書藝文志注曰：「六國時所作，托之力牧；力牧，黃帝相。」

成秋按：此書已亡，其爲僞書甚明。

三十、孫子十六篇

漢書藝文志注曰：「六國時。」

成秋按：漢書藝文志別有吳孫子兵法八十二篇。師古注曰：「孫武也，臣於闔廬。」故此處所列，必非孫武之作。其書已佚，不可詳考。

三十一、捷子二篇

漢書藝文志注曰：「齊人，武帝時說。」

成秋按：此書今已亡佚，錢穆有接子考，謂即捷子，史記孟荀傳稱其「齊人」，「學黃老道德之術，因發明序其指意。」其殆主命定之論者乎？（見古史辨第四冊）

三十二、曹羽二篇

漢書藝文志注曰：「楚人，武帝時說於齊王。」

三十三、郎中嬰齊十二篇

漢書藝文志注曰：「武帝時。師古曰，劉向云，故待詔，不知其姓，數從遊觀名，能爲文。」

三十四、臣君子二篇

漢書藝文志注云：「楚人。」

成秋按：以上三書均已亡佚，無考。

三十五、鄭長者

漢書藝文志注曰：「六國時，先韓子，韓子稱之。師古曰，別錄云，鄭人，不知姓名。」

成秋按：此書今亡，馬國翰據韓子所引一條，稱其主虛無，無見深探道旨，不且隱合禪宗乎？

三十六、楚子三篇

三十七、道家言二篇

漢書藝文志注云：「近世，不知作者。」

成秋按：以上二者亦已亡佚，無考。

先秦道家思想之原始資料，除此而外，尚有藝文志未著錄之書三種：陰符經、亢倉子、子華子，法家、雜家有關之書五種，即韓非子、呂氏春秋、淮南子、尸子、晏子春秋是。約略討論如下：（管子漢志列道家，實亦法家，書已論之於前矣。）

(1)陰符經：題爲黃帝撰，唐李筌註。但隋書經籍志兵家有太公陰符鈐錄一卷，周書陰符九卷，是以多有疑之者。李筌自謂得此書於嵩山虎口巖石室，又謂驪山老母傳授微旨。以事涉離奇，難以取信。故一般人多以書即筌所僞造，亦有疑爲寇謙之者。獨梁啓超曰：「其文簡潔，不似唐人文字……特未必太公或寇謙之所作。置之戰國末，與繫辭、老子同時可耳。蓋其思想與二書相近也。」（古書眞僞及其年代）說甚有理，從之。

(2)子華子：題曰周程本撰。按今本子華子鳩集衆語，非主一家，道家思想之成分甚少，且漢志不錄，甚爲可疑，論者多辨其僞。然子華子之言，呂氏春秋已有引錄，則在漢以前，實有一子華子，可無疑也。至呂氏春秋之所本者，是否與今本相同，則不可必。姑取其書之可與道家相參者，作一敍述而已。

(3)亢倉子：題爲周庚桑楚撰。莊子謂之庚桑子，史記作亢桑子，列子作亢倉子，其實一也。然亢倉子代無其書，漢志、隋志皆不載。唐開元末，襄陽王士源獻上此書，當時卽被指爲士源之僞造。且史記明言亢桑子乃莊子虛造之人物，空言無實，則其僞益明矣。

(4)韓非子：題爲周韓非撰。韓非爲韓之諸公子，喜刑名法術之學，而歸其本於黃老，後入秦，爲李斯所害。其書有非所自作者，有黃老或道家言混入者，有縱橫或遊說家言混入者，有後人有關非之記載因而混入者，攙雜不淸，難以一一析辨。然非自著之部份，仍佔不少。主張法術並重，勢利兼顧，執一以靜，集法家之大成。

(5)呂氏春秋：題曰秦呂不韋撰，實其賓客之集體創作。本書上觀上古，刪拾春秋，集六國時事，以爲八覽，六論，十二紀，凡二十六卷。綜合各家之言論，以爲一代之典範，故漢志列爲雜家。

(6)淮南子：題爲漢淮南王劉安撰，高誘注，二十一卷。此書雖屬雜家，然其大較，歸之於道，因號曰鴻烈。鴻，大也；烈，明也。以爲大明道之言也。

(7)尸子：漢志雜家有尸子二十篇，注曰：名佼，魯人，秦相商鞅師之。其書今亡，世界書局有淸汪繼培輯本。大指言道家之用，近乎刑名儒術之間。雖闕佚已甚，然單詞碎義，足以取證經子者，實屬指不勝屈。

(8)晏子春秋：張純一晏子春秋注敍曰：「周季百家之書，有自著者，有非自著者。晏子書非晏子自作也，蓋晏子歿後，傳其學者綴晏子之言行而爲之也……其學蓋原於墨儒，兼通名法農道，尼父兄事之，史遷願爲之執鞭，有以夫！」成秋按：此書實以儒墨思想爲主，但亦有合於道家思想者，不可不論。

以上所論資料之範圍，漢志道家著錄者計三十七種，漢志未著錄者三種，法家雜家之與道家有關者五種，合計四十五種。取其精華，去其糟粕，再詳爲條理，予以敍述討論。以下各篇之論述，即本乎此。

第三章　先秦道家思想之淵源

自來論先秦諸子之淵源者，多據班固漢書藝文志，所謂諸子出於王官，道家者流，蓋出於史官者是也。此說前儒少有疑之者，予亦認爲可信。蓋『班氏所言，盡本劉氏七略，劉氏去古未遠，其所云云，必有所本。』（讀子巵言）在未有充份證據之前，不可輕予否定也。

學術界懷疑班氏之說，始自胡適之先生。胡適之先生曾撰有諸子不出於王官論（收於古史辨第四冊，胡適文存一集二卷），認爲「諸子出於王官之說，皆屬漢儒附會揣測之辭，其言全無根據，而後之學者，乃奉爲師法；甚矣，先入之言之足以蔽人聰明也。」此說雖不具何種有力之證據，然而知之者甚多，在學術界不無影響。故論先秦道家思想之淵源，不可不先辯明胡適之說。

第一節　辯「諸子不出於王官論」

胡適之說，共分四端：一、劉歆以前，論周末諸子學派者，如莊子天下篇，荀子非十二子，司馬談論六家要旨，淮南子要略篇，皆無此說。而淮南以爲諸子之學，皆起於救時之弊，應時而興，其說最爲近理。二、九流無出於王官之理。例如周官司馬掌邦教，儒家以六經設教，而論者遂謂儒家出於司徒之官。不知儒家之六籍，多非司徒之官所能夢見。墨家之學，儀態萬方，豈淸廟小官所能產生？三、漢志所分九流，乃漢儒陋說，未得諸家派別之實。如晏子列儒，管子列道，又收伊尹太公孔甲盤孟等僞書。名家之分，尤不合理，蓋先秦本無名家，各派學說，皆有其爲學之方術，此方術卽邏輯。古無「名學」之家，故「名家」不成一家之言。四、章太炎之說，亦不能成立。其稱老聃爲柱下史、爲徵藏史，以爲道家出於史官之一證，然孔丘嘗爲乘田矣，嘗爲委吏矣，豈可遂謂孔子之學固出於此耶？若以墨翟之學於史角，爲諸子出於王官之證，則孔子所師事者尤衆矣。況史角史佚既非淸廟之官，則藝文志墨家出於淸廟之說，亦不能成立。

玆將上述各項理由，逐條辯駁如下：

一、胡適以爲劉歆以前，並無此說，因斷漢志之非。然而劉氏以前，亦未嘗確言諸子不出於王官，何又獨斷諸子不出王官之爲是耶？且莊子天下篇論各家學說，均冠以「古之道術，有在於是者」，是非言諸子之說有所本乎？特未明言其出於王官耳。左氏傳，孔子言：「天子失官，學在四夷」，又曰：「禮失而求諸野」，是非言學官失守，終乃流諸草野乎？至司馬談六家要旨，意在評隲諸宗，故不述其源流，亦無足據。淮南子要略亦頗指示諸子之出處：如言儒學爲「修成康之道，述周公之訓」，墨家爲「學儒者之業，受孔子之術，背周道而用夏政」，準斯而論，謂劉歆以前，絕無言諸子出於王官者，似不盡然也。

二、胡適稱「不知儒家之六籍，多非司徒之官所能夢見。」「墨家之學，儀態萬方，豈淸廟小官所能產生？」其意蓋在不滿班氏之以諸子瓌偉宏大之學，推其源於簡陋之王官。其實「出」之一字，乃「導源」之意，言諸子受王官之影響，而加以發揚光大，非謂王官可齊美於諸子，或諸子之學說全部自王官承襲而來也。

三、至謂漢志九流之分爲不合理，實爲胡氏囿於成見之所致。蓋胡著中國古代哲學史，純以「名學」觀點論述諸子，遂認各家學術，均有其名學，而先秦無名家矣。（胡適此書，乃就其博士論文，「先秦名學史」擴充而成。）殊不知先秦諸子，各有其特色，亦各有所重，未可以一種標準衡量之。若效胡適此說，則道家論道，儒家法家雜家亦皆言道，而謂先秦無道家可乎？至謂晏子列儒，管子列道，並錄伊尹太公孔甲盤盂等僞書，與諸子分派又有何干？且晏子中未必不有儒家思想，管子中未必不有道家思想，分列儒道，乃係個人見解，未可厚非；收錄僞書，更與諸子之派別無涉矣。退一步言，即使九流分派爲非，然諸子分派合否是一事，諸子之學是否出於王官又是一事，吾意以爲即令此說而信，亦不足證諸子之不出於王官也。

四、章太炎先生以老聃爲柱下史、徵藏史，爲道家出於史官之一證，其意蓋在說明劉氏七略班氏漢志之說不爲無據，非即依此一項理由，而斷言道家思想之源流也。夫劉向班固，皆爲博極羣書閎中肆外之大儒，其所言談，必有所本，老子之世爲史官，不過其旁徵之一而已，自然尙有其他依據，爲吾人今日所不及見者。故老子爲史官之一言，與孔子爲乘田委吏之意義，決不相同，若欲據此而以孔子之學出於乘田委吏，其有所不可乎？且胡適一則稱其爲漢儒陋說，全無根據；一則棄有用之史料而不顧，豈非自相矛盾？

至於吾之力主諸子出於王官者，蓋以思想必須以學術爲基礎，尤其欲成系統嚴密之思想，更非不學無術者所能收其功。春秋戰國之前，學術不在民間，皆由王官世守之。其後王官失守，學術四處流散，始有諸子百家之興起；故諸子思想，必難逃其與王官之關係。江瑔曰：

「自周道既衰，官失其守，而百家之學始興。春秋戰國以前，非無聰明慧哲之士，而所以不能各持一幟，成一家言者，蓋皆有官以司之，平民莫由窺其奧也。」（讀子卮言）

是以諸子之學，倘若憑空落下，前無所承則已，否則除王官而外，實在無法找出其他淵源。

第二節　周代史官制度與其職掌

史官之淵源甚古，相傳黃帝之世，已有史官。（按世本宋衷註：黃帝之世，始立史官。）其後歷唐堯、虞舜及夏商兩朝，制度漸密。逮周之世，踵夏商之制而增益之，乃更形完備。據周禮春官所載，周朝之史官制度及其職掌，有如以下所言：

(1)太史：秘書長兼國史館館長，與中央圖書館館長。

(2)小史：佐理太史，掌理國家檔案與譜牒及各種重要文獻。

(3)內史：掌理發布公文及考核政務。（會計之本義。）

(4)外史：掌理各地諸侯之史，著眼於中央與地方之關係。

(5)御史：贊助首相，掌理國家重大典禮之執行。（見張其昀中華五千年史第三冊十一章所說）。

五史之職掌，近人柳詒徵先生嘗言其性質：

「周之史官，爲最高之檔案庫，爲實施之禮制館，爲美備之圖書府。冢宰之僚屬，不之逮也。」（國史要義頁廿五）

又曰：

「總五史之職，詳析其性質，蓋有八類。執禮，一也；掌法，二也；授時，三也；典藏，四也；策命，五也；正名，六也；書事，七也；考察，八也。歸納於一則曰禮。五史皆屬春官宗伯，春官爲典禮之官，即堯典之秩宗。」（國史要義頁五）

御史之所掌，雖與後世行監察糾舉之權者不同，然史官與冢宰相制衡，仍有一種互相監督之作用。

「周之冢宰，爲天官……柄全權，其他百僚，不能相抗，惟史所掌，與宰均衡。（謂有制衡作用）……宰及百官，不能紊法違章。」又曰：「史與相並尊，相綰百務，史事案牘，互助相稽，以輔首領。」（國史要義頁廿四）

由此可知，周代史官所管之事，範圍甚廣，初不限於記事記言之一端而已。

先秦道家思想，以老子開其端。莊子之學，蓋歸本於老子之言。（史記）至於道家其他諸子，亦無不以老子爲其宗主。故論道家思想之淵源，即論老子思想之淵源可也。道家者流，出於史官，老子其人，與史官之關係，又極爲密切。據史記言，老聃爲周守藏室之史。莊子天道篇謂之爲徵藏史，禮記曾子問疏引鄭玄云：「老聃，周之太史。」又引史記云：「老聃爲周柱下史或爲守藏史。」列仙傳：

「老子爲周柱下史，轉爲守藏史。」經典釋文敍錄曰「衆家皆云先爲柱下史，轉爲守藏史。」無論其爲守藏史、徵藏史、柱下史、太史，其世爲史官，已無可疑。

徵藏史或爲守藏史之別名，名稱雖異，其實一也。

陸德明莊子音義曰：「司馬云，徵藏，藏名也。一云，徵，典也。」詁徵曰典，較爲允當。廣雅釋詁：「典，主也。」爾雅釋言：「典，掌也。」主、掌與守同意。

守藏史柱下史之職責，或謂係職掌官書。

史記索隱曰：「藏室史乃周藏書室之史也。張湯傳老子爲柱下史，即藏室之柱下，因以爲官名。」

（錢大昕說，史記無此文）

據莊子所記，徵藏史者，亦職掌官書。故司馬貞曰：「藏室史者，周藏書室之史也。」

柱下史又謂係屬御史之職責。

虞世南北堂書鈔設官部引漢官儀云：「侍御史，周曰柱下史，老聃爲之。」史記張蒼傳：「張丞相蒼者，秦時爲御史，主柱下方書。」索隱云：「周秦皆有柱下史，謂御史也。」所掌及侍立，恒在殿柱之下，故老子爲周柱下史。」

復有認爲史官掌理刑罰，即獄官、法官，古名理官，又稱司寇。理由爲：(1)周禮春官：「太史：凡邦國都鄙及萬民之有約劑者藏焉……若約劑亂則辟灋，不信者刑之。」秋官：「司約：掌邦國及萬民之約劑……若有訟者，則珥而辟藏，其不信者服墨刑。」論者以爲太史司約，本爲關聯，守藏當即約劑之藏，徵藏蓋卽關藏，亦卽關法，所謂開關藏室，以考驗約劑然否之意。(2)徵藏史本是大理之分職，故亦爲理官。月令：「孟秋，乃命大理。」鄭玄注：「有虞曰士，夏曰大理，周曰大司寇。」管子小匡篇「弦子旗爲理。」尹知章注：「理，獄官。」理又作李，故老子姓李，乃以官爲姓也。管子大匡篇「國子爲李。」尹注：「李，獄官也。」（見譚戒甫二老研究）

以上所云，雖不免揣測之嫌，然其所司，仍不出五史之範圍，徵諸史官所管範圍之廣，亦未始不可以作爲一種參證也。

第三節　「道家者流蓋出於史官」解

漢書藝文志曰：「道家者流，蓋出於史官，歷記存亡禍福古今之道，然後知秉要執本，淸虛以自守，卑弱以自持，此君人南面之術也。」（諸子略）

私意以爲，「出於史官」一語，其涵意蓋指得自歷史傳統之學術與智慧而言，理由如下：

(1)史官記事記言，深悉歷史之故實，又掌理圖籍，於歷代學術及古先聖王之言行事蹟，當無所不窺，則其思想淵源，爲歷史傳統之學術與智慧，自不待言。

(2)史官爲百官之源：上古時代，政簡事省而官少，官之最主要者，爲巫與史。其後史盛而巫衰，一切官職，均以史爲之。故江瑔云：「古代之官，惟巫與史。………記人事曰史（說文：史，記事者也。）事鬼神曰巫。（見書伊訓傳）古人重祭祀敬鬼神，故史巫二職，並重於時。迄於後世，智識日

增，知鬼神之事，眇漠無憑，不如人事之為重，於是史盛而巫衰，一切官職均以史為之。」（讀子卮言）

復以造字之原則言，史亦為百官之總稱：「官亦謂之吏，吏字從史。有官必有所司之事，事字亦從史。蓋古人殆以史為百官之總稱，史以外無官之可言也。」（讀子卮言）以余之見，史官之職，原為記事記言而設。由於記事記言之需要，不得不兼備學術之修養。而上古之時，學術並不普及，載籍多存於官府，史官為參證之便，自然成為中央圖書館之管理人（館長）。由於史官之具有歷史知識，應世經驗，為帝王之所諮詢，又兼為帝王之顧問。至於施政行事，有悖乎古例，史官亦得根據歷史之記載，而適時加以進諫或批判，遂近乎諫議大夫及御史大夫之所掌。由此更進一步，根據律令，而對犯罪者施以刑罰，則變而為理官。兵戎之事，為國之大刑，於是由理官一變而為司馬。古者神權極盛，史官既備政府之諮詢，當亦具備占卜星象之技術，又近乎巫覡之所事矣。由上所論，百官皆由史官而出。且古者學術藏於官府，史官自然成為古代學術之宗主矣。

(3)史官為百家學術之源：江瑔曾論百家之淵源，謂由其近源言之，諸子雖各有所出，然而推溯其遠源，諸子百家無不出於史官。蓋史官之設立，為時最古，而百官無不出自乎史也。其言甚為有理：「雖然，二氏所言，皆由其近源言之，而未溯其遠源者也……黃河揚子江，中國之大水也，自其近源言之，二水各有其源，而自其遠源言之，則同出於星宿海，百家之學理亦猶是。劉班二氏，溯諸子之近源，故源各不同，而不知更溯而上之，其源實俱出於一。蓋九流雖支分派別，而皆出於古之史官者也。」（讀子卮言）張釆田亦曰：「昔者黃帝既執通以濟天下矣。知道爲人君之要術，得之者昌，失之者亡，故立史官而世守之，以垂訓後王。非得道者，如夏之終古，商之向摯，周之辛甲伊佚，莫能居是職焉。而一時佐人君明治理者，若伊尹輔湯，鬻熊太公興周，管仲治齊，亦無不推原斯學以秉要而執本。降及東遷，天子失官，老聃乃以守藏史述黃帝上古之言，著道德五千言，莊列關尹之徒羽翼之，號爲道家，蓋始此矣。是故道家者，君人南面之術，六藝之宗子，百家之祖，而我孔子所師承也。」（史微內篇卷二原道一）至於班固所以獨舉道家出於史官，而不舉他家者，江氏又曰：「班氏所以獨舉道家出於史官者，意者班氏之意，以道家之興爲最早，而遠在諸家之前，故特舉道家以賅其餘耶？」（讀子卮言）史官既爲百家學術之淵源，則謂道家承襲歷史傳統之學術與智慧，自無疑問。

(4)復查老子，乃道家諸子之先驅，而老子書中，或引古史，或徵古書，或暗受古先聖王事蹟之影響，不勝枚舉（詳下）；則道家之承襲傳統學術，昭昭然明矣。

第四節　道家思想與史書古書之關係

道家思想之淵源，爲歷史傳統之學術與智慧，吾人可由老子與史書之關係，窺其線索。

道家出於史官，其與史書發生關係之事，乃屬必然；而古書之存於今者，又莫若六藝——六藝皆史之類也。張釆田曰：

「六藝皆史也。百家道術，六藝之支與流裔也。何以知其然哉？中國文明，開自黃帝，黃帝正名百物，始備百官，官各有史，史世其職，以貳於太史。太史者，天子之史也。其道君人南面之術也……故自孔子以上，諸子未分以前，學術政教皆聚於官守，一言以蔽之，曰史而已矣。史之書凡六，曰詩，曰書，曰易，曰禮樂，曰春秋。」（史微內篇卷一原史）老子書中，明顯引用古書古語之處甚多，如廿二、四十二、四十二、五十七、六十九、七十八諸章，皆其特出者也。今且就老子與史佚、易、詩、書等之關係，加以論述。

甲、史佚書與老子

史佚爲周武王時之太史，與周公、太公、召公同列，總謂之四聖。其書錄於漢志，然而久已不存，其遺說之流於後世者，清馬國翰有輯本。

(1)史佚云：「無始禍，無怙亂。」（左傳僖十五年引）怙，恃也，卽幸災樂禍之意。老子云：「爲之於未有，治之於未亂……愼終如始，則無敗事。」史佚主敬，老子亦主敬。

(2)史佚：「無重怒。」（左傳僖十五年，宣十二年引）老子：「解其忿。」（四章，碑本。）

(3)史佚：「動莫若敬，居莫若儉，徵莫若讓，事莫若咨。」主張節儉、謙讓，並且遇事諮詢衆人。老子曰：「我有三寶：一曰慈，（卽史佚所謂『愛親之道』，左傳文十五年引）二曰儉，三曰不敢爲天下先。」（六十七章）「是以聖人去甚，去泰，去奢。」（廿九章）「聖人無心，以百姓心爲心」（四

十九章）

(4)史佚：「天地之間，四海之內，善之則吾畜也，不善則吾讎也。」並以神農時代之夙沙氏，與湯武革命爲殷鑑。（詳見淮南子道應訓，劉向說苑政理篇引）老子：「善，人之寶；不善，人之所不保。（不擁戴，不保護之意。）」（六十二章）「天道無親，常與善人。」（七十九章）「公則王。」（十六章）（以上參張其昀先生著中華五千年史）

乙、書經與老子

書經爲六經之一，乃吾國最古之書籍，亦爲最古之歷史，其典謨訓誥誓命之屬，皆爲檔案性質之原始資料。茲摘其與老子有關之文句如下：

(1)太甲：「自作孽，不可逭。」老子曰：「富貴而驕，自遺其咎。」（九章）

(2)大禹謨：「惠迪吉，從逆凶。」老子曰：「不知常，妄作，凶。」（十六章）

(3)君牙：「思其艱以圖其易，民乃寧。」老子曰：「圖難於易，爲大於細，是以聖人終不爲大，故能成其大。」（六十三章）

(4)微子之命：「世世享德，萬邦作式。」老子曰：「子孫祭祀不輟……修之天下，其德乃普。」（五十四章）

(5)禹貢：「江漢朝宗於海。」老子曰：「江海所以能爲百谷王者，以其善下之。」（六十六章）

(6)太甲：「惟天無親，克敬惟親。」老子曰：「天道無親，常與善人。」（七十九章）

(7)說命：「惟天地萬物父母，惟人萬物之靈。」老子曰：「有物混成，先天地生，……可以爲天下母……故道大，天大，地大，人亦大。」（廿五章）

(8)說命：「百姓有過，在予一人。」老子曰：「受國之垢，是謂社稷主，受國不祥，是謂天下王。」（七十八章）

(9)大禹謨：「侮慢自賢，反道敗德。」老子曰：「功成而不處，其不欲見賢。」（七十九章）「自伐者無功，自矜者不長。」（廿四章）

(10)太甲：「德惟一，動罔不吉；德二三，動罔不凶。」老子曰：「曲則全，枉則直……是以聖人抱一爲天下式。」（二十二章）「不知常，妄作，凶。」

(11)武成：「垂拱而天下治。」老子曰：「我無爲而民自化。」（五十七章）「是以聖人處無爲之事，行不言之教。」（二章）「爲無爲，則無不治。」（三章）

(12)周官：「若昔大猷，制治於未亂，保邦於未危。」老子曰：「其安易持，其未兆易謀，其脆易泮，其微易散，爲之於未有，治之於未亂。」（六十四章）

(13)旅獒：「不役耳目，百度惟貞，玩人喪德，玩物喪志。」老子曰：「五色令人目盲，五音令人耳聾，五味令人口爽，馳騁田獵，令人心發狂，難得之貨，令人行妨。」（十二章）

(14)旅獒：「嗚乎！夙夜罔或不勤，不矜細行，終累大德，爲山九仞，功虧一簣。」老子曰：「合

抱之木，生於毫末……民之從事，常幾於成而敗之；愼終如始，則無敗事。」（六十四章）

⒂大禹謨：「汝惟不矜，天下莫能與汝爭能，汝惟不伐，天下莫能與汝爭功。」堯典：「允恭克讓，光被四表。」老子曰：「……是以欲上民，必以言下之。」（六十六章）「不自見故明，不自是故彰，不自伐故有功，不自矜故長。夫惟不爭，故天下莫能與之爭。」（廿二章）

⒃康誥：「凡民自得罪，寇攘姦宄，殺越人於貨，暋不畏死，罔弗畏。」老子：「民不畏死，奈何以死懼之。」（七十四章）「民之輕死，以其求生之厚，是以輕死；夫惟無以爲生者，是賢於貴生。」（七十五章）

⒄大禹謨：「惟德動天，無遠弗屆。滿招損，謙受益，時乃天道。」老子曰：「天之道，其猶張弓與？高者抑之，下者舉之，有餘者損之，不足者補之。」（七十七章）「恃而盈之，不如其已。」（九章）「保此道不欲盈。」（十五章）

⒅無逸：「徽柔懿恭，懷保小民。」舜典：「柔遠能邇。」顧命：「柔遠能邇，安勸小大庶邦。」文侯之命：「柔遠能邇，惠康小民。」老子曰：「天下至柔，馳騁天下之至堅。」（四十三章）「守柔曰強。」（五十二章）「天下莫柔弱於水，而攻堅強者莫之能勝……弱之勝強，柔之勝剛，天下莫不知。」（七十九章）

⒆虞書大禹謨：「寬而栗，柔而立，愿而恭，亂而敬，擾而毅，直而溫，簡而廉，剛而塞，彊而義，彰厥有常。」周書洪範：「一曰正直，二曰剛克，三曰柔克。平康正直，強弗友剛克，燮友柔

克，沉潛剛克，高明柔克。」以上皆言剛中有柔，柔中有剛，此卽老子知雄守雌，知白守黑，知榮守辱；去甚，去奢，去泰，與「保此道不欲盈」（廿八章、廿九章、十五章）之所立也。

丙、易經與老子

易本卜筮之書，並無若何深奧之哲理。其後內容逐漸增加，又有夫子十翼，始成今日之面目。今日所見之易經，共分三部份：一曰爻與卦，二曰卦辭與爻辭，三曰十翼。易之基礎爲卦，卦由爻而構成。爻分陰陽，每卦三爻，合成八卦。次將八卦重疊，組成六十四卦，每卦六爻，合計三百六十四爻。總釋卦名者謂之卦辭，分說各爻者，謂之爻辭。至於十翼，乃輔助卦辭爻辭之不足者，包括上彖、下彖、上象、下象、上繫、下繫、文言、說卦、序卦、雜卦諸部份。

至於各部之作者：八卦爲伏羲所畫，重卦之人，或謂卽伏羲氏（王弼說），或謂係神農氏（鄭玄說），或爲夏禹（孫盛說，盛字安國，晉人），或爲文王，（太史公說）前賢之見不一。卦辭爻辭爲文王作（司馬遷說）或卦辭文王，爻辭周公，（馬融說。）十翼之作，皆謂係屬孔子或孔子弟子，並無異說。

易經與道家之關係，極爲密切。卽以八卦而言，乃以陰爻陽爻相互排比，而代表自然界之重要現象；爾後八卦相重，成爲六十四卦，其所表示者，乃漸及於人事。由此而言，易經不過在以卦爻爲憑藉，說明自然人事諸方面之基本原理而已。其歸納事實，至乎極點，乃曰：「一陰一陽之謂道。」

（易繫辭上傳）認爲宇宙人事之基本，不過陰陽兩種要素，此與老子「萬物負陰而抱陽，冲氣以爲和。」（四十二章）之觀念完全相同，蓋皆承認宇宙萬物不外陰陽兩種相對之要素而已也。然相對之中，又有絕對者在焉，故易經歸之於太極，而老子歸之於大道，名稱雖異，其實一也。（參本論第二章）其次，易經注重自然變化之規律，要人「知機」、「識時位」，而知所趨避；而老子守柔、取弱，其目的亦在與宇宙自然由正而反之變化相應合，而不受其損害，此皆老子與易經之理相通之處。茲再就文句方面，相互比較：

(1)乾：「終日乾乾，反復，道也。」泰象：「無往不復，天地際也。」老子：「萬物並作，吾以觀復。夫物芸芸，各復歸其根……是謂復命。」（十六章）「反者道之動。」（四十章）

(2)乾：「亢龍有悔，盈不可久也。」豐：「日中則昃，月盈則食，天地盈虛，與時消息，而況於人乎？況於鬼神乎？」老子：「道冲而用之，或不盈。」（四章）「恃而盈之，不如其已，揣而銳之，不可長保，金玉滿堂，莫之能守。」（九章）

(3)坤：「柔順利貞，君子攸行。」老子：「天下至柔，馳騁天下至堅。」「守柔曰強。」「堅強者死之徒，柔弱者生之徒。」「天下莫柔弱於水，而攻堅強者莫之能勝，其無以易之。」（見四十三、五十二、七十六、七十八諸章）

(4)謙象：「謙亨，天道下濟而光明，地道卑而上行，天道虧盈而益謙，地道變盈而流謙，鬼神害盈而福謙，人道惡盈而好謙。」老子：「天之道，其猶張弓與，高者抑之，下者舉之，有餘者損之，不足者補之。天之道，損有餘而補不足。」（七十七章）「果而勿矜……果而勿驕。」（三十章）「知其雄，守其雌」（卅八章）「江海所以能爲百谷王者，以其善下之。」（六十六章）

(5)豫：「天地以順動，故日月不過，而四時不忒，聖人以順通，則刑罰淸而民服，豫之時義大矣哉！……」老子：「人法地，地法天，天法道，道法自然。」（廿五章）

(6)坤：「臣弑其君，子弑其父，非一朝一夕之故，其所由來者漸矣，由辯之不早辯也。」旣濟：「旣濟，君子以思患而豫防之。」老子：「天下大事，必作於細。」（六十三章）「其安易恃，其未兆易謀，其脆易泮，其微易散，爲之於未有，治之於未亂。合抱之木，生於毫末，九層之台，起於累土，千里之行，始於足下。」（六十四章）

(7)節：「天地節而四時成，節以制度，不傷民財，不害民。」老子：「取天下常以無事，及其有事，不足以取天下。」（四十八章）

丁、詩經與老子

詩經爲周時流行之民歌，或宗廟歌詞，其中甚多反映當時之社會背景，爲吾人所留意者。（見緒論第四章。）詩言志，則詩經中所表現之思想或人生觀，與老子思想之關係，自亦值得重視。

胡適中國古代哲學史中，曾將詩人時代之人生觀分爲五類：第一、憂時派，第二、厭世派，第三、樂天安命派，第四、縱慾自恣派，第五、憤世派。憂時派與道家之關係較少，然憤世派乃由憂時派轉來。伐檀、碩鼠之詩，批評富貴者之安逸享樂，而下民貧窮勞苦，與老子批評「人之道，損不足以奉有餘」，「民之饑，以其上食稅之多」，及「盜夸」之「服文采，帶利劍，厭飲食」（分見七十七、七十三、五十三章）乃同一意識。樂天安命派乃由厭世派超脫而來，可謂快樂的厭世派。詩兎爰：「我生之初，尚無爲，我生之後，逢此百罹，尚寐無吪！」苕之華：「苕之華，其葉青青，知我如此，不如無生。」此詩人之厭世派也。北門：「出自北門，憂心殷殷，終寠且貧，莫知我艱。已矣哉！天實爲之，謂之何哉！」衡門：「衡門之下，可以棲遲，泌之洋洋，可以樂飢，豈其食魚，必河之魴，豈其娶妻，必齊之姜？豈其食魚，必河之鯉，豈其娶妻，必宋之子？」此詩人之樂天安命思想也。蓋厭世不能解決問題，乃不得不求精神之超越，轉爲達觀，以求適應也。老子之厭世觀，見十三章：「我有大患，爲吾有身，及吾無身，吾有何患？」至於道家之達觀思想，可以莊子爲代表。莊子祈求「絕對的逍遙」，「死生無變於已」，「知其無可奈何，而安之若命」，「哀樂不能入」，皆不得已而不得不採取之一種達觀思想。詩經：「山有樞，隰有榆，子有衣裳，弗曳弗婁，子有車馬，弗馳弗驅，宛其死矣，他人是愉。山有漆，隰有栗，子有酒食，何日不鼓瑟，且以喜樂，且以永日，宛其死矣，他人入室。」（山有樞）此爲詩人之縱慾思想，與道家楊朱一派完全一致。則先秦之時，未必不能產生楊朱思想。吾不知今之學者，何以必將列子楊朱篇定爲魏晉之作也。

戊、老子與論語

論語爲孔子之語錄，及弟子時人間之相互答問，其時代必在老子之後。然孔子嘗學於老子矣，則論語之中，亦必有可以與老子相參之處：

(1)老子：「爲無爲，則無不治。」(三章)「我無爲而自化。」(五十七章) 論語衞靈公篇：「子曰：『無爲而治者，其舜也與？夫何爲哉，恭已正南面而已。』」

(2)老子：「夫唯不爭，故無尤。」(八章) 論語八佾篇：「君子無所爭。」衞靈公篇：「君子矜而不爭。」

(3)老子：「曲則全，枉則直。」(廿二章) 論語衞靈公篇：「君子哉蘧伯玉，邦有道則仕，邦無道則可卷而懷之。」

(4)老子：「大盈若冲，其用不窮。」(四十五章)「聖人無常心，以百姓心爲心。」(四十九章) 論語泰伯篇：「以能問於不能，以多問於寡，有若無，實若虛，犯而不校。」

(5)老子：「……不貴難得之貨，使民不爲盜，不見可欲，使民心不亂。」(第三章) 論語顏淵篇：「季康子患盜，問於孔子。孔子對曰：苟子之不欲，雖賞之不竊。」

(6)老子：「……是以聖人之治，虛其心，實其腹，弱其志，強其骨，常使民無知無欲。」(三章) 論語泰伯篇：「民可使由之，不可使知之。」

(7)老子：「天下皆謂我道大似不肖，夫惟大，故似不肖，若肖，久矣其細也夫。」(六十七章) 論語爲政篇：「君子不器。」

(8)老子：「知，不知，上；不知，知，病。」（七十一章）論語子罕篇：「吾有知乎哉？不知也。」爲政篇：「知之爲知之，不知爲不知，是知也。」

(9)老子：「前識者，道之華，而愚之始。」（卅八章）論語子罕篇：「子絕四：毋意，毋必，毋固，毋我。」

(10)老子：「和大怨，必有餘怨，安可以爲善？」（七十九章）論語顏淵篇：「子曰：聽訟，吾猶人也；必也，使無訟乎？」

(11)老子：「是以聖人處無爲之事，行不言之教。」（第二章）「天之道，不爭而善勝，不言而善應。」（七十三章）論語陽貨篇，子曰：「予欲無言……天何言哉？四時行焉，百物生焉，天何言哉？」

第五節　道家思想與古先聖王之關係

高推聖跡，遠托古人，以闡明一己之思想，乃吾國學者之通病。故儒家喜道堯舜，墨家樂稱夏禹，道家上推黃帝，農家遠托神農……倘吾人卽以上述賢聖，爲諸子之開創者，固有所不可；然後人之所以依托某人，亦非全無原因。必須被依托者有可以依托之處，卽在某些特點上，與依托者有所相同，而引起後人依托之動機；否則後人雖有心依托，亦有所不能也。此古先聖王與後代思想相互關聯之一證。

次就老子書言，老子書中，數言聖人，侯王，王公，萬乘之主；而太史談論六家要旨亦謂道家爲君人南面之術，故老子實爲一本帝王之書——擷取歷史之經驗，而得所以爲帝王之原則。故古先聖王之言行，當更與其有密切之關係。

在古書中，聖人乃深明天道，而從事於實際政治之人。如易乾卦：「知進退存亡而不失其正者，其惟聖人乎！」豫卦：「聖人以順動，則刑罰清而民服。」禮記中庸：「大哉聖人之道，洋洋乎發育萬物。」司馬遷稱黃帝「順天地之紀，幽明之占，生死之說，存亡之難。」（史記五帝本紀）皆是也。此與老子書中之聖人，性質完全一致。

古先聖王，以伏羲神農爲最早。伏羲氏始畫八卦，以通天人之理；又教民漁獵，改善先民之生活。神農氏教民稼穡，又教民貿易，使先民生活再向前邁進一步。（詳見易繫辭傳）二人之所以獲得人民之擁戴，並非憑藉暴力，而以德化。改善人民生活，增加大衆幸福，使人民衷心感激而歸服，純爲一種王道精神。與老子：「上善若水，水善利萬物而不爭，夫惟不爭，故無尤。」（八章）「以其不爭，故天下莫能與之爭」（六十六章）之精神完全一致。

神農之後，爲黃帝堯舜，皆無爲而治之聖君。

易繫辭傳上：「神農氏沒，黃帝堯舜氏作，通其變，使民不倦，神而化之，使民宜之……黃帝堯舜垂衣裳而天下治。」

黃帝稱爲中華民族之先祖，創造文明，開建國家，厥功甚偉。其垂拱而治之無爲政術，尤爲後世道家所稱揚。

堯舜法天之德，施行政治，夫子稱之曰：「大哉堯之爲君也！巍巍乎，惟天爲大，惟堯則之！蕩蕩乎，民無能名焉！巍巍乎，其有成功也！煥乎，其有文章！」（論語泰伯）此正老子「上德不德，是以有德」，「無爲而無不爲」，「太上，下不知有之」之理想政治也。（卅八章，十七章）

堯帝施行無爲政治，放任自由，百姓不受干擾，皆能安居樂業。是以當堯之世，乃有康衢老人之擊壤歌：「日出而作，日入而息，鑿井而飲，耕田而食，帝力於我何有哉！」（見帝王世紀及樂府詩集）

及至堯帝禪位於舜，乃以天命命之：「咨爾舜，天之曆數在爾躬！允執其中，四海困窮，天祿永終。」（論語堯曰篇引，江聲以爲係舜典佚文。）其尊崇天道之精神，亦同乎老子。

虞舜在位之時，亦發揮先王「公天下」之精神，不專恃己見，不一意孤行，施行政治，以寬柔爲主。如書經舜典所云：「舜格於文祖，詢於四岳，闢四門，明四目，達四聰。咨十有二牧曰：『食哉惟時，柔遠能邇，惇德允元，而難任人，蠻夷率服。』命契作司徒：『汝作司徒，敬敷五教，在寬。』命夔典樂：『教胄子，直而溫，寬而栗，剛而無虐，簡而無傲。』」

舜亦無爲而治之聖君，故夫子稱之曰：「無爲而治者，其舜也與？夫何爲哉？恭己正南面而已。」（論語衛靈公篇）

舜帝之後，爲夏禹。禹乃崇伯鯀之子，以防堵之法治水，九年無成，堯殛之於羽山。禹繼其父之志事，以疏導之方法，歷時十三年，不僅消除水患，抑且大興農田水利，造福民生。夫子稱之曰：「禹，吾無閒然矣。菲飲食，而致孝乎鬼神，惡衣服，而致美乎黻冕，卑宮室，而盡力乎溝洫，禹，吾無閒然矣！」夏禹爲民服務，忘却己身之疾苦，三過家門而不入，此種救世之熱誠，爲後世墨家所稱道（見莊子天下篇），然其布德施惠，實亦得民擁戴之原因。

堯讓舜，舜讓禹，不傳子而傳賢；天下爲公，不爲一身一家之所私有，古稱禪讓政治。

夏代共歷四百三十一年，傳至夏桀，荒淫無道，遂爲商湯所滅。商湯順天應人，施行仁政，剪除強暴，解救庶民，符合百姓之利益，而得民衆之歸心。（見孟子梁惠王篇）彼亦主張公天下，其言曰：「天下非一家之有也，惟有道者處之。」合於道家之天道無私；又「湯武善御衆」，老子亦講求用人之道。（見六十八及廿八章。）

商朝末年，紂王無道，周武王順天之命，代之而興，弔民伐罪，與商湯齊美。及其施行政治，亦富道家之精神。如書經武成篇所云：「惇信明義，崇德報功，垂拱而天下治。」

周公爲武王之弟，輔佐成王，封建宗親，制禮作樂，其功甚偉。然而周公仍以謙下，寬容著稱。論語：「如有周公之才之美，使驕且吝，其餘不足觀也已。」（泰伯篇）可以見之。

以上敍述古先聖王，自伏羲神農以下，迄乎文武周公，皆深明天道，而從事實際政治之人。至其德化、施惠、無爲、謙下、寬柔、大公……等精神，皆爲後世道家之所取法。

第六節　隱者思想與道家之關係

「道家者流，蓋出於史官」，其意義爲「道家思想，承自吾國歷史傳統之學術與智慧」，吾人既已述之於前矣。然道家思想與傳統精神，究竟不能完全脗合。如傳統精神，作用於政治上，多爲正面的，積極的，有爲的，而道家思想則爲反面的，消極的，無爲的。故道家思想之所以爲道家，必定另外摻有其他因素，此因素爲何？則隱者思想是也。

吾之作爲此言，共有兩種根據。其一，隱者對於社會，採取一種消極態度，其性質爲冷靜，其意識爲淡泊，其目的爲在亂世之中求自我保全，與道家精神完全一致。其二，先秦道家諸子，多爲隱者。老子雖爲周之史官，然見周之衰，遂去而隱焉，史公稱其爲隱君子。莊子嘗爲漆園吏，楚成王聘之不受，寧如孤豚，遊戲汚瀆之中自快，則亦隱者之流也。他如老萊子、鄭長者、黔婁子……等，皆可確定其爲隱者。

隱者之特點，在不求名聲，不爲人知，故其事蹟言行，多淹沒無聞。在詩經中，如十畝之間，羨田園之樂，而有隱遁之想；衡門之詩，忘懷榮華富貴，安貧樂道；皆可列爲隱者一流。（不引）

在論語中，記有隱者之事，凡五處：

「子路宿於石門，晨門曰：『奚自？』子路曰：『自孔氏。』曰：『是知其不可而爲之者哉！』」（憲問篇）

「子擊磬於衞，有荷蕢而過門下者，曰：『有心哉，擊磬乎！』繼而曰：『鄙哉，硜硜乎！莫己知也。斯已而已矣。深則厲，淺則揭。』子曰：『果哉！末之難也。』」（憲問篇）

「楚狂接輿，歌而過孔子曰：『鳳兮，鳳兮！何德之衰？往者不可諫，來者猶可追。已而，已而！今之從政者殆而！孔子下，欲與之言，趨而避之，不得與之言也。』」（微子篇）

「長沮桀溺耦而耕，孔子過之，使子路問津焉。長沮曰：『夫執輿者爲誰？』子路曰：『爲孔氏。』曰：『是魯孔丘與？』曰：『是也。』曰：『是知津矣。』問於桀溺，桀溺曰：『子爲誰？』曰：『爲仲由。』曰：『是魯孔氏之徒與？』對曰：『然。』曰：『滔滔者天下皆是也，而誰以易之？且而與其從辟人之士也，豈若從辟世之士哉？』」（微子篇）

「子路從而後，遇丈人，以杖荷蓧，子路問曰：『子見夫子乎？』丈人曰：『四體不勤，五穀不分，孰爲夫子？』植其杖而芸。子路拱而立，止子路宿，殺雞爲黍而食之，見其二子焉。明日，子路行以告。子曰：『隱者也』，使子路反見之，至，則行矣。」（微子篇）

由於以上之記載，可知此類隱者之地位極低，甚者姓名且不可考。然彼輩又與一般小民有所不同，箇箇皆係極不平凡之人，有學養，有見識。彼等非但知有孔丘，而且對於孔子之學說，奮鬪，人格，有極深刻之認識，此在當時之物質條件，與學術不開之情形下，實屬不易。

大概言之，隱者對其所處之時代，有一套獨特之看法。彼等以爲，當時之社會，亂至極點，已不能改造，爲適應此種情形，惟有隱行藏能，不受世俗之玷汚，淸靜度過一生而已。

隱者係由紊亂之社會中退下，以求自我保全。然而治亂循環，一旦社會可以改造，隱者是否仍將有所作爲？吾之答案爲肯定者。石門之守者謂孔子：「知其不可爲而爲之」，有不以爲然之意；但「知其可爲」，則彼未必不「爲之」也。荷蕢之隱者曰：「深則厲，淺則揭」，則固視外界之環境而變化者也。故隱者之隱，純係環境造成，不得已也，及至環境許可，彼仍將有所作爲。莊子繕性篇曰：「古之所謂隱士者，非伏其身而弗見也，非閉其言而不出也，非藏其知而不發也，時命大謬也。當時命而大行乎天下，則反一無迹；不當時命而大窮乎天下，則深根寧極而待，此存身之道也。」素書亦曰：「賢人君子，明於盛衰之道，通乎成敗之數，審乎治亂之勢，達乎去就之理，故潛居抱道，以待其時，若時至而行，則能極人臣之位，得機而動，則能成絕代之功。如其不遇，沒身而已。」（求人之志章第二）此爲隱者之最佳寫照。其與老子相通者有二：一、隱者以退爲進，以收斂而求自保，合於守柔居下之旨。二、隱者不可爲則退處，有可爲則爲之，完全根據社會之治亂，而配合其時機。至於老子，遂發展爲以「機」制天人。

隱者與莊子思想之關係：二者皆在求自由，求解脫。隱者求形體之自由與解脫，而莊子則變爲求精神之自由與解脫。其求解脫之精神完全一致。

第七節　道家思想與老莊個性

道家思想之淵源，如上所述，似已盡備。然而相同之淵源，相同之時代背景，何以老子與莊子之學說，迴異其趣？仍不能無所交代。吾意此全由老莊個性之不同而起。

老子原爲史官，甚明歷史故實，又掌管典籍，熟諳禮制，而禮文繁縟，（論語「文勝質則史。」蓋史官掌禮，禮文繁縟，故云然。）老子之個性，頗富反抗思想，故其學說批評時政，反對禮文，提倡無爲，完全爲其時代之反動。胡適中國古代哲學史，稱其爲革命家之老子，甚當。（詳見胡氏原書）莊子雖爲宋之蒙人，然其個性，甚富自由放逸之氣質。馮友蘭稱其思想文體，皆極超曠，近於楚辭想像豐富情思飄逸之氣象，故稱莊子富於楚人精神。（見其所著中國哲學史第十章第一項莊子與楚人精神。）

故老莊學說之所以異趣，在其個性之不同。老子爲反抗的，故求以柔弱勝剛強；莊子爲自由放逸的，故主逍遙齊物。

第四章　先秦道家思想之時代背景

欲明瞭先秦之道家思想，不可不略知其時代背景；而所謂先秦者，係指春秋戰國而言。夫道家思想，以老子爲開山祖師，而老子之年代，據吾人判斷，正當春秋晚期。（見本論第一章）故討論先秦道家思想之時代背景，即以春秋戰國爲範圍。

第一節　歷史大勢

西周末年，戎患猖獗，加之天災饑饉，政治腐敗，致使民怨沸騰。幽王寵艷妃褒姒，廢申后及太子宜臼。申后之父申侯即勾結犬戎，攻入鎬京，幽王見殺，西周遂亡。諸侯擁立宜臼，是爲平王。以犬戎猖獗，鎬京殘破，不得已而東遷洛陽。

遷都之後，王畿範圍日益縮小，關中全失；而諸侯坐大，聲勢陵駕乎天子，故歷史中心，由王室而移於諸侯，是謂春秋時代。

當時乘機而起之小國甚多，約百餘國。然而互相攻伐，互相兼幷，最終僅餘十餘國而已。其兼幷之情形，見於經傳者，如項幷於魯，紀、郕、譚、遂、鄣、陽、萊等幷於齊，虢、虞、耿、霍、魏、潞氏、甲氏、留吁、鐸辰、偪陽、肥、鼓、陸渾、焦、楊、韓等幷於晉，宿、曹幷於宋，邢幷於衛，沈幷於莒，權、申、鄧、息、弦、黃、夔、江、六、庸、舒蓼、蕭、舒庸、舒鳩、賴、陳、蠻、蔡氏、唐、頓、胡等國幷於楚，梁、滑、鄀等幷於秦，州來、徐、巢幷於吳。重要之國家，春秋前期爲黃河下游之鄭、魯、齊、魏、宋，中期爲黃河上游之秦、晉，及長江中游之楚，末期爲長江下游之吳、越。

春秋霸者迭興，皆圖領袖羣倫，爲諸國之所宗。故齊桓公、晉文公、宋襄公、秦穆公、楚莊王，後先崛起，號稱五霸。

第一位霸者爲齊桓公，主張尊王攘夷，以管仲爲相，糾合諸侯。曾北救燕國，大破山戎，援邢復衞，擊退狄人。伐楚更爲大事。楚國降服蔡國，三次侵鄭，桓公合魯、宋、衞、曹、陳、許諸國之軍，直入楚境，楚人請和，訂盟而退。

其後宋襄公謀繼齊桓之霸業，爲楚所敗，失之垂成。

晉文公爲周之宗室，早年出國，歷經萬難，深明內外情勢。首敗自北南侵之狄人，繼破由南北犯之楚人，稱雄一時，進而圍宋。又聯好齊秦，大破楚軍於城濮。文公卒，秦師來襲，殽之戰，復敗秦軍於殽山。秦終不能東進，遂爲西方之霸主。

城濮戰後，晉楚明爭暗鬪，歷八十年而不止。楚莊王時，復大舉北進，敗晉師於邲，遂稱爲霸主。其後晉勢又盛，一敗楚於鄢陵，再敗楚於湛陵，楚終不克得志於中原。

春秋末期，吳越興起。初吳王闔盧伐越，爲越所敗，受傷而死。其子夫差，報父之仇，擊越，生獲越王勾踐。轉兵伐齊，大會諸侯，勢壓晉國。其後勾踐得歸故國，十年生聚，十年教訓，臥薪嘗膽，誓復國仇，終於乘吳之虛，而一舉將吳併滅。又其後越與齊晉會於徐州，受周天子之命，而爲霸主，橫行於江淮之東，究因根基不固，爲楚所滅。

至戰國時，韓趙魏三家分晉，其後鄭亡於韓，曹滅於宋，宋滅於齊。魯與陳蔡滅於楚，吳滅於越。其後越亦爲楚所滅。故春秋末年十餘國，至戰國末年，僅餘七強，卽燕趙韓魏齊楚秦是。秦孝公用商鞅之計，實行變法，割據關中膏腴之地。惠王又南取號稱天府之蜀地，資源愈充，國勢益盛。最後用張儀所倡「遠交近攻」之策，逐次滅亡韓趙魏燕楚齊六國，統一天下，而戰國告終。以上爲春秋戰國歷史發展之大勢。

第二節　周代之封建與禮制

春秋戰國，無論在政治、社會、及經濟上，皆爲一天翻地覆之時代。欲了解此期中之變動情形，當先介紹西周之封建與禮制。

封建之原始意義爲封疆建藩，分別治理，以爲王室之藩屛。封建之對象，最主要者，爲與王室休戚相關之宗室，其次則爲古先聖王之後代，與有功之勳臣。周公東征之後，共封七十一國，而姬姓佔五十三。周初之諸侯，約一百四十左右。周天子居至高之位，權力極大，以統御諸侯。爵分五等，曰公、侯、伯、子、男。依爵之高下，而授以土地、人民。王畿遠較諸侯爲大，天子之軍隊亦較諸侯爲多。（天子六軍，大國三軍，次國二軍。）諸侯對天子有「朝覲」之義務，並需「貢方物」，以爲王室經濟之主要來源。諸侯在其國內，亦有權封其土地於卿大夫，名曰采邑。卿大夫與諸侯之關係，一如諸侯之於天子然。天子崩，則立太子；如太子已死，卽立其同母弟；如無同母弟，卽立庶長子。其餘衆子，則封爲諸侯。卿大夫以下之繼承法，亦比照此例。

在封建制度下，階級之分極爲嚴明。次於大夫者爲士，受文武合一之教育，其主要任務爲作戰。士無封邑，但有食田或俸祿。其次爲庶人，分農、工、商……等，以農人爲最多。職業固定，世代相承。最下者爲僕（奴隸），其來源爲俘擄及罪犯，毫無自由可言。

西周已是文化極高之時代，國家已具規模，君臣父子夫婦之間，均有一定之禮儀制度，孔子所謂郁郁乎文哉者也。

禮之大要，在別男女內外之嫌疑，定尊卑上下之等威，共分五項。一曰吉禮，卽祭祀之禮。祭祀之對象，爲天神、地祇、人鬼。祭祀之儀文，則甚爲隆重。燔柴而祀之，郊天之儀也；爲坎於北郊，瘞埋而祀之，社地之儀也。郊惟天子得行之，諸侯則否。社有王社、侯社、州社、里社之別，而儀各不同。其他日月星辰，風雨霜露寒暑等皆有祀。山川河海，川澤五祀等皆有祭。天子諸侯同之。人鬼之享，天子七廟，諸侯五廟，大夫三廟，適士二廟，官師一廟，庶人無廟，祭於寢。天子之祭，有春礿、夏禘、秋嘗、冬烝等名。諸侯祇得其一，不能兼備。天子樂舞，用八佾，諸侯六，大夫四，士二。皆有等差，不得僭越。

二曰凶禮，喪葬之禮是也。自天子至於庶人，殯葬皆有定期。天子七日而殯，諸侯五日，大夫士三日。天子之葬，同軌畢至，故定期七月，諸侯同盟至，定期五月，大夫同位至，定期三月，士外姻至，定期踰月而已。喪具：天子棺椁四重，木用松，葬法隧道縣棺；諸侯三重，木同天子；大夫二重，木以柏；士二重，木以雜品。喪服分五等，父母之喪，斬衰三年，祖父母，伯叔父母，兄弟等，齊衰一年。從父母、昆弟等，大功九月。再從伯叔父母、昆弟，外祖父母等，小功五月。三從伯父母昆弟等，緦麻三月。此五服之制，沿用至今。惟周制，齊衰以下，諸侯絕，大夫降，則不平等之制也。謚號之制，亦始此時，所以勸善懲惡也。既謚之後，則諱其名。

三曰軍禮，行軍之禮也。平時則司馬以旂致民，列陣而教以坐作、進退、疏數之節，有事則入廟誓衆，而授以兵，且命將專主之。凱旋之日，獻俘飲至，皆有禮制。

四曰賓禮，相見之禮也。天子諸侯間，諸侯北面見天子曰覲，諸侯西面，諸公東面曰朝，時見曰會，殷見曰同。諸侯相互間，相期曰會，不期曰遇，使大夫往曰聘，郵白爲誓曰盟。臣民間，有士大夫相見禮，有士見君之禮，有見異邦人之禮，有侍坐侍食之禮，有初見復見之禮，有稱之之禮，有執物之禮。種種規定，均詳儀禮。至摯見之物，天子以鬯，諸侯用圭，卿以羔，大夫以雁，士雉，庶人鶩，童子束脩，婦人以脯脩棗栱榛等。野外軍中無摯，以纓拾矢爲之。

五曰嘉禮，冠婚之禮也。冠禮男子在二十行之，表其爲成人之意。婚禮，規定娶妻不娶同姓，男子三十而娶，女子二十而嫁。有納采、問名、納吉、納徵、請期、親迎六禮。諸侯嫁女，列國必使姪娣從其姑姊同嫁爲媵妾，夫人死則代之，故諸侯一娶九女。天子於后之外，更有三夫人、九嬪、二十七世婦、八十一御女。冠婚之外，他如鄉飲酒，軍臣燕飲及習射等，亦皆嘉禮之類也。

第三節　春秋戰國時代社會與經濟之劇變

西周有如此嚴密之封建組織，又有如此完備之禮儀制度，故能維持政治與社會之極度平靜。逮乎春秋戰國之世，王室衰微，諸侯攻伐，封建解體，禮樂崩壞，則一切發生徹底之變動。

(1)戰禍之慘烈：春秋三百零二年，戰禍連緜，重要者，有鄭周繻葛之戰、楚宋泓之戰、齊楚召陵之役，晉楚城濮之戰、邲之戰、鄢陵之戰、秦晉韓原之戰、殽之戰、王官之戰、麻隧之戰、晉齊鞌山之戰、吳楚伯舉之戰、吳齊艾陵之戰、吳越檇李之戰、夫椒之戰、姑蘇之戰。然春秋時代之戰爭規模尚不算太大，目的多在屈服敵人，手段亦不甚毒辣。及至戰國，大爲變質，大國各帶甲百萬，小國亦數十萬，作戰之目的，則在殲滅敵人。尙「首功」之秦國，對待敵人尤其慘酷，坑殺動輒數萬至十萬。鐵製武器取代銅製者，步卒騎兵成爲主力，車戰已成過去，其慘烈可知。

(2)封建之破壞：自周室衰落以還，天子非但不能指揮諸侯，反而屢受諸侯之羞辱。如桓王時，鄭莊公攻王，射王中肩，王不能討；惠王時，弟子頹作亂，王出奔；襄王時弟子帶作亂，王出奔鄭；定王時，楚王伐陸渾之戎，遂至於雒，觀兵於周疆，且問鼎之輕重焉……諸如此類，使王室威嚴掃地以盡。而列國土地擴張，兼併激烈，世家專橫，主權淩替，（如魯之三桓，齊之田氏，晉之六卿，皆權壓國主），於是封建制度遂爲之解體焉。至赧王時，周室終爲秦所滅。

(3)禮制之崩頹：禮制原爲定上下之等威而設，自羣雄競起，遂生僭越之心，天子之位大降，禮樂均成具文。故季氏以大夫之位，而旅於泰山、舞八佾於庭；三家以雍徹，管仲樹塞門，行反坫，禘自既灌而往，無足觀者。（均見論語、八佾篇）昭公娶吳爲同姓，非禮也。（述而篇）當時一般人只重儀文，而不重其實際，故孔子曰：「禮云禮云，玉帛云乎哉？樂云樂云，鐘鼓云乎哉？」（陽貨篇）「人而不仁，如禮何？人而不仁，如樂何？」「禮，與其奢也，寧儉；喪，與其易也，寧戚。」「居上不寬，爲禮不敬，臨喪不哀，吾何以觀之哉？」（均見八佾篇）莊子認爲精誠爲眞，禮樂之儀文爲僞，僞不足效也。此爲當時之實際情形，亦道家對禮之眞實態度。故曰：「處喪以哀爲主，事親以適爲主，功成之美，無一其迹矣。事親以適，不論所以矣。飲酒以樂，不選具矣。處喪以哀，無問其禮矣。禮者世俗之所爲也，眞者所以受於天也，故聖人法天貴眞，不拘於俗，愚者反此。」（漁父篇）禮之崩頹，甚爲嚴重，孔子惡無禮者（論語陽貨篇），是以有「夷狄之有君，不如諸夏之亡也。」（八佾篇）之嘆。

(4)政治之黑暗：當時之社會，由於舊有制度之崩潰，造成極度紊亂之狀態，而軍國主義之勃興，更使一般主政者尙戰爭，而不顧人民之生死。故在政治上，列國皆可謂爲極其黑暗之王朝政治，絕無一箇國家足以稱爲有道之邦。反映於古書者，如詩經大雅瞻卬：「人有土田，女反有之，人有民人，女覆奪之。此宜無罪，女反收之，彼宜有罪，女覆說之。」小雅正月：「魚在于沼，亦匪克樂，潛雖伏矣，亦孔之炤。憂心慘慘，念國之爲虐。」節南山之六章：「不弔昊天，亂靡有定，式月斯生，俾民不甯，憂心如酲，誰秉國政，不自爲政，辛勞百姓。」王風兎爰：「有兎爰爰，雉離於羅。我生之初，尙無爲。我生之後，逢此百罹，尙寐無吪。」邶風式微：「式微式微，胡不歸，微君之故，胡爲乎中露？式微式微，胡不歸，微君之躬，胡爲乎泥中？」小雅何草不黃：「何草不黃？何日不行？何人不將，經營四方。何草不玄？何日不矜？哀我征夫，獨爲匪民！匪兕匪虎，率彼曠野，哀我征夫，朝夕不暇。有芃者狐，率彼幽草，有棧之車，行彼周道。」在論語中，如顏淵篇：「季康子患盜，子曰，苟子之不欲，雖賞之不竊。」子路篇：「子曰，魯衛之政，兄弟也。」孟子之例更多，如公孫丑篇：「王者之不作，未有疏於此時者也，民之憔悴於虐政，未有甚於此時也。飢者易爲食，渴者易爲飲。」梁惠王篇：「今夫天下之人牧，未有不嗜殺人者也。」盡心篇：「古之爲關也，將以禦暴，今之爲關也，將以爲暴。」告子篇：「今之所謂良臣，古之所謂民賊也。」

(5)道德之陵夷：禮制破壞，廉恥道喪，爭劇利之慣家，知有權利，不知有道德。君臣之間，弑殺相尋，家庭之間，烝淫數見。桑間、濮上，鄭衛之音，詩中所見者夥矣。故名教綱常，掃地以盡，亂臣賊子橫行，有甚於洪水猛獸。僅以政治上之篡弑言，如晉潘父之弑昭侯，晉莊伯之弑孝侯，衛公子州吁之弑桓公，魯公子翬之弑隱公，晉武公之弑哀侯，宋華父督之弑殤公，鄭高渠彌之弑昭公，宋南宮長萬之弑湣公，楚莊王之弑成王，鄭公子歸生之弑靈公，齊崔杼之弑莊公，蔡靈侯之弑景侯，吳闔閭之弑王僚，齊田乞之弑晏孺子，鮑子之弑悼公，衛石圃之弑莊公，楚成王之弑杜敖。或以子弑父，或以臣弑君，或以弟弑兄，或以下弑上……史跡斑斑，指不勝屈。

(6)貧富之懸殊：春秋戰國由於工商之發展，及井田制度之破壞，（土地私有，可以自由買賣），一方面固然產生許多大財主大地主，一方面亦使貧者益趨貧窮，而造成貧富懸殊之現象。何況一般國君，多橫征暴歛，一般民衆之痛苦，可想而知矣。此項事實，反映於古書者，如詩經小雅正月：「彼有旨酒，又有嘉肴，洽比其鄰，昏姻孔云。思我獨兮，憂心慇慇！佌佌彼有屋，蔌蔌方有穀，民今之無祿，天夭是椓。哿矣富人，哀此惸獨！」又魏風伐檀：「坎坎伐檀兮，置之河之干兮，河水淸且漣漪。不稼不穡，胡取禾三百廛兮！不狩不獵，胡瞻爾庭有懸貆兮！彼君子兮，不素餐兮。」在論語中，先進篇云：「季氏富於周公，而求也爲之聚歛，而附益之。」墨子辭過篇亦可見出：「當今之主，其爲宮室……必厚作歛於百姓，暴奪民衣食之財，以爲宮室臺榭曲直之望，靑黃刻鏤之飾……其爲衣服……冬則輕煗，夏則輕凊，皆已具矣。必厚作歛於百姓，暴奪民衣食之財，以爲錦繡文采靡曼之衣，鑄金以爲鉤，珠玉以爲珮，女工作文采，男工作刻鏤以爲身服……厚作歛於百姓，以爲美芻豢蒸炙魚鼈，大國累百器，小國累十器，食前方丈，目不能偏視，手不能偏操，口不能偏味……厚作歛於百姓以飾舟車，飾車以文采，飾舟以刻鏤。女子廢其紡織，而脩文采，故民寒；男子離其耕稼，而脩刻鏤，故民饑……。」在孟子書中，「狗彘食人食而不知檢，塗有餓莩而不知發。」「庖有肥肉，廐有肥馬，民有饑色，野有餓莩，此率獸而食人也。」「今也制民之產，仰不足以事父母，俯不足以蓄妻子，樂歲終身苦，凶年不免於死亡。」「吾王之好鼓樂（田獵），夫何使我至於此極也，父子不相見，兄弟妻子離散。」「凶年饑歲，君之民，老弱轉乎溝壑，壯者散而之四方者，幾千人矣。而君之倉廩實，府庫充，有司莫以告。」此類之例甚多。（老子書中亦有嚴厲之批評，見本論第三章第三節第一項。）

(7)學術教育之普及：春秋戰國之前，學術藏於官府，惟貴族始有受教育之權利，學術以禮爲主，而最通禮者爲史官。自周室衰微，史官分散各國，官府藏書，亦流落在外，對於學術之普及，自然大有影響。教育方面，孔子爲私人講學之先，此後風氣大開，遂造成百家爭鳴之局面。考其原因，其一爲貴族淩夷，憑知識技能謀生，並以之傳授他人。其二，經濟變動，使不少新興平民漸有研求學問之餘力。其三，時代需要，人君求才甚力，布衣卿相，更予民衆以有力之鼓勵。

第四節　道家思想與時代

在此劇變之情形下，哲人學者絕無暇爲紙上談兵之理論遊戲，故其努力之方面，偏於求政治社會現實問題之解決。由於各人所持觀點之差異，故其解決問題之辦法亦有所不同。

大抵言之，吾人對於問題之態度，不外兩類。一爲積極者，面對問題，以尋求問題之解決。一爲消極者，逃避或防止問題，以「不解」爲解決問題之方法。前者儒墨兩家屬之，後者道家各派屬之。今且專就道家方面予以討論。

道家者流，蓋出於史官。史官掌禮，禮文繁縟，故論語曰「文勝質則史」，以史爲勝質之稱；集解引包注，更直稱「史者文多而質少」矣。老子曾爲周之柱下史、守藏史，對周代之各種禮樂制度，自然具有深刻之認識，且身見周室之衰，對此繁縟之禮文，甚感失望。何則？以其徒具形式，不克約束人之行動，而流於虛僞，故也。故道家與儒家之不同者，儒家認爲周之禮樂制度，乃爲治之實策，故主恢復；道家則認禮樂制度爲肇禍之根源，（春秋戰國之亂，西周之文化中，已種其根矣），故主取消。

道家見戰禍之慘烈，深感「兵者不祥之器，非君子之器」，故一方面言剛強之易摧，暴疾之不永，以警惕人主，一方面主柔弱卑下，以避其刀鋒。

鑑於貧富之不均，故倡言「天道損有餘而補不足」（老子七十七章），欲人師法天道，以求經濟之眞平等。另一方面，要人淸靜淡泊，崇尙儉約，去奢、去甚、去泰，以免因少數人之過度奢侈浪費，而影響多數人之生活。

鑑於政治之黑暗，故主張「無爲」，以反其自然。蓋認即使誠心「有爲」，以求至善，亦將不得治而得亂，以「有爲」乃「代大匠斲」者，希有不傷其手矣（老子七十四章）。況大多數國君之所謂「有爲」，亦不過爲一種假借而已。（如假「尊王攘夷」之名，實圖擴張自己之勢力，孟子所謂「以力假仁者」是也。）至於莊子主張逍遙，主張坐忘，楊朱之放縱情欲，寄情酒色，以及論語長沮、桀溺、晨門、楚狂接輿、荷條丈人……等隱者，或求精神之解脫，或求全生而遠害，皆爲同一意識——消極。認「天下事不可爲也」，而採取一種逃避之態度。

至於社會變動，教育普及，而致思想自由，百家之學興起。百家之學，雖皆以救世爲鵠的，然並未能因此而獲致和平，反而由於思想之紛歧，而益增其混亂。故老子主張絕聖棄知，以歸於純樸。莊子認爲百家雖好，然皆得道之一端；夫至道無言，而無所不包，各種意見，各種爭辯，皆使人離道逾遠也。此則明明係屬思想混亂局面下之一種反動。

總之，道家之創始者生於劇變之世，一方面對西周之禮樂制度，與其高度之文化，有深刻之了解，一方面對於戰禍之猛烈，道德之崩頹，思想之紛亂，政治之黑暗，有痛苦之感受。爲求一勞永逸之計，不但欲擺脫當前之苦痛，亦欲剷除所以產生此種苦痛之根苗——西周之高度文化——而反樸歸眞。道家乃欲以消極之手段，而達成積極之目的。

中編　本論

第一章　近人考證老子年代之總檢討

近人研究老子，多著眼於老子年代之考證，有人認爲老子年代，當在孔子之前，有人認爲當在孔子之後，更有人認爲老子在莊子之後；又有人認爲老子人在孔子前，老子書在孔子後；衆說紛紜，莫衷一是。僅就古史辨所收之辯論文字而言，此一問題之討論，自民國八年以迄民國廿五年，爲時幾近二十年；而參加討論者，有梁啓超、張煦、黃方剛、張壽林、唐蘭、高亨、錢穆、胡適、素痴、馮友蘭、張季同、羅根澤、顧頡剛、葉靑、譚戒甫、馬敍倫、張福慶、熊偉、郭氏……等近二十人；發表之文章，重要者計廿八篇，亦足見此一問題討論之熱烈矣。爰將其討論之經過情形，綜述如下，並提出一己之見解，附於篇末。

吾人對老子生平，較爲完整之資料，爲史記老莊申韓列傳，其記載如下：

老子者，楚苦縣厲鄉曲仁里人也。姓李氏，名耳，字伯陽，謚曰聃，周守藏室之史也。孔子適周，將問禮於老子。老子曰：「子所言者，其人與骨皆已朽矣，獨其言在耳。且君子得其時則駕，不得其時，則蓬累而行。吾聞之，良賈深藏若虛，君子盛德，容貌若愚，去子之驕氣與多欲，態色與淫志，是皆無益於子之身。吾所以告子，若是而已。」孔子去，謂弟子曰：「鳥，吾知其能飛；魚，吾知其能游；獸，吾知其能走。走者可以爲罔，游者可以爲綸，飛者可以爲矰；至於龍，吾不能知其乘風雲而上天。吾今日見老子，其猶龍耶？」老子脩道德，其學以自隱無名爲務。居周久之，見周之衰，迺遂去。至關，關令尹喜曰：「子將隱矣，彊爲我著書。」於是老子迺著書上下篇，言道德之意五千餘言而去，莫知其所終。或曰：老萊子亦楚人也，著書十五篇，言道家之用，與孔子同時云。蓋老子百有六十餘歲，或言二百餘歲，以其脩道而養壽也。自孔子死之後，百二十九年，而史記周太史儋見秦獻公曰：「始秦與周合而離，離五百歲而復合，合七十歲而覇王者出焉。」或曰，儋即老子，或曰非也，世莫知其知然否。老子，隱君子也。老子之子名宗，宗爲魏將，封於段干。宗子注，注子宮，宮玄孫假，假仕於漢孝文帝，而假之子解爲膠西王卬太傅，因家於齊焉。世之學老子者，則絀儒學，儒學亦絀老子。道不同，不相爲謀，豈謂是耶？李耳無爲自化，淸淨自正。

在此記載中，稱爲老子者共有三人，即老聃、老萊子、太史儋，支吾含混，此爲啓疑之主要原因。故崔東壁曾言書非老聃所作，汪容甫更確認作書者即太史儋。

最初提出較爲完整之懷疑意見者，爲梁啓超，在其論老子書作於戰國之末文中，列舉六項理由：

(1)據史記，魏列爲諸國，在孔子卒後六十七年。老子既爲孔子先輩，其世兄萬捱不到爲魏將。又以時代推之，前輩的老子八代孫和後輩的孔子十三代孫同時，亦未免不合情理。

(2)孔子旣有恁麼一位心脫誠服的老夫子，何故別的書裏沒有稱道一句？又墨子孟子都是極好批評人的人，何故始終不提一字？

(3)老子是一位拘謹守禮的人，和五千言精神恰恰相反。

(4)史記這一大堆神話，可說什有八九是從莊子天道、天運、外物三篇湊雜而成。莊子寓言十九，不可作歷史譚看。

(5)老子言論，太自由了，太激烈了，不太像春秋時代人說的。在左傳、論語、墨子書裏，找不到一點痕跡。

(6)文字語氣上，老子用王侯、侯王、王公、萬乘之君，取天下，非春秋人所有。仁義一詞爲孟子專利，偏將軍、上將軍爲戰國官名。

梁氏此文發表後，有張煦撰文駁之，題爲梁任公提老子時代一案判決書，其意略以：

(1)史記本有後人綴補竄亂之作。(證見史記集解、史記索隱、四史發伏、十七史商榷)

(2)魏爲三晉之一，僅在孔子卒後廿六年，儼然諸侯，爲日已久；就說魏必在受命之後，其將始能稱爲魏將，史記本多擧後制以明前之例。

(3)老子活幾百歲，雖不可信，總可斷定他是享高壽在百歲左右，或竟在百歲以上，就不能說其子孫不能享高壽；孔子二十歲生伯魚(照索隱引家語及孔子世家本文相考)其後十三代皆不永年，定皆早年得子，則孔子十三代孫與老子八代孫同時，亦有可能。

(4)史記之神話，本爲吾人所否認，何必說它？

(5)論語述而：「竊比於我老彭。」老卽老子。憲問篇：「或曰以德報怨」，卽引老子語。

(6)楊朱本學於老子而變其道者，戰國的楊朱爲老子一派之代表，孟子不拒老子而拒楊朱，猶之乎不闢神農而闢許行。

(7)曾子問中之老聃，拘謹守禮，以尼釆爲例，自不煩而解。

(8)至認老子言論過激，不合時代思潮，豈春秋時人，皆涵詠太平，歌頌功臣者乎？

(9)易蠱之上九：「不事王侯，高尚其事」，已王侯聯用；易坎象：「王公被險以守其國」，離象：「六五之吉，離王公也。」亦王公聯用。至「取天下」之取，乃治意，非爭奪之意；偏將軍、上將軍爲雜入之注疏，不可因此而否定全書也。

其後張壽林又有一文，老子道德經出於儒後考，支持任公，其言略謂：

(1)孔子適周問禮爲不可能：1據史記孔子世家，問禮繫於十七至卅歲之間；莊子天道篇五十歲見老聃；淸閻若璩推爲三十四歲。考之史記，均不可能。2禮記曾子問載老子之言，近於儒家，與五千言異趣。3孔門弟子，無一語及之。（論語之老彭非老子。）

(2)據文子列子二書所引老子之言，證之史事，老子當在孔子之後。

(3)文字上，戰國之前，皆用「于」字，無一以「於」字爲介詞者，而老子中，「於」字共用五十一次，其中四十一次作介詞用，且全書無一「于」字。

(4)言不尙賢，其鬼不神，言仁義，可見其在孔、墨、孟子之後。

唐蘭有老聃的姓名和時代考，主張老在孔前：

(1)老聃和老子是一人，道德經爲老子之遺言。

(2)老在孔前，不承認史記之世系。如在孔子後，何以孔子問禮？莊子記孔子與老子談話，凡八處；曾子問所記，凡四節，是其證；至云墨子孟子不批評孔子，猶之乎莊子不記孔子見楊朱墨翟。且禮記曾子問爲可信，此在劉向別錄已經承認。

(3)老子的話與曾子問老聃之言不相應，因其所處之環境爲講禮之環境；老子晚年（五十歲以後）思想轉變，故攻擊禮。

(4)墨子孟子沒有提起老子，並不能證明沒有老子，正如孟子沒提易，不能說無易。沒提老子之原因，爲老子是南派，墨子孟子是北派，當墨子時代，和老子時代很接近，兩派還都不很盛，故沒有接觸；孟子時，老子弟子楊朱學派正盛，反把老子掩住了。

黃方剛有老子年代之考證，從論語、孔子家語、列子、戰國策、呂氏春秋、淮南鴻烈、韓非子、莊子所引老子之言，以及老子書中所引古語，逐步推斷，認老子爲孔子之師而先於孔子（約大孔子三十多歲），其書亦成於孔子存時。

其反詰梁啓超之疑孟子未嘗道及老子，曰：「孟子於西曆前三百二十年至三百十八年間在梁，莊子熟悉梁事，又爲惠子友，平生好議他人之學，何以連鼎鼎大名之孟軻，曾未提隻字？然則後人果可因之而疑孟子人或其書之眞假乎？」

此後錢穆又有關於老子成書年代之一種考察，係就思想發展，比較道、帝、天、地、物、大、

一、陰陽、氣、德、自然、象、法、名……諸觀念，而認老在莊後。

此文發表後，胡適立覆一文以駁之，題曰：與錢穆先生論老子問題書，其言爲：「此文之根本立場是『思想上的線索』。但思想線索實不易言。希臘思想已發達到很深遠的境界了，而歐洲中古時代，忽然陷入很粗淺的神學，至近千年之久。後世學者，豈可據此便說希臘之深遠思想不當在中古之前嗎？又如佛教之哲學已到很『深遠』的境界，而大乘末流淪爲最下流的密宗，此又是最明顯之例。……先生說：『以思想發展之進程言，則孔墨當在前，老莊當在後，否則老已先發道爲帝先之論，孔墨不應重天命天志之說，何者，思想上之線索不如此也。』依此推斷，老莊出世之後，便不應有人重天命天志之說了嗎？難道二千年中之天命天志之說，自董仲舒班彪以下，都應該排在老莊以前嗎？這樣的推斷，何異於說『幾千年來人皆說老在莊前，錢穆先生不應說老在莊後，何者，思想上之線索不如此也？』」

馮友蘭著中國哲學史，主張老子在孔子之後。理由：1孔子前無私家著述。2老子非問答體，故應在論語孟子之後。3老子之文，爲簡明之經體，可見其爲戰國時之作品。

素痴先生有老子年代問題，以爲：

(1)今本道德經不惟在孟子之後，且在淮南子之後，乃湊集而成。(理由見英人翟理斯 H. A. Giles "A deversaria Sinca" 1914, Shanghai. 第一册）故不能據此書之體裁來考其學說之時代。

(2)沒有理由推翻舊說，仍主老在莊前，莊與孟同時，則老子亦在孟子前。至老學之創始者及其正確之時代，已不可知。

胡適有與馮友蘭先生論老子問題書，專駁馮之立論：

(1)孔子生三歲時，叔孫豹已有三不朽之論，立言爲其中之一，且稱：「魯有先大夫曰臧文仲，既沒，立其言。」難道其時立言都是口說傳授嗎？孔子所引，如周任之類，難道皆爲口說而已？

(2)「老子非問答體，故應在論孟之後」，此一通則，不知何所根據？老子之書，韻語居多，若依韻語出現於散文之前一個世界通則言之，則老子正應在論語前。

(3)什麼樣子的文字，始可謂之「經體」？是不是格言式之文體？若然，翻開論語，除問答外，幾乎章章如此。「巧言，令色，鮮矣仁。」「行夏之時，乘殷之輅，服周之冕。」……是否亦應歸入先秦時期？

又駁梁啓超曰：

(1)孔子十三代孫能與老子八代孫同時：一族中大房與小房相差五六輩，梁任公自巳家中卽有此種情形，胡適族中亦然。

(2)論語以德報怨爲批評老子，無爲而治亦受老子影響。

(3)曾子問所記老子之言，與五千言精神相反，這是絕不了解老子。老子主張不爭，主張柔道，正是拘謹的人。

(4)我們本不根據史記，史記神話可不論。

(5)老子言論激烈，鄧析亦春秋時人，作伐檀碩鼠之詩者，亦春秋時人，其言論之激烈爲何如？

(6)孔子可說「千乘之國」，而不許老子說「萬乘之君」，豈不奇怪？又漢書郊祀志云：「杜主故周之右將軍」，明周時卽有右將軍。

馮友蘭又有老子年代問題，答胡適及素痴：

其答胡適部份云：

(1)現在所有的以爲老子之書是晚出之證據，若只舉其一，則皆不免有邏輯上所謂「丐辭」之嫌，但合而觀之，則老子一書之文體、學說，及各方面之旁證，皆可以說老子是晚出，此則必非偶然也。

(2)一族間大房小房的輩差，不必是因爲小房的人都壽長的結果，而孔李二氏輩數之差，若要說明，則要假定孔氏的人都壽短，而李氏的人都壽長，這個假定不一定合情理。

(3)卽令孔子所說「以德報怨」是指老子而言，但墨子孟子何以未及老子，仍是問題。因墨子孟子未言及老子，所以孔子所說，亦未必是指老子也。

(4)老子主張柔道，雖可說他是拘謹的人，但主張絕聖智廢仁義的人，却又不像是拘謹。

(5)鄧析的學說，我們不很淸楚。「伐檀」「碩鼠」的激烈，與老子之激烈不同。一是就某種具體事實，表示不滿，一是就當時社會組織之根本，表示不滿，其間很有差別。

(6)孔子可以說「千乘之國」，老子不能說「萬乘之君」，是因春秋時之國多而小，戰國時之國少而大。

答素痴先生部份：

(1)莊子非莊周一人所作，莊周乃莊學之創始人，所以在莊子前，不必即在孟子前。

(2)現存老子，即爲「漢人湊集前人所引，並加上不相干的材料，補綴而成」，亦非口耳相傳，至漢代始著於竹帛，爲什麼不能據其體裁以推考其時代？

張季同先生有關於老子年代的一假定，要點爲：

(1)老子書之性質：1專著而非纂輯；2有後人滲入部份；3就性質及文體言之，爲戰國初期作品，至遲戰國中葉。

(2)老子書之思想，與他家比較，得1決在孔子後，2在墨子後，3至遲在戰國；4在楊朱、愼到申不害、孟子之前；5在莊子之前。

(3)老子人，即老聃，乃道德經作者，在春秋前絕不會有，問禮之說，始自莊子外篇，不可信。

本文附識，又認老子有爲太史儋之可能。因一，老子在惠施孟軻前後，太史儋亦此時人；二，此說由來甚古，事出有因。

羅根澤作老子及老子書問題，主張：

(1)老子即太史儋，後於孔子百餘年。因1聃、儋爲同音字。2聃爲周柱下史，儋亦周之史官。3老子有西出關之故事，太史儋見秦獻公，亦必西出關。4此說成立，其八世孫恰能與孔子十三世孫同時。

(2)以史記老子傳爲可信，反對太史儋段爲後人加入。

(3)老子書爲專著，除兵者不祥之器爲注文之篡入外，皆老子所作。

顧頡剛又有從呂氏春秋推測老子之成書年代：

(1)呂氏春秋之作者，是很肯引用書的，所引的書，是不憚舉出其名目的。

(2)呂氏春秋的作者，引用老子的文詞和大義甚多，幾佔五千言的三分之二，但始終不曾吐出它是取材於老子。

(3)於是我們可以作一個大膽的假設，在呂氏春秋時代，還沒有今本老子存在。

(4)持荀子與老子比較，文體、名詞及仂語均有相同，故其時代亦應相同。

民國廿二年五月，胡適作評論近人考據老子年代的方法，將主張挪後老子年代諸人之立論，予以徹底批評，有橫掃萬軍之勢。

(1)所有立論，皆爲「丐辭」，此事馮友蘭已經承認。夫丐辭並非證據，聚蚊可以成雷，但究竟是蚊不是雷。

(2)例如以「孔子前無私人著述之事」爲前提，應先證明「凡一切非問答體的書都應在論語孟子之後」；以「老子之文爲簡明之經體，可見其爲戰國時之作品」，應先證明「凡一切簡明之經體，都是戰國時之作品。」

(3)以「思想系統」或「思想線索」證明老子出於戰國，這個方法是很有危險性的，是不能免除主觀的成見的，是一把兩面鋒的劍，可以兩邊割的。你的成見偏向東，這個方法可以幫助你向東，你的成見偏向西，這個方法可以幫助你向西。如果沒有嚴格的自覺批評，這個方法的使用決不會有證據的價值。（以下舉了許多例證，加以說明。如論語「無爲而治」，可以說受老子之影響，亦可以說老子承襲孔子之見解）

(4)用文字、術語、文體來證明，自然很有用，但也有危險。因：1我們不容易確定某種文體或術語起於何時；2一種文體往往經過很長期的歷史，而我們只知道其中的某一部份；3文體之評判，往往不免夾有主觀之成見，容易錯誤。（舉了許多例證。）至於摭拾一二名詞或術語來做考證年代的標準，那種方法更多漏洞，更多危險。（又舉了許多例證。）

(5)說到顧頡剛先生用呂氏春秋的引書例，來證明呂不韋著書時，老子還未成書。1古人做書，沒有什麼引書例可尋，替古人的著作做「凡例」，那是很危險的事業，我想是勞而無功的。2顧先生說呂氏春秋「簡直把老子五千言的三分之二都吸收進去了」，這是駭人聽聞的控訴，我也曾熟讀五千言，但我讀呂氏春秋時，從不感覺「到處碰見」老子。經逐一檢查，呂氏春秋只有三條可算與老子很相同的；此外顧先生所引四十多條，至多不過有一兩個字眼相同，都沒有用作證據之價值。

胡文發表後，馮友蘭又作讀評論近人考據老子年代的方法答胡適之先生以反擊之：

(1)一件一件不充分的證據，合起來也未嘗不能成爲一個很充分的證據。我們不能因爲證據一件一件看時不充分，而卽斷定它們合起來也一定不充分。如：第一個人舉不起一百斤，第二第三個人也舉不起一百斤，但三人合起來，則未必不能舉一百斤也。

(2)至於丐辭，很早有人說，三段論式的推論「都不免有丐辭之嫌」。例：「凡人皆有死，孔子是人，所以孔子有死。」此一推論，亦「不免有丐辭之嫌」，因「人皆有死」之眞，也要靠「孔子有死」之是眞。然而有可解者：1理性之說法，「凡人皆有死」之大前提，是述說人之要素，其眞並不靠「孔子有死」。2惟名論之說法，「凡人皆有死」，爲人之界說，如果有個「人」不死，即不稱之爲人，而呼之爲「神仙」或「妖怪」，故亦不靠「孔子有死」。3經驗論之說法，「凡人皆有死」爲觀察堯舜文王周公以及甲乙丙丁……等等之有死，而得到一個推廣的結論。吾人之推論爲第三種方式。

(3)我們對於自然界及人事之知識，大部份都靠把這些分開來不充分的證據，「參伍錯綜」而得之結論，一個單靠它自已就充分的證據，大概是不容易得到（如果可能得到），而且是不必要的。

此次辯駁，雖亦不無道理，然而終嫌力量薄弱，對胡氏之文，有招架不住之勢。

葉靑又作從方法上評老子考，主張維持舊說。其理由：

(1)史記載老子活了「百有六十餘歲，或言兩百餘歲」，並非神話，實有此可能。波蘭之墨而夫人活一百三十八歲，土耳其的查羅亞（Zaroghe）活一百五十七歲，天津某老人活二百餘歲，四川的李靑雲活二百五十歲……（舉了許多長壽之例證），老子不爭不剛，去驕去欲，無爲淸淨，修道養壽，其得以永年，有何不可？

(2)老子九十歲生子，其八代孫和孔子十三代孫同時，亦有可能。科學證明，五六十歲或七八十歲還有生殖能力爲可能。（擧高齡而有性能力之例證數個。）又據遺傳學，壽命可以遺傳，則老氏子孫長壽，孔氏子孫短壽，亦可解釋。

(3)一切有時代性的東西，不是突然出現的，有其先驅。及失其時代性以後，仍有繼承它的殘餘存在。所以思想線索，時代術語，並非刀切斧斫的形式，沒有一點參差，不能以此爲標準而劃分時代。

(4)春秋的尊禮，重信，宗周，祭祀聘享，都是表面的，實則戰爭弑亂，不絕於史，錢穆以爲老子書中之言，不可能發生，乃見其形式而未見其本質。

高亨有史記老子傳箋證，主張：

(1)孔子問禮於老聃，必有其事，除史記外，更有三證：1禮記曾子問有載；2莊子雖多寓言，然必有孔子見老聃之事，故莊子屢稱之。3呂氏春秋當染篇：「孔子學於老聃、蘇夔、靖叔。」

(2)老聃，關尹同時。因莊子達生，呂氏春秋審己皆記列子與關尹相問答，則關列同時；又據莊子德充符、田子方、列御寇，呂氏春秋下賢，莊子應帝王，列子與子產同時；而子產與孔子同時，卒在孔子先，故關尹能見老聃。

(3)道德經決爲老聃所作：1莊子書中屢記孔子老子相詰答，已認爲孔老同時；毫無疑議而最可信之天下篇，直引老聃之言，其言卽在今道德經中，則道德經爲與孔子同時之老聃所作，決矣。2荀子天論篇：「老子有見於屈，無見於信。」荀子此言，都非無據，可與五千言相驗，可見荀子曾見道德經明矣。3韓非子有解老喻老，引老子言甚多，又六微六反篇所引，明言爲老聃語，可見其書韓非深加探討焉。4呂氏春秋多引老聃之言，又不二篇：「老聃貴柔」，呂氏此言，必非無據。夫老聃貴柔之旨，具在道德經中，則發此評者，蓋嘗見道德經矣。呂書去尤貴公當染諸篇，皆稱老聃，而當染曰：「孔子師老聃」，則道德經爲孔子同時之老聃所作決矣。5戰國策齊策顏斶之言，明引道德經三十九章，且稱老子曰。按國策據羅西亭考證，爲蒯通作，必憑故籍而次理之，猶先秦之史料。顏斶當齊宣王時，是道德經作於齊宣王時。

譚戒甫有二老研究，主張：

⑴老萊子與老彭爲一人，孔子所師。老是氏，萊是名，彭是字。王引之春秋名字解詁序：「名之與字，義相比附。」萊字從來得聲，據說文，來釐古音通同，義亦相通，皆可解爲「家福」。彭當是省借爲鬃。說文：「鬃門內祭，先祖所旁皇也。」正與釐解爲家福的意義相應。

⑵老聃者，氏老，名耳，字聃，戰國中人，自已並未著書。漢書景十三王傳所謂古本老子，雖爲秦以前之本，料係門弟子所爲之言行記載，類若論語者然，而現行之老子當奉漢景帝時之道德經爲祖本，乃漢初增輯者。

譚氏又有史記老子傳考正，主張大略相同，不錄。

馬敍倫有辯老子非戰國後期作品，主張老子即老聃，爲道德五千言之作者，而五千言即今本老子，大意如下：

(1)以年代考之：1老子之子宗爲魏將，設在魏文侯初立時，卽周威烈王元年，宗六十歲，老子享壽百六十餘歲，而九十歲左右生宗，未爲不可也。2老子九十歲左右生宗，宗以六十左右生注，注亦四十左右生宮，宮以五十左右生其子，其子以六十左右生其孫，其孫以五十左右生其曾孫，其曾孫以四十左右生假，假以四十餘歲，仕於漢文帝後元末年，固於情理無忤也。3史記稱莊子生齊宣王梁惠王同時，又言楚威王聘莊子，可見顯王廿年前後，莊子已生；而莊子書中，多記老子之事，使老子生於戰國後期，老而著書，莊子將不及見。4荀子生當周顯王元年以後，或五六年間，使謂老子生於戰國後期，是荀子生而老子且未生也。今荀子書中，有批評老子者，則老子決不生於戰國後期矣。

(2)以古書引用老子之文或學說考之：1莊子引老子之文最多，不能謂莊子盡出漢人所爲。2戰國策記公叔痤事，云：「故老子曰：聖人無積，既以爲人，己愈有，既以予人，己愈多。」公叔痤爲魏惠王時人，是戰國前期之末，已有引用老子之文者。3尸子引老子文，雖與今本老子異，而與呂氏春秋文子同，許老子原本有之。以此相證，尸子得見老子書。尸子爲商鞅客，戰國前期人。4文子與楚平王同時，而師老子（見文子第五卷）則老子生於春秋之末明矣。

(3)文體及其他：1老子在漢初尚不稱經，戰國時自不待言；據後世稱老子爲道德經，而謂老子爲戰國後期作品者，固不足辯。2以文體言，與戰國之書，如墨莊荀韓大異，乃以簡明而近於詩歌式之辭，說明義理，大抵一方與易之爻辭，詩之雅頌爲類，一方與論語爲類。況戰國之初，已有引其文者乎？3春秋時，私人著述之風氣已開，漢志所載極繁，則老子作品，不必後於孔子矣。

錢穆作再論老子成書年代，仍以思想線索，社會狀況，文體，名詞術語爲依據，主張老子與荀況韓非同一時期。謂1墨子兼愛之說，一變而爲惠施之萬物一體論，惠施之萬物一體論，復轉化爲莊周之物化論，及公孫龍之惟名論，莊周與公孫龍之說，合並而成老子之虛無論。2以老子與莊子論語孟子墨經比較，認係抄襲或暗用各書。3就文體言，其書潔淨精微，語經凝煉，既非對話，亦異論辯，與他子不同。文體之發展，爲詩→史→論，老子爲韻化之論文，較荀子爲尤勝也。

（熊偉另有從先秦學術思想變遷大勢觀測老子的年代，仍不脫錢文之範圍，不具錄。）

此後張福慶又有對錢穆先生從文章的體裁和修辭上考察老子成書年代的意見，予以反駁：

(1)文體演進，在時間上是參差不齊的，同一時間內，每有兩種通行之文體；且各人對文體之判斷，亦不一致。

(2)文體之演進，非依詩→史→論之次序，因1殷墟文字皆記事體（史）。2現存最早之古籍爲尚書，而非三百篇。

(3)把文體簡單質樸之老子，放在那長篇大論富麗堂皇之莊荀以後，乃削足適履之辦法。

唐蘭著老子時代新考，主張不應以「理想」去改變過去歷史的事實，其討論一本現存史料。1據孔子卒後約二百年的天下篇和韓子，知道那時已流行之老子，是老聃的語錄。2據曾子問、莊子、呂氏春秋，知老孔同時。3此書之成，當在戰國早期。

近人郭氏作老聃、關尹、環淵，主張：

(1)由莊子、韓非子、呂氏春秋看來，老子即老聃，略先於孔子，孔子曾師事之，可無疑問。

(2)關尹即環淵、玄淵、蜎淵、娟嬛、便環、便蜎、它囂……皆以音轉及形近而變。生於楚而遊於齊，大率與孟子同時，蓋老子之再傳或三傳弟子，上下篇乃關尹所錄老子之遺訓，並加以潤色而成。

羅根澤又有再論老子及老子書的問題，要點如下：

(1)老子爲楚苦縣人。苦縣原屬陳，而稱楚人，則老子定生楚滅陳後。楚滅陳時，孔子七十三歲，且以是年死；老子之年，果較孔子爲長，則亦必死矣，（不信老子百餘歲之神話），焉得稱之爲楚人？又據後漢書郡國志陳國條，及邊韶老子銘，苦縣春秋時稱相，春秋後始稱苦，老子苦人，自當生於戰國。

(2)就其子孫年代考之，老子亦當爲戰國人，與太史儋相當，而史記：或曰儋即老子，似乎可信。

(3)就思想上言，反禮教，反尙賢，當在孔墨之後，就莊子引老子言，當在莊子前。

(4)孔子問禮之說，始於莊子，顯係有意抬高老子，以壓抑孔子。且莊子旣載老聃爲楊朱(陽子居)之師，不能也是孔子之老師。

結　論

余旣畢述近人考證老子年代之經過情形，當再提出一己之見解。余以爲史記老子傳所記老聃部份，絕對可信；聃即五千言之作者。老爲姓，子爲尊稱。漢時，因稱老子者不止一人，故史公亦疑惑不定，而附老萊子、太史儋之事於老聃傳後，且作爲模棱之辭，以爲推測；然此與聃之著書，問禮等事，固不相干涉也。

(1)關於老子傳：1本傳共分四段，前段言老聃，次段言老萊子，其次言太史儋，末段記老子之學與老子世系。老聃部份，無可懷疑，其理由下當詳論。2老萊子亦老姓，楚人，故被疑爲老子。然老萊與聃決非一人，觀其用一「亦」字，可以會意矣。其「著書十五篇，言道家之用」，更非老聃之證。然當時確有疑之者，故史公以「蓋百有六十餘歲」等語推度之。3太史儋事確屬可疑，旣爲周之太史，又得見秦獻公，中間隔數百年，於理決無可能。吾以爲儋爲周之史官，乃係神話，如確有其人，而見秦獻公，則此人必生當戰國之際，或者末段之世系，即儋之子孫耶？4老聃之事跡，除史記外，莊子亦有記載。錢穆認史記係抄自莊子，自亦不失爲一種見解，然禮記呂氏春秋之言，又當何說？且吾人又何敢斷定上古史料中沒有其他類似記載？固然，吾人可以假定各項記載均自莊子抄來；然此假定，不太勉強乎？

(2)老子姓老，前人說者甚多。唐蘭、譚戒甫、高亨諸人，及本師林景伊夫子，均曾有此主張。茲摘高亨老子正詁所提之理由如下：1周秦舊籍，於孔墨大師，皆舉其姓，獨於老子，則稱老聃，不稱李聃；皆稱老子，而不稱李子，明見老子原姓老。2古無李姓，而有老姓。世本：「顓頊子有老童。」風俗通義：「老氏，顓頊子老童之後。」左氏成十五年：「宋有司馬老佐。」（杜注：老佐，戴公五世孫。）昭十四年傳：「魯有司徒老邪。」商之老彭，楚之老萊，皆疑其原姓老。春秋有里姓，而無李姓。李姓戰國始有。3古人姓氏多無本字，借同音字爲之，故往往歧爲數姓。老子之變李，亦語轉而然。老屬幽，李屬之，二部音近，古或不分，其聲皆來紐。4故老李乃一聲之轉，老子原姓老，後以音同，變爲李，非有二也。

(3)關於孔子問禮事：此一問題甚爲重要，可以藉此決定老子之時代。1史記、莊子、禮記、呂氏春秋，均有問禮之記載，故必有其事。禮記爲儒家經典，而不諱言孔子問禮，尤其爲有力之證明。2至於以老子世系爲依據，認爲老子當在孔子之後，而否定孔子問禮，此在誤認世系爲必屬老聃。然在史記老子傳中，史公列此世系於兩「或曰」之後，足證其不必屬於老聃明矣。3關於老子是拘謹的人，與五千言之精神不合。按老子世爲史官，又管理周室之藏書，博學通禮，故孔子問焉。然老子雖學禮、守禮，至其晚年，其思想有所改變之事實，却甚爲明顯。夫禮爲周公所制定，至老子時已數百年，封建解體，禮樂崩壞，一般人非傲慢無禮，即貌恭而心不敬。老子既身受禮制之束縛，又痛時人之虛僞不誠，深感與其維護有名無實之禮制，何若放棄虛僞之形式而反樸歸眞。（註一）故老子並非橫蠻無法之人，乃欲更一步，達到禮制所不能達到之境界，其主張爲消極者，亦不可謂之「激烈」。再由史記老子告孔子之言觀之，其曰：「子所言者，其人與骨，皆已朽矣，獨其言在耳。」明顯老子爲精於禮，而又對禮深感失望之人。至云：「得時則駕，不得時則蓬累而行」，「盛德若愚」，「去驕氣」，「去欲望」，則完全合於道家之精神。（參老子十章、廿章、廿四章、卅章、十二章，及莊子繕性：「當時命而大行乎天下，則反一無迹；不當時命而大窮乎天下，則深根寧極而待。」）又曾子問所記，助葬而遇日食，以見星爲嫌，止柩以聽變，此種對自然變化之敬愼態度，正爲老子尊道貴德之線索。4關於孔子不提問禮之事：禮記、莊子、史記，均載有孔子稱道老子之事，又論語竊比老彭，無爲而治，亦爲明顯之證據，奈反對者不信何？退一步，即孔子不提，亦未必沒有此事。何則？孔老異道，並無標榜之必要也。至於何以墨子孟子不批評，吾以爲唐蘭南派北派之說，最爲精當，不批評未必證明沒有也。6關於以籍貫考老子之年代。此種方法，乃建立在老子必先孔子而死之一假設上，然老子不必先孔子而死也。設若老子長孔子二十歲，而較孔子晚死二、三年，亦不過九十餘歲，未必無此可能也。若此假設成立，則老子死於楚滅陳後，當然可以稱爲楚人。且孔子死之次年，即周敬王四十二年，魯哀公十七年，已進入戰國時期，老子傳用戰國地名，固其宜也。7關於楊朱師老子而孔子不應師老子問題。按莊子所記，師老子者，決非楊朱，而爲陽子居。莊子書內，「陽子居」都作「陽」楊墨並提處都作「楊」，楊朱與陽子居爲不相干之兩人，此在唐鉞之楊朱考中論之已詳。

(4)關於老子書：1老子書字句簡明，思想精純，系統謹嚴，上下一貫，蔚然爲一家思想之所宗，非同晏子、淮南、呂覽、尸子之博採衆說而成者；故老子決非湊雜之書，必爲專著無疑。2至於老子書之作者，當即老聃。此事記於史記老子傳第一段老聃生平之末，所謂著「上下篇」，言道德之意「五千言」，正同於今本之老子，可見史公對此毫不懷疑。3此書之文，莊子、荀子、韓非子、呂氏春秋、戰國策、尸子等書，皆有引用或批評；若謂聚歛羣書而成，則就五千言之精神一致，系統謹嚴觀之，又絕無可能。且史記樂毅傳，皇甫謐高士傳所載河上丈人著老子章句，其時亦不過在戰國末期，足見此書之成，必不太晚。4至於思想背景，文體，名詞術語等，胡適先生已喩爲兩面鋒的劍，可以兩邊割，不可爲證據，不必置論；可談者惟馮友蘭之邏輯問題。然其理由亦甚薄弱。何則？馮所提經驗論的說法，本於歸納；歸納之事實愈多，其結論愈可靠。如「凡人皆有死」，不知歸納幾千萬人之事實而得，當然可靠。而馮先生之前提「孔子前無私家著述」，「凡一切非問答體的書都應在論孟之後」，「凡一切簡明之經體，都是戰國時之作品」，究竟歸納了幾多事實？吾恐其「事實」尚不及「例外」之多也。由此可知馮友蘭所提經驗論的說法之不足爲訓。

〔註一〕　韓非子解老篇：「禮爲情貌者也，文爲質飾者也。夫君子取情而去貌，好質而惡飾。夫持貌而論情者，其情惡也；須飾而論質者，其質衰也。何以論之？和氏之璧，不飾以五采，隋侯之珠，不飾以銀黃，其質至美，物不足以飾之。夫物之待飾而後行者，其質不美也。是以父子之間，其禮樸而不明。故曰：禮、薄也。凡物不並盛，陰陽是也；理相奪予，威德是也；實厚者貌薄，父子之禮是也。由是觀之，禮繁者實心衰也。然則爲禮者，事通人之樸心者也。衆人之爲禮也，人應則輕歡，不應則責怨，今爲禮者事通人之樸心，而資之以相責之分，能毋爭乎？有爭則亂，故曰，夫禮者，忠信之薄也，而亂之首乎！」

第二章　老子思想述要（上）

第一節　概　說

老子思想爲道家學說之祖，道家各派學說，鮮有不自老子思想流衍而出者，其重要性可想而知。言老學要旨者，以莊子天下篇爲最詳，其言曰：

「以本爲精，以物爲粗，以有積爲不足，澹然獨與神明居。古之道術，有在於是者，關尹、老聃，聞其風而悅之。建之以常無有，主之以太一。以濡弱謙下爲表，以空虛不毀萬物爲實。……老聃曰：『知其雄，守其雌，爲天下谿；知其白，守其辱，爲天下谷。』人皆取先，已獨取後。曰：『受天下之垢。』人皆取實，已獨取虛，無藏也，故有餘，巋然而有餘。其行身也，徐而不費，無爲也而笑巧。人皆求福，已獨曲全，曰：『苟免於咎。』以深爲根，以約爲紀。曰：『堅則毀矣，銳則挫矣。』常寬容於物，不削於人，可謂至極。關尹老聃乎！古之博大眞人哉。」

老子思想，重精神而輕物質。（以本爲精，以物爲粗。）（註一）何謂精神？「神明」是也，「常無有」是也，「太一」是也。然則物質何得而輕？精神可得而重？蓋常人之所以重物者，以外物足以滿足吾人之欲望，是以重物。然欲望有窮乎？物質果能永遠滿足吾人之欲望乎？則又不盡然。何則？人類欲望，往往愈貪求欲望愈大，而愈感不足。「貪而儲積，而心常不足。」（成玄英疏。解「以有積爲不足。」）「欲望」之門一開，則流連荒亡，永無止期矣。反之，「知足止分，故淸廉虛淡，絕待獨立，而精神道無不在，自古有之也。」（成玄英疏。解「淡然獨與神明居。」）故老子之處世態度：「以濡弱謙下爲表，以空虛不毀萬物爲實。」「濡弱謙下」，不爭也；「空虛不毀萬物」，寡欲也。其守雌、守辱、曲全、取後，皆柔弱不爭之德也；其取虛、無藏、有餘，皆寡欲之效也。能如此，則能「常寬容於物，不削於人。」

既能不役於外物，則無事乎有爲、爭先，故「其行也，徐而不費。」（宣穎注：不先，故徐；不先則少事，少事故不費。）老子既立於一種極端超然之地位，明乎堅毀銳挫之至理，故主柔弱。（呂氏春秋不二篇云：「老聃貴柔。」）對逞強弄巧有爲之人，反覺可笑，故曰：「無爲而笑巧」也。

至各家對老學之批評，以漢書藝文志及史記太史公自序爲有名。（註二）漢書藝文志曰：

「道家者流，蓋出於史官，歷記存亡禍福古今之道，然後知秉要執本，淸虛以自守，卑弱以自恃，此君人南面之術也。合於堯之克讓，易之嗛嗛。一謙而四益，此其所長也。及放者爲之，則欲絕去禮學，兼棄仁義，曰獨任淸虛，可以爲治。」（諸子略）

太史公自序云：

「道家使人精神專一，贍足萬物。其爲術也，因陰陽之大順，采儒墨之善，撮名法之要，與時遷移，應物變化，立俗施事，無所不宜。指約而易操，事少而功多。」

所謂「精神專一，贍足萬物」，即指專一於精神，不追逐於外物而言。此爲老學之中心，前已大略言之矣，不必贅述。至漢志之「秉要執本」一語，則與太史公之「指約而易操，事少而功多」意近。蓋老子哲學，凡事均在求一「根本」，求一「徹底解決之辦法」，不在枝節處用功夫。追逐物欲，不若根本無欲之爲愈也；解決問題，不若使問題根本無從發生之爲愈也。此根本之道何在乎？「清虛以自守，卑弱以自恃」是也。能執根本，則能「與時遷移，應物變化，立俗施事，無所不宜。」

藝文志稱老學爲「君人南面之術」，甚爲有理。何則？就其學說之生成言，乃源自史官，根據歷史故實，而獲得之「存亡禍福古今之道」，此道原屬一種應世之原則，本此原則，以施諸政事，則必能以歷史之教訓爲借鑑，古之所以成功者守之，古之所以敗滅者去之，正所謂君人之要也，此其一；又自其學說之內容言，老學「秉要執本」，「淸虛以自守，卑弱以自恃。」能秉要執本，則能與時遷移，應物變化，立俗施事，無所不宜。譬猶居環中而應八方也；至於淸虛、卑弱，則合於堯之克讓，易之嗛嗛，一謙而四益。（註三）蓋得道多助，失道寡助，君人者，固非以力服人者也，此其二。

至太史公自序所云：「其爲術也，因陰陽之大順，採儒墨之善，撮名法之要」，並非意謂道家由陰陽儒墨名法而產生，此不可不愼也。蓋先秦乃是百家思想相互激蕩之時代，後期道家思想，自難免受其他各家學說之影響，而儒墨名法思想中，亦未嘗不有道家思想在內也。此點於後期道家書，及雜家尸子呂氏春秋淮南子……中，可以覘之。（詳見餘論第一章第一節，及第二章，道家思想與儒墨名兵陰陽諸家之關係。）史公此言，蓋就當時所見之晚期道家而言，非論道家學術之源流也。（註四）

第二節　本體之道

老子哲學之根本觀念，爲一「道」字。此「道」字有兩方面之意義：其一爲宇宙之本體，亦卽宇宙萬有所以生成之第一因。其二爲宇宙自然運行之大原理，大法則。關於道之爲宇宙本體部份，曩者予嘗有「老子的形而上學」之作，討論甚詳，爰附於此。至於論及宇宙自然運行之法則部份，當留待下節，再作敍述。

老子的形而上學

哲學是研究宇宙人生根本原理的學問。研究人生的根本原理，是人生哲學；研究宇宙的根本原理，就是形而上學（Metaphysics）討論的範圍了。

中國哲學，比較偏重人生哲學問題的探討，對於形而上學，一向是比較忽視的。當然，人生的問題，是最現實的問題，對我們的生活與幸福關係最密切，不能不予注意；然而要知道，形而上學乃是人生哲學的根據，人生是宇宙的一部份，如果人生哲學的結論，與宇宙運行的定律相反相悖，那是站不住的。所以任何一套哲學，都不能沒有形而上學的根據。

中國哲學雖是重在人生方面的問題，但是對於形而上的事情，也不能說完全沒有討論。卽以儒家而論，儒家本是特重人事的，然在論語中，也有這樣的話：

1. 子見南子，子路不說。夫子矢之曰：「予所否者，天厭之！天厭之！」（雍也篇第廿八章）
2. 子曰：「天生德於予，桓魋其如予何！」（述而篇廿三章）
3. 子曰：「君子有三畏，畏天命，畏大人，畏聖人之言。」（季氏篇第卅四章）
4. 子畏於匡，曰：「文王既沒，文不在茲乎？天之將喪斯文也，後死者不得與於斯文也；天之未喪斯文也，匡人其如予何？」（子罕篇第五章）
5. 子曰：「獲罪於天，無所禱也。」（八佾篇第十三章）
6. 子疾病，子路請禱，子曰：「有諸？」子路對曰：「有之。誄曰：『禱爾於上下神祇。』」子曰：「丘之禱久矣。」（述而篇第卅五章）

這裏所說的「天」，「神祇」，就是宇宙的本體，亦即形而上學所討論之重要部份。實際上中國哲學在形上學這一方面，功夫下得最多，收獲最大的，還是老子。本文就是希望在這個問題上加以探討。

一、宇宙萬有的第一因

「我們生存的世界，山河大地，以及宇宙萬有，這些東西，究竟是從那裏來的呢？它的第一因是什麼？」生在這個世界上的人，都會有意無意的問這樣的問題。我們的哲人——老子，自然也不會例外。

我們先看，宇宙萬有究竟有沒有第一因？如果沒有，底下的問題就用不着討論了。那末到底有沒有呢？

有人說，宇宙萬有沒有第一因。爲什麼呢？因爲主張萬有有第一因的，其論據爲因果律。卽是以今日的宇宙萬有日月星辰爲果，而推出其源頭，就是第一因。然而如果因果律可靠，則第一因不能沒有其前因。第一因有前因，卽不能成爲第一因，當然不能成立；如果因果律不可靠，那就根本不能證明宇宙是有第一因了。所以不管因果律靠不靠得住，宇宙都不能有第一因。

但是那些主張宇宙有第一因的，理由更充足。他們提出前一派無法解決的問題：宇宙如果沒有第一因，那末今天的萬有從何而來？說宇宙萬有是從「沒有」來的，那「沒有」就是宇宙的第一因了。因此，說：「宇宙沒有第一因」，這句話本身就表示宇宙有第一因。至於第一因有沒有前因，我們可以斷然地說，沒有。因爲假如有的話，它本身就不是第一因了。第一因的名稱，應該移給它的前因，我們稱這「前因」爲第一因。「第一因」就是「第一因」，不能再有前因，與「因果律」並不矛盾。

然宇宙萬有的第一因是什麼呢？很難說，不過這第一因總是有的。老子給這第一因起了一個名字——

稱它作「道」。

「有物混成，先天地生……吾不知其名，字之曰『道』。」（道德經第廿五章）

二、道是什麽

道是宇宙的第一因。然而這「道」究竟是什麽呢？老子說：

「道可道，非常道；名可名，非常名。」（道德經第一章）

又說：

「道常無名。」（道德經第卅二章）

「常」是恒久不變的意思。道是恒久不變的（理由詳下），所以沒法用言辭來表達。言辭所能表達的，只能「近道」，而不能「是道」。大學所謂「知所先後，則近道矣」是。佛有指月錄，言辭好比指，道好比月，言辭的功能，只能指給你道的方向，而不能變成道的本身給你；正如指頭能指出月的方向，而不能變成月的實體一樣。你若執着言辭，將永遠不能了解「道」。

「道者萬物之奧。」（道德經第六十二章）

道這東西，既是無限的奧妙，不能解說，所以：「故常無，欲以觀其妙，常有，欲以觀其徼。」（道德經第一章）

天地之始，（成秋按：老子中的天地萬物，卽是指宇宙萬有而言，參道德經第廿五章。）原是無可名說的，人們爲了指說的便利，方創出各種名詞，有了名詞，纔能摸着邊際，纔能去探索萬物如何發生；否則，就只好用心靈去徵驗其奧妙了。

因爲宇宙間的秘密是漠然廣大的，起始人都莫明所以。可是人的好奇心是特別發達的，所以常能在「無」中發明出「有」來——想由「無」中看出其中微妙的道理，再憑着自己發現的道理，逐步去印證，逐步去考驗，然後就能看出一個界限來了。（見張起鈞著「老子哲學」一四五頁）

現在且照老子的原則，先由「無」中觀其妙：

「視之不見名曰夷，聽之不聞名曰希，搏之不得名曰微；此三者不可致詰，故混而爲一。其上不皦，其下不昧，繩繩不可名，復歸於無物。是謂無狀之狀，無物之象，是謂惚恍。迎之不見其首，隨之不見其後，執古之道，以御今之有。能知古始，是謂道紀。」（道德經第十四章）

一，即是道的代表。（見張起鈞著「老子」頁一四六）道是看不見的夷，聽不出的希，抓不着的微，這三者的綜合體。道不可見，不可聽，不可摸……用盡人類一切感官技能都不能覺察出來。何以故？因道是超物質，超時空的東西，萬有都是由它而來，在時空中生活的人，雖是萬物之靈，究竟還不能測出超時空的道來。只能用推理的方式，而相信道之必然存在。測不出並無礙於道之眞有。

道之至高至深玄妙莫測之處，雖不可明，（其上不皦）；但其至下至卑形成的有形具體的東西，（卽萬有），卻明明可見，（其下不昧。）所以道這東西，眞是玄之又玄，而不可以名狀。雖然它在客觀方面，確實存在。然而眞正的道體，却是不可覺察，雖有物而等於無物了。你說無嗎？萬有由它而來；說有嗎？到底是個什麼東西，却又莫可名狀。這就是所謂的：「無狀之狀，無物之象」，也就是所謂的「惚恍」。如果從這道的前面去觀察，看不見其頭；從它的後面去省視，又看不見其尾。（這樣做，自然非人類有限的能力所能辦到，然吾人可以做此設想。）——道就是這樣一個神妙莫測的東西。

「道之爲物，惟恍惟惚，惚兮恍兮，其中有象；恍兮惚兮，其中有物；窈兮冥兮，其中有精；其精甚眞，其中有信。自古及今，其名不去，以閱衆甫。吾何以知衆甫之狀哉？以此。」（道德經第廿一章）

道這東西，是恍恍惚惚窈窈冥冥的，所以說是「有物混成」，（道德經第廿五章。）這道雖在含混不淸，幽暗而不可名的狀態之中，然而其中却並非虛無，而「似乎有些東西。」有什麼呢？「其中有象」，「其中有物」，「其中有精」，「其中有信」。

象，是指可以象狀的東西。道德經四章：「吾不知誰之子，象帝之先。」卅五章：「大象」，十四章：「無物之象」，都是指的一事。

物：是指具體的東西，摸得着，看得見的東西。物理學上之物（Matter）需具備三要素：1佔有空間，2具有質量，3各有特徵。就是現象界的實在之物。

精：即精靈，具體事務的跡象。

信：信者，實也。眞實可信之物。

綜合而言，象、物、精、信，都是「有」，而這個有，又不是十分具體可言的，因爲它外面還圍着一層惚恍的窈冥。我們不能說它無，因它確有；我們也不能特指它「有」什麼，因它是「恍惚」。

三、道的性質

再具體一點，用我們可知的名，來形容一下「道」；亦卽從「有」以觀其徼。

(1) 大

道的第一個性質是大。

「字之曰道，強爲之名曰大。」（道德經廿五章）

「大道氾兮，其可左右。」（道德經卅四章）

「萬物歸焉而不爲主，可名爲大。以其終不自大，故能成其大。」（同前章）

在老子哲學中，「大」是代表崇高極致的。（老子哲學十八葉）道就是崇高極致的東西——是至大的。是渾然圓滿的，所以才能產生這些小形的，殘缺的萬有。（萬有與道相比，是殘缺的。）惠施例物十事有云：「至大無外，謂之大一」，大一，就是指這至大無外的道。

大，還有另外一個意思，就是廣大包容。因它「萬物持之以生而不辭，功成不名有，愛養萬物而不爲主，常無欲，可名於小，萬物歸焉而不爲主，可名爲大。」（道德經卅四章）

「道冲而用之，或不盈，淵兮似萬物之宗。」（道德經第四章）注云：「冲，中也。是謂大和。」

道無所不包，無所不具，所以不能走極端。它是萬物之宗，萬物之母，走極端，則不能包容萬物而成其大，亦不足以爲道矣。

「天下皆謂我道大似不肖，夫惟大，故似不肖，若肖，久矣其細也夫。」（道德經六十七章）

道是至大無外，所以不能泥於一物，不肖，正是道的特徵。如果道竟然肖於一件有形的現象界的東西，那就小了細了，而不能成其爲大，因不能字之爲道了。

(2)不　改

宇宙是由「道」來的，道是宇宙的本體。宇宙的現象，既是時時在變易的，所以本體就應該是永不變易的。

何哉？因爲萬象都是相對的，無完滿不足以知何爲殘缺，無貧賤不足以知何爲富貴，無不易不足以知何爲變易。如果在「混沌」的境界，當然無所謂相對，今既已離混沌，相對的情形自應存在。既然如此，萬有是變易的，本體與萬有相對待，自應是不易的了。

「寂兮寥兮，獨立而不改，周行而不殆。」（道德經廿五章）

道是宇宙之至先，至大，至久；它是獨一無二，無能與比的，所以用「大」來代表道。（見前節）

道既是獨一無二，沒有其偶，沒有其伴，獨來獨往，運行不止的，所以說它「寂兮寥兮。」

那末，何以說它不改呢？因爲一「改」，就失去「道」的資格，而與萬物沒有分別，完全一樣了。

道又怎能「爲天下母」呢？

「挫其銳，解其紛，和其光，同其塵。湛兮，似或存。」（道德經第四章）

道本無形。然如假定其有突出光銳之處，吾人挫敗之；假定其有絞在一起之結構，吾人解散之；

假定其有明顯的特徵，吾人冲散之；假定其本質上有不同之處，吾人混同之。此是吾人改變一切事務之全部方法，施之於任何物件，都要使之改變。然而道呢？道無銳，無紛，無光，無塵。（即使有之，亦非有限的人所可以發現。）即使我們用盡這一切的手段，然而道還是非常旺盛的存在，絲毫不受影響的。

所以，道的本質，道的特性，道的形狀（如果有的話），道的本體，是絕不能改變的。此即「不易」。

(3)運動不居

道如果不改，則道自道，如何能產生萬物呢？別急，道的本體雖不改變，然而道的性質却是運動不居的。

萬有即是在道的運動不居之過程中而產生的。

道雖生成萬物，萬物却不是道。而道生萬物，並不損及道的本體——道仍是道。

「有物混成，先天地生，寂兮寥兮，獨立而不改，周行而不殆。可以爲天下母。吾不知其名，字之曰道，強爲之名曰大。大曰逝，逝曰遠，遠曰反。」（道德經廿五章）

由此可知，道雖不變，然却是一直運動不居的。周而復始的運行，永無停止的時候。這是道的本質。所引三個「曰」字，都是形容道。道是大，道是逝，道是遠，道是反。

自有道以來，即有運動。我們不知其從何時開始，而止於何時，我們只能說，道之運行，與道之生命共其終始。道無窮，其運行亦無窮。可以說，它是自無始之永遠開始，而止於無窮久的將來。

(4)道法自然

道雖是不住運動，不住周行，然而它却不是亂動，亂行；道的運行，是有一定軌道的。前面說的逝、遠、反，可以說就是道的運行軌道。道不運行則已，若果運行，必循逝、遠、反的規律運行。

「道法自然。」（道德經廿五章）

「道之尊，德之貴，夫莫之命而常自然。」（道德經五十一章）

所謂逝也，遠也，反也，說穿了，還是一句話：「道法自然。」什麼叫做自然？自然是一個東西（或一個觀念）之本然。道的本然是什麼，它運行所遵循的規律也就是什麼。並不是說在道之外，另有一個「自然」去依循。遵照它性之本然去運行，其結果必然是逝、遠、反。

道的性質是運動，運動一定要離開原位，故曰「逝」。越逝越離開原位，一直運動下去，越去越遠，所以說「遠」。運行到最遠的地方，不能再遠，而其運動仍不停止，所以最後只好往囘運轉。既往囘運轉，總有囘到原處的時候，所以說是「反」。逝、遠、反，都是證明道的運動不居。

(5)道的「動」與道的「用」

「反者道之動，弱者道之用。」（道德經第四十章）

這是道的兩個最重要的性質。老子的一切思想，可以說完全導源於這兩句話。實際上，道的「動」

與「用」，和我們的關係是最密切的了。老子是告訴我們宇宙的眞象，和我們適應這種事實的方法，難怪這兩句話與老子全部哲學是那末不可分割了。

這兩句話是什麼意思呢？

「反者道之動」，是說宇宙萬物（道的顯出部份）的運動，是往復周還的。萬物由道的運動而出，亦將因道的運動之結果而復歸於道。

「弱者道之用」，是因「反者道之動」而產生。倘若宇宙的演變，永遠是直線的，那末強者就永遠處於有利的地位。可是不然，道的運動往往到一個時期，要往回走，「反者道之動」，「遠曰反」，在這往回走的過程中，強者就要受到無情的摧毀，而弱者反因容易屈曲而蒙成全。所以說道的「用」因道的「動」而產生。

由於這個體認，所以我們只有把握着弱，才能獲得眞正的強，所謂「守柔曰強。」（道德經五十二章）

整個的老子哲學，可以說都是這種「反者道之動，弱者道之用」的運用。本文只在分析老子的形上學是什麼，並不重在其與整個老子思想的關涉，所以不詳發揮。如欲進一步了解，可參看張起鈞著老子哲學第一篇五、六兩節。

(6)德、象、樸

最後，對德、象、樸這三個字能有了解，也有不少幫助。

德：老子之道與德，有時很難分別。道德經中，凡言常德、元德、玄德、孔德，可以說就是指道而言。常，永恒不變也。玄、元也。元、首也。孔、大也。都是道的特徵。（見前）

「爲天下谿，常德不離。」「爲天下谷，常德乃足，復歸於樸」（道德經廿八章）

「能知楷式，是謂玄德。玄德深矣遠矣，與物反矣，乃至於大順。」（道德經六十五章）

「生而不有，爲而不持，長而不宰，是爲玄德。」（道德經第十章）

「生而不有，爲而不持，長而不宰，是爲元德。」（道德經五十一章）

「孔德之容，惟道是從。」（道德經廿一章）

然而道與德有無區別呢？有的。

明憨山大師曰：「所言道，乃萬物之本，德、乃成物之功。」（見道德經注）

道與德，皆非萬物，可以說都是本體。只不過一個是萬物之本，一個是成物之功罷了。所以說：

「道生之，德畜之，長之，育之，亭之，毒之，養之，覆之。」（道德經五十一章）

「是以萬物莫不尊道而貴德。」（同章）

象：象與德也很接近。在道德經中，曾用形容道的「大」字來形容它。

「執大象，天下往。」（道德經第卅五章）

象有「可以象狀」的意思，也有「萬有」的意思。但象與道仍不可分離。（參前）

「吾不知誰之子，象帝之先。」（道德經第四章）

「道……其中有象。」（道德經廿一章）

「（道）是謂無狀之狀，無象之象，是謂惚恍。」（道德經十四章）

樸：用樸來形容道最恰當了。樸是什麼呢？樸是混沌，裏面沒有一切分歧差異的現象，也就是萬有未生成前之狀態。沒有剛柔、大小、長短、強弱、精粗、貧富、高低……等一切的差別，這就是樸。

「敦兮其若樸。」（道德經十五章）

「道常無名，樸雖小，天下不敢臣。」（道德經廿二章）張洪陽注：「道本無名，號稱至樸，這樸雖若甚小，天下莫不尊之。」

萬有產生，樸的狀態即被打破。

「樸散則爲器。」（道德經廿八章）

「大道廢，有仁義；智慧出，有大僞；六親不和，有孝慈；國家昏亂，有忠臣。」（道德經十八章）

然道的運行，終必復歸於樸：（反者道之動。）

「常德乃足，復歸於樸。」（道德經廿八章）

「道常無爲，而無不爲。侯王若能守，萬物將自化。化而欲作，吾將鎮之以無名之樸。無名之樸亦將不欲。」（道德經卅七章）

四、道與宇宙萬有的生成

在老子的思想中，無疑的，宇宙萬有都是因道而生，可以說道就是宇宙的本體，也是宇宙的成因。然由道而至萬物的形成，其間必定有一大段的過程。這一大段過程，雖不可知，然却可以以理推求的。

「道可道，非常道，名可名，非常名。無，名天地之始；有，名萬物之母。……此兩者同出而異名，同謂之玄，玄之又玄，衆妙之門。」（道德經第一章）

「天下之物，生於有。有，生於無。」（道德經四十章）

宇宙必有端，天地必有始。天地開始之前，則是混沌未闢的狀態，稱之爲「無」。至於天地初始之時，也是渾渾噩噩的一無可觀，雖然已非「無」之狀態，但又非具體之物，不可狀象，故稱之爲「有」。繼此之後，則萬物——山河、大地、海洋、林木、鳥獸、蟲魚……相繼而生，而造成萬象森嚴的世界。「故有無相生，難易相成，長短相形。」（道德經第二章）

「有」與「無」，自其表面觀之，似是相對之物，實則其源頭是一個——道。有是由無而來，無又是從混沌的道而來，所以說是有無相生，同出而異名了。

「道生一，一生二，二生三，三生萬物。萬物負陰而抱陽，冲氣以爲和。」（道德經四十二章）

道生一，是由無而有。既有了一，便有個二來和它對待，於是便分陰和陽兩個單位，再由陰陽交合而生出第三個單位來。而第三個單位，又成爲一，隨卽又有二來對待，照這樣推演下去，便逐漸衍成萬物了。（以上取梁任公說）萬物都是這樣負陰抱陽而生，而最重要的是還有一股冲和之氣，在陰

陽之間，作着鼓盪調和的作用。（見張起鈞著「老子」一五〇頁）

「孔德之容，惟道是從。道之為物，惟恍惟惚。惚兮恍兮，其中有象；恍兮惚兮，其中有物。窈兮冥兮，其中有精；其精甚真，其中有信。自古及今，其名不去，以閱衆甫。吾何以知衆甫之狀哉？以此。」（道德經廿一章）

這幾句話，也是說明道的演進。

道是由恍惚的狀態，進而有象，進而有物，進而有精。此精又甚真，其中有信，最後而形成衆甫。甫者，美也。衆美，指萬物而言。

綜上所述，我們可以大略知道，老子對於萬物生成的過程，有什麼看法。最後，我們再根據前述各說，列表作一歸結。

以往的永遠 ←—— 時間的過程 ——→ 將來的永遠

道（天地未闢）→ 無（天地之始）→ 有（萬物之母）→ 萬物俱在（今日）→（四十章）

道 → 一 → 二（陰陽）→ 三 → 萬物 →（四十二章）

道（惚恍）→ 象 → 物 → 精［性質—真；內含—信］→ 萬物 →（廿一章）

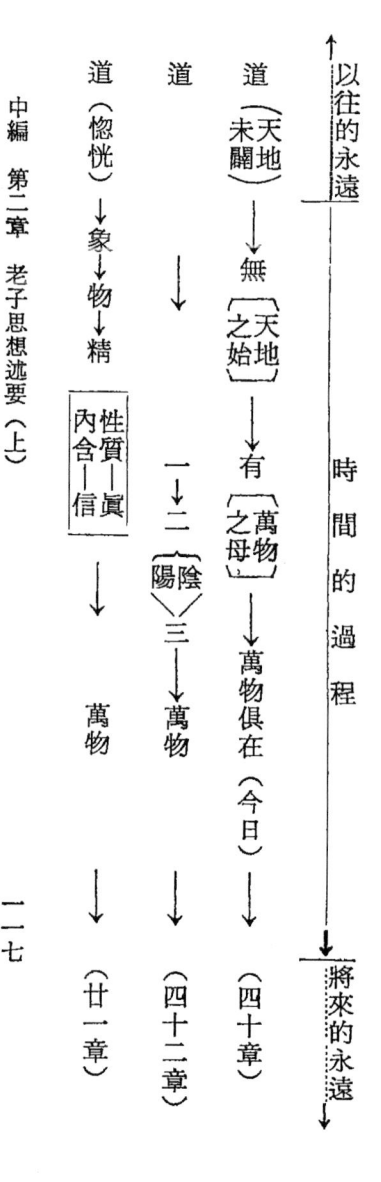

五、結　論

由於這樣的分析，我們可以知道老子的形上學觀念，是認爲宇宙的原因，和宇宙的本體，就是一個「道」字。萬有是因道而來，道也支配着整個萬有。老子眞可以說是一個「惟道論」者了。道的力量既是這麼大，這麼至高無亟，那麼，我們應該怎樣與之相應合呢？老子說：

「人法地，地法天，天法道，道法自然。」（道德經廿五章）

這種順道應天的思想，就是老子的最高智慧。讀了老子哲學，如能在這方面有深刻的領悟，也是莫大的收穫了。（五十二年初春草成，五十六年三月修正發表，刋於中國世紀雜誌第一一五期）

第三節　道理之道

一、道理與道理之淵源

老子之道理，有兩大來源。其一爲宇宙自然運行之法則，其次則爲觀察當時社會現象而發現之原則。

甲、由宇宙運行之法則而得者：前已言及，老子之「道」字，有兩方面之意義；一爲「本體」，一爲「道理」。在老子書中，「道」字常兼指二者而言。如「道可道，非常道。」（一章）首一道字，謂其爲本體可，謂其爲道理，亦無不可。如「道常無名，樸雖小，天下莫能臣也。」（卅二章）「道者萬物之奧。」（六十二章）「道」字似指本體而言。然卅二章下云：「侯王若能守之」，道可以守；六十二章下云：「善人之寶」，「不如坐進此道」，「古之所以貴此道者何？不曰以求得，有以罪免耶？」道可以寶，可以進，可以貴，可以求，可以免；則又似指道理而言。蓋本體之道，不可知不可求也。老子書中，類似之例甚多，不勝枚舉。要之，老子之「道理」，甚多悟自宇宙本體之運行法則，可以無疑議矣。分述如下：

(1)執其根本：為人治事，當求其根本之道：

「天下有始，以為天下母。既得其母，以知其子；既知其子，復守其母；沒身不殆。」（道德經五十二章）

「谷神不死，是謂玄牝。玄牝之門，是謂天地根。緜緜若存，用之不勤。」（道德經第六章）

宇宙萬有之生成，有其始，有其母，有其根本；則為人治事，焉能不求其根本之道？求得根本之道，方能綱舉目張，條理分明，各種問題，亦能獲得徹底之解決。

(2)自然無為：宇宙本體，乃屬自然無為。

「道生之，德畜之，物形之，勢成之。是以萬物莫不尊道而貴德。道之尊，德之貴，夫莫之命而常自然。故道生之、德畜之、長之、育之、亭之、毒之、養之、覆之。生而不有，為而不恃，長而不宰：是謂玄德。」（道德經五十一章）

「大道氾兮，其可左右。萬物恃之而生而不辭，功成不名有，衣養萬物而不為主。常無欲，可名

於小；萬物歸焉而不爲主，可名爲大，以其終不自大，故能成其大。」（道德經卅四章）

故人事、行政，亦應採取一種不干涉主義，而任其自然。在位者卑下自小，不求有爲，不任智術，不加控制，使下民自由安樂，則四方百姓，乃不召而自來矣。

(3)弱與反：老子哲學，有一特殊之點，卽守柔、取反、處弱、居下是也。何以有此主張耶？蓋以「……字之曰道，強爲之名曰大，大曰逝，逝曰遠，遠曰反。」（道德經廿五章）大道之運行，乃是由逝而遠，由遠而反。「反」是大道運行之必然規律，故曰：

「反者道之動。」（道德經四十章）

「天之道，其猶張弓與？高者抑之，下者舉之，有餘者損之，不足者補之。天之道，損有餘而補不足。」（道德經七十七章）

然則吾人將何以順應此種演變之定律耶？

「弱者道之用。」（道德經四十章）

「是以聖人爲而不恃，功成而不處，其不欲見賢。」（道德經七十一章）

「知其雄，守其雌，爲天下谿；爲天下谿，常德不離，復歸於嬰兒。知其白，守其黑，爲天下式；爲天下式，常德不忒，復歸於無極。知其榮，守其辱，爲天下谷；爲天下谷，常德乃足，復歸於樸。」（道德經廿八章）

爲配合大道由正而反之變化，故吾人應取柔弱，恃反道，以蘄長葆其生。

乙、由社會現象而領悟者：老子世爲史官，甚明歷史之故實，故其道理，多係得自歷史之經驗。老子自言曰：

「執古之道，以御今之有。」（第十四章）

本師林景伊先生曰：

「老子明乎治亂興衰之由，察乎成敗得失之故，憤世俗之澆薄，故主反樸歸眞，順乎自然。感物欲之誘惑，故主絕聖棄智，而復其淡泊。以剛強之易摧，爭競之自害，故主謙虛柔弱，以長保其身，以善處此世。以道爲理，以德爲體，以常爲宗，以無爲本，充其極致，乃至於無所不爲。」（中國學術思想大綱四十九至五十一頁）

「世俗澆薄」，「物欲誘惑」，「爭剛競強」，皆爲當時社會之明顯事實。然則俗既澆薄矣，如何使之復歸於淳厚？以仁義爲教可乎？老子以爲並非根本之圖。仁義徒然使人離自然之純眞愈遠，使人更加虛僞，故不若徹底絕仁去義反樸歸眞之有益。物欲誘惑，取外物以滿足之可乎？老子亦以爲不可。吾人之欲望，絕不能因外物之獲得而滿足；反之，吾人心志一向外物，則馳騁奔走，如心猿之難定，意馬之難勒，永無還反之期矣。而吾人眞正快樂幸福之泉源究何在哉？在於內心之寧靜與滿足而已。故絕聖棄智，則外物不能誘，欲望無由起。至於剛強、爭競，在求勝人，勝人則招怨，招怨則惡及於己，豈不反受其害耶？是故老子主張謙虛柔弱，因惟有如此，方能長保其身，而善處此世也。

二、學　道

甲、道理可學

本體之道，超乎現象，不可道，不可名，不可見，不可聽，乃是一種無狀之狀，無物之象，恍恍惚惚，不可接觸。迎之不見其首，隨之不見其後，以渺小么麼之世人，如何可以學得？然則此乃指道體而言；至於道理——道體運行之原則，以及所以應合之方法，——則未嘗不可窺知也。何則？吾人曾言老子「道理」之淵源有二：一爲本體運行之法則，一爲社會現象之啓示。謂其源自本體運行之法則者，就邏輯系統上言之也；謂其得自社會現象之啓示者，就學說產生之根源上言之也。(註五) 本文論其根源，復重其邏輯上之系統，故兩者兼採。而爲敍述之便利起見，首論道體，次論道理。

「道理」既非本體，而係一種法則，故可學，亦可以應用；至其得自社會現象之部份，亦屬一種應世之原則，甚爲平易，夫何難乎行、知之有？故老子曰：

「吾言甚易知，甚易行；天下莫能知，莫能行。言有宗，事有君，夫惟有知，是以不我知。知我者希，則我者貴，是以聖人被褐懷玉。」（七十章）

老子之學，上應天地自然之道，下合人世社會之律，乍看似高深莫測，其實亦平淺易知。倘能知道之可貴，而以道爲則，則能得天下之至貴，其樂何如？然知非已足，重在遵行。倘知而不行，知又何益？

乙、學道之方　然則吾人當如何學道耶？依據老子之言，分爲六點討論之：

(1)嗇

說文云：「嗇，愛嗇也。从來㐭。來者㐭而藏之，故田夫謂之嗇夫。」又云：「㐭，穀所振入也。蒼黃㐭而取之，故謂之㐭。从入◎，象屋形，中有牖。」是嗇之本意，爲振來（麥）入倉之意，引申爲愛嗇也。在老子書中，嗇即寶愛精神之意，乃引申義之再引伸也。老子曰：

「治人事天莫如嗇，夫惟嗇，是謂早服，早服謂之重積德。」（五十九章）

人之精神有限，故當保愛精神（嗇）。不以可貴之精神，殉成毀變化無常之外物，則幾於得道矣。（道爲客觀之存在，人求而得之，在於人身，則謂之德矣。故曰：「重積德。」）

(2)損與無爲

「爲學日益，爲道日損，損之又損，以至於無爲。無爲而無不爲。」（四十八章）

爲學在求知能之日進有功，故曰：「爲學日益。」至於道理，則純任乎自然。去其所不當有者——嗜欲、私利、妄想、成見——則其道自見矣。故曰：「爲道日損。」損之又損，不使有纖毫之存在，則至於「無爲」之境地。既能至於無爲之境地，則純然與道同體，而無不爲矣。

(3)內修

世人一切之努力，皆是追逐外物，使精神外向；然學道之目的，在於內心之自足，故需精神內斂，向身內追求。故曰：

「不出戶，知天下；不窺牖，見天道。其出彌遠，其知彌少。是以聖人不行而知，不見而名，不爲而成。」（四十七章）

如此方能得其根本，守而不失。

「天下有始，以爲天下母。既得其母，以知其子，既知其子，復守其母；沒身不殆。」（五十二章）

物欲之起，自外而來。而外物引誘之入身，不外乎眼耳鼻舌心……等孔竅，倘能杜塞孔竅，則外物不能入矣。

(4)塞兌閉門

「塞其兌閉其門……」（五十六章）

「塞其兌，閉其門，終身不勤；開其兌，濟其事，終身不救。」（五十二章）

按：王弼注云：兌，事欲之所由生；門，事欲之所由從也。焦氏竑曰：兌，口也。人之有口，家之有門，皆喻物所從出。塞而閉之，藏有於無，守母者也。呂氏惠卿云：塞兌閉門，守其母之謂也。心動於內，而吾縱焉，是之謂有兌。有兌則心出而交物，塞之則心不出矣。物引於外而吾納焉，是之謂有門。有門則物入而擾心，閉之則物不入矣。內不出，外不入，雖萬物紛紜於前而不知，夫何勤之有哉？又釋德淸云：兌爲口，門乃眼耳，爲視聽之根。謂道本無言，言生理喪，妄機鼓動，說說而不休，去道轉遠。唯是必緘默以自守，所謂多言數窮不如守中，故曰塞其兌。然道之於物，耳得之而爲聲，目遇之而成色，若馳聲色而忘返，則逐物而背性，是閉視返聽，內照獨朗，故曰閉其門。……若徒執言說以爲得，以資耳目之欲，火馳而不返，則是開兌濟事，喪心於物，則終身不可救矣。

(5) 順其自然

大道自然，不可強求，強求反不可得。故曰：

「故從事於道者，道者同於道，德者同於德，失者同於失。同於道者，道亦樂得之；同於德者，德亦樂得之；同於失者，失亦樂得之。信不足焉，有不信焉。」（廿三章）

張洪陽注曰：「……況人之於道，可不從容自然，而欲速爲乎？故從事於道的人，圓融混同，不以得失係念。道同於道，通乎物也；德同於德，忘乎我也；齊同於失，齊得喪也。逍遙無累，隨在有得。皆順其自然而無驟進之意，只是世人信不及此，見這等言語無味，而皆有不信之心耳。」（洪陽張位注解道德經卷上）

王弼注云：從事，謂舉動從事於道者也。道以無形無爲成濟萬物，故從事於道者，以無爲爲君，不言爲教，緜緜若存，而物得其眞。與道同體，故曰同於道。

誠能忘懷得失，通乎物，忘乎我，若存若亡，則道自得之矣。

(6) 相輔

賢不肖當相輔以進於道。賢者不可自以爲有，不賢者亦不必自甘暴棄；必須相輔爲用，始克有濟。

「故善人者，不善人之師；不善人，善人之資。不貴其師，不愛其資，雖智大迷，是謂要妙。」（十七章）

所謂「善人，不善人之師」者，謂不善人當以善人爲師，以匡其不逮也。所謂「不善人，善人之資」者，謂善人之所以爲善人，在匡助不善人，否則不得謂之善人矣。故不善人無善人，善人無不善人，均不足以進於道。必須相輔爲用，同臻乎至道也。

三、修道之效

既論修道之方矣，當論修道之效。

老子之道，既爲秉要執本之理，則修道之結果，亦當有徹底永久之功效。故曰：

「善建者不拔，善抱者不脫，子孫以祭祀不輟。」（五十四章）

最大最久之快樂、幸福，乃在內心。

「雖有拱璧，以先駟馬，不如坐進此道。古之所以貴此道者何？不曰以求得，有以罪免邪？故爲天下貴。」（六十二章）

「衆人熙熙，如享太牢，如登春台，我獨泊兮未兆，如嬰兒之未孩。儽儽兮，若無所歸。衆人皆有餘，而我獨若遺。我愚人之心也哉！沌沌兮，俗人昭昭，我獨昏昏；俗人察察，我獨悶悶。澹兮其

若海，飂兮若無止。衆人皆有以，而我獨頑且鄙。我獨異於人，而貴食母。」（廿章）

得道之人，自外表視之，與常人不同。似愚、似昏、似悶、似頑、似鄙；然心內則保持一種純樸，混沌之狀態，抱持生民之根本，虛無之大道。宇宙中最珍貴者，外人不知，而我獨能先識，又能於衆人棄之之時，我輕而取之，且執持之，其樂何如？

更有進者，修道尙可以治家、理國，而至於平治天下：

「修之於身，其德乃眞；修之於家，其德乃餘；修之於鄉，其德乃長；修之於國，其德乃豐；修之天下，其德乃普。故以身觀身，以家觀家，以鄉觀鄉，以國觀國，以天下觀天下。吾何以知天下之然哉？以此。」（五十四章）

宇宙萬物之類雖賾，其理一也。故能一通百通，而無一不通，卒至於內聖外王。

「治人事天莫如嗇，夫惟嗇，是謂早服。早服，謂之重積德。重積德則無不克，無不克則莫知其極，莫知其極，可以有國，有國之母，可以長久。」（五十九章）

有國，卽爲一國之主；能爲一國之主，是帝王之道也。有國之母，可以長久。以得道理之妙，故能執而勿失。卽使在「道」之「反」向運動時，亦不致傾覆也。

四、道理反常

雖然如此，但道理玄妙，且異乎常人之觀念，爲一般人所不易瞭解。

「正言若反。」（七十八章）

「玄德深矣遠矣，與物反矣，乃至於大順。」（六十五章）

「故建言有之，明道若昧，進道若退，夷道若纇，上德若谷，大白若辱，廣德若不足。建德若偷，質德若渝，大方無隅，大器晚成，大音希聲，大象無形，道隱無名。」（四十一章）

必須與物反矣，乃至於大順；必須昧、退、纇、谷、辱，乃能明道。此實反乎人類之常情，僅上智之士，方能不以爲忤，勤行而得之：

「上士聞道，勤而行之；中士聞道，若存若亡；下士聞道，大笑之，不笑不足以爲道。」（四十一章）

至於一般人，則昧於視聽，見大道不以爲貴，反譏嘲之；以是能知道、行道、且得道者寡矣。

「吾言甚易知，甚易行；天下莫能知，莫能行。言有宗，事有君。夫唯有知，是以不我知。知我者希，則我者貴，是以聖人被褐懷玉。」（七十章）

「使我介然有知，行於大道，唯施是畏。大道甚夷，而民好徑。」（五十三章）

何則？世人第見事務之表面，而不注意其實質；故往往失之交臂也。

第四節　取柔、取弱、取反、取下

一、相對的論理

宇宙萬象，皆屬相對。故有大卽有小，有高卽有低，有遠卽有近……他如：

陰陽　剛柔　動靜　強弱　牝牡　雌雄　有無　上下　天地　水火　風雷　山澤　是非　黑白
東西　南北　左右　前後　高矮　胖瘦　紅藍　冷熱　方圓　進出　去回　長短　難易　動靜
大小　多少　實虛　禍福　勇怯　日月　仁義　道德　善惡　好壞　跑跳　表裏　男女　愛憎
鳥獸　酸鹼　伸縮　生死　睡醒　存亡　首尾　顯隱　喜怒　哀樂　快慢　疾徐　美醜　進退
仕隱　曲直……

類似之例，實舉不勝舉。此無論自然，無論人事，無論社會、政治…殆均難逃此相對之現象也。

在吾國歷史上，發現並應用此種原理最早者爲易經，故易繫辭云：

「古者包羲氏之王天下也，仰則觀象於天，俯則觀法於地。觀鳥獸之文，與地之宜，近取諸身，遠取諸物，於是始作八卦，以通神明之德，以類萬物之情。」（易繫辭下傳第二章）

相傳八卦乃伏羲（包羲）氏所制。八卦之基本爲「爻」。爻分陰（- -）陽（—），是相對。任取三爻相比列，則有八種排法，是卽八卦：

乾☰　坤☷　震☳　坎☵　艮☶　巽☴　離☲　兌☱

八卦代表自然現象中之幾種重要元素。乾☰表天，坤☷表地，天地、乾坤相對；震☳表雷，巽☴表風，震巽、風雷相對；坎☵表水，離☲表火，坎離、水火相對；艮☶表山，兌☱表澤，艮兌、山澤相對。

將八卦相重，得六十四卦，六十四卦代表自然，人事之六十四種現象，亦兩兩相對，如附表：

周易六十四卦相對表

	乾	坤	震	巽	坎	離	艮	兌
乾	乾	泰	大壯	小畜	需	大有	大畜	夬
坤	否	坤	豫	觀	比	晉	剝	萃
震	无妄	復	震	益	屯	噬嗑	頤	隨
巽	姤	升	恒	巽	井	鼎	蠱	大過
坎	訟	師	解	渙	坎	未濟	蒙	困
離	同人	明夷	豐	家人	既濟	離	賁	革
艮	遯	謙	小過	漸	蹇	旅	艮	咸
兌	履	臨	歸妹	中孚	節	睽	損	兌

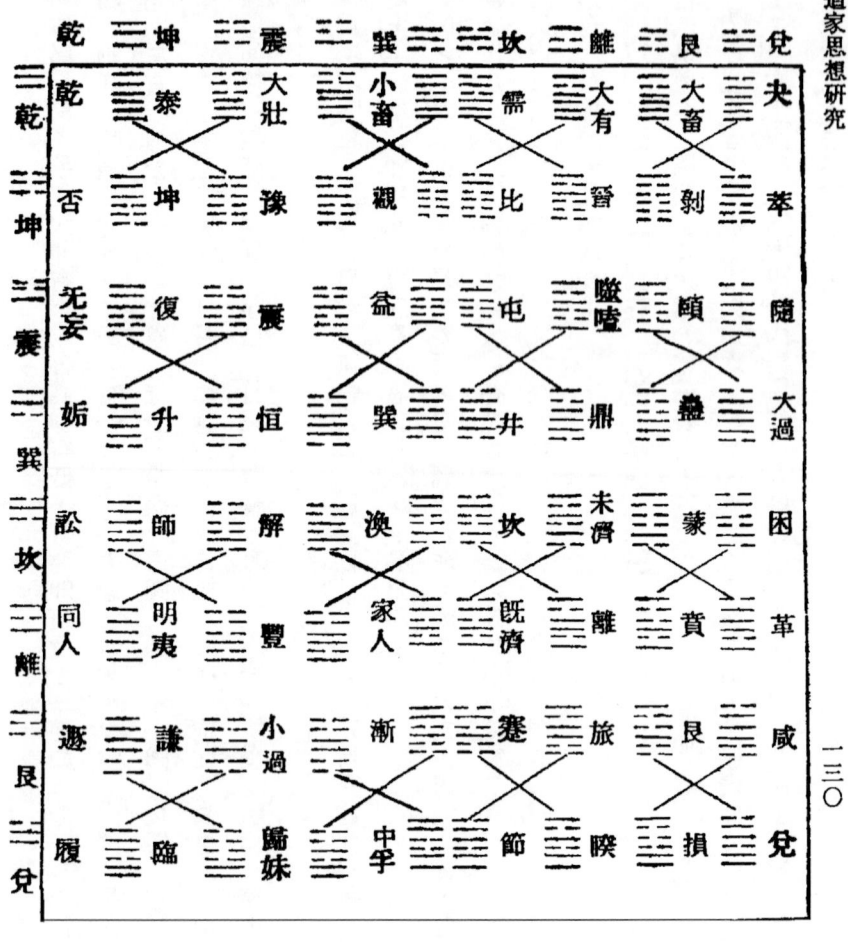

古希臘之畢答哥拉學派，亦有類乎此種相對之見解。彼說有十原理，列爲平行之兩行：

有限	無限
奇	偶
一	多
右	左
男性	女性
靜	動
直	曲
光明	黑暗
好	惡
正方	長方

（見馮著中國哲學史第二篇第三章引亞力士多德形上學九八六頁）

老子之思想，亦建立於相對論理之基礎上。不過彼有一種特殊之見解，即相對之存在，係由比較而來，無比較則無相對。故曰：

「故有無相生，難易相成，長短相形，高下相傾，音聲相和，前後相隨。」（第二章）

是無「有」之觀念，則不知何爲「無」；無「無」之觀念，則不知何爲「有」。無「易」則不知何爲「難」，無「難」則不知何爲易。……凡有無、難易、長短、高下、音聲、前後等觀念，皆由相互之比較而得者也。故曰：相生、相成、相形、相隨。（註六）

二、取反、取柔、取弱、取下

宇宙萬有之間，既有相對之現象存在矣，則吾人去取之間，當何所適從乎？老子之所取，與常人之取法逈異其趣。常人多取正、取剛、取強、取上；老子則取反、取柔、取弱、取下。是故莊子稱之曰：

「人皆取先，己獨取後，曰受天下之垢；人皆取實，己獨取虛，無藏也，故有餘……人皆求福，己獨曲全，曰苟免於咎。」（天下篇）

老子書中亦有：

「知其雄，守其雌，爲天下谿；爲天下谿，常德不離，復歸於嬰兒。知其白，守其黑，爲天下式；爲天下式，常德不忒，復歸於無極。知其榮，守其辱，爲天下谷；爲天下谷，常德乃足，復歸於樸。」（廿八章）

此事極悖乎常情。哲學在求智慧，老子非愚，何至於此耶？顧常人取舍之間，以何物爲標準？不曰欲望，所欲者取之，不欲則棄之耶？然則人類欲望之內容若何？人類之欲望，本於人類要求生存之生活意志；故叔本華以「生活意志」(Will to-live)爲宇宙之本體。生存生活之意志，又分爲二；即求生欲與性欲是也。前者爲滿足個人生存之需要，後者則爲延續種族生存之需要，此是人類最基本之欲望。孔子云：「食色性也」是。（西哲斯賓塞 Herbert Spenecer 亦有類似意見。）駕乎此二種基本欲望之上者，則爲權勢欲（支配欲），與財富欲；蓋食色二種欲望，皆可間接藉此而獲得也。故曰：

「財富欲、權勢欲，皆由食色二種基本欲望衍生而出者也。」

爲達到欲望之滿足，則必有所得方可。所得者何？食物、異性、金錢、地位是也。然如何始能獲得也？在普通情形之下，剛者、強者，始能居於上位，而有以獲得；反之，柔者、弱者，恒居下位，而不能得到。此所以達爾文氏（Darwin）之有「弱肉強食，優勝劣敗」之物種進化學說（天擇說

Theory of natural selection）也。

然此在老子看來，實係一種片面而膚淺之見解。其主崇柔弱，實本乎更深一層之觀察，與夫更深一層之思考。細繹其意，可分四方面言之：

一曰：相反之物常相生也。

前已言之，相反相對之物，類皆相生，故萬物絕無一成不變者。剛可以生柔，強可以生弱，則推而論之，得焉不可以生失，勝焉不可以生負，滿足焉不可以生失望？一切事物發展至於極致，必生相反之結果，此不可不愼也。

二曰：宇宙變化之摧剛長柔也。

宇宙時時在變化中，其變化之定律，則是：「反者道之動。」（四十章）「萬物並作，吾以觀復。」（十六章）而此種純屬宇宙自然之變化力量，至大至剛，非人力所能迴旋。故曰：

「強梁者，不得其死。」（四十二章）

「堅則毀矣，銳則挫矣。」（莊子天下篇所引老子之言）

「木強則兵。」（七十六章）

宇宙「反」「復」之律，不但支配自然，亦將以支配人生：

「禍兮福之所倚，福兮禍之所伏，孰知其極？正復爲奇，善復爲妖。人之迷，其日固久。」（五十八章）

故福非眞福，禍非眞禍。往往因禍可以得福，因福可以致禍，此不可以不愼也。關於此理，韓非子解老篇言之甚詳，可參。（註七）

三曰：物理之相對性

物之反應，常由吾人之作用而決定。以叩鐘言，叩之以大則大鳴，叩之以小則小鳴；以撐船言，撐之愈力，則反作用之力亦愈強；以空谷之傳響言，呼聲愈強，則回聲愈大；以擲球言，擲之愈力，則彈之愈高；此皆常見之自然現象也。至於人事，亦何莫不然？愛人者人恒愛之，恨人者人恒恨之；施人以恩，人亦報之以德。以力服人者，非心服也，力不贍也，苟有一日，則必反之矣。故以柔弱待人，人亦以柔弱應之；以柔弱對物，物亦以柔弱報之。夫旣以柔弱對物矣，則其精力可以常保；而物以柔弱應之，則其身亦可以不受摧折而自全矣。故曰：「非其神不傷人，聖人亦不傷人。夫兩不相傷，故德交歸焉。」（六十章）

四曰：柔弱本身之持久力也。

夫暴疾美興，不能久長：

「故暴風不終朝，驟雨不終日。孰爲此者？天地。天地尙不能久，而況於人乎？」（廿三章）

「企者不立，跨者不行。」（廿四章）

此言剛強不永。反之，柔弱者其力內歛而不外發，順從「嗇」之原則，省其精力。故表面上雖屬柔弱，而內心裏面已蘊含一種堅韌之力量而能長存。故曰：

「曲則全，枉則直，窪則盈，敝則新，少則得，多則惑。是以聖人抱一爲天下式。」（廿二章）

至於水，天下之至柔弱者也。而

「天下莫柔弱於水，而攻堅強者莫之能勝，其無以易之。弱之勝強，柔之勝剛，天下莫不知，莫能行。……正言若反。」（七十八章）

是故，萬事萬物，均難逃離此種正反互變之定律：

「故物，或損之而益，或益之而損。人之所教，我亦教之。『強梁者不得其死』，吾將以爲教父。」（四十二章）

「故物，或行或隨，或歔或吹，或強或羸，或載或隳。是以聖人去甚，去奢，去泰。」（廿九章）

於人亦然：

「人之生也柔弱，其死也堅強。萬物草木之生也柔脆，其死也枯槁。故堅強者死之徒，柔弱者生之徒。以兵強則不勝，木強則兵。強大處下，柔弱處上。」（七十六章）

明乎此，則吾人可得一結論，即柔弱乃眞強。故曰：

「見小曰明，守柔曰強。」（五十二章）

「柔勝剛，弱勝強。」（卅六章）

進一步，將「強」之因素加於對方，而使對方由強而轉弱，遂成爲老子權術與陰謀之運用。

「將欲歙之，必固張之；將欲弱之，必固強之；將欲廢之，必固舉之；將欲奪之，必固與之。是

謂微明。」（卅六章）

運用至於極致，則一切內藏而不外現，使人莫測高深。

「善爲士者不武，善戰者不怒，善勝敵者不與。」（六十八章）

〔註一〕此處用「精神」「物質」兩詞，其意義與西方哲學之「心」「物」二詞不同。蓋老子之「精神」，指「道體」而言，雖非物質，而萬物由此而出；雖非精神，而不可見不可名，故不能以「精神」限之。此處之「物質」，泛指「外物」而言，物質而外，地位、權勢、名聲，亦包括在內，非純爲「物質」也。故「精神」，「物質」，乃是一種極勉強之稱呼法，覽者得意忘言可已。

〔註二〕漢志及太史公自序所論者，雖爲「道家」，實即老學。馮友蘭中國哲學史第八章第二節，論老學與莊學，有云：大約漢人所謂道家，實卽老學也。老學述應世之方，莊學則超人事而上之。「漢興，黃老之學盛行」，主以清淨無爲爲治，此老學也。「至漢末，祖尙玄虛」，始將老子莊學化，而並稱老莊焉。

〔註三〕顏師古注漢書曰：四益，謂天道虧盈而益謙，地道變盈而流謙，鬼神害盈而福謙，人道惡盈而好謙。此易謙卦彖辭；嗛字與謙同。

〔註四〕太史公論六家要旨，於陰陽、儒、道、法、名各家，均有褒貶，獨對道家之學，則推崇備至。其言道家「因陰陽之大順，采儒墨之善，撮名法之要」，蓋指道家思想能兼有各家之長處，而無各家之缺點而言，且晚期道家實亦能兼收並蓄，獨成一格，不可因此誤謂道家之學爲後起也。

〔註五〕馮友蘭中國哲學史第一篇第八章註云：「按一哲學系統之各部份之發生程序，與其邏輯的程序不必相同。本章敘述老子哲學，注重於其邏輯的程序。故先述其所謂道、德；次述其所謂反、復。但若就老子哲學之發生程序說，則或老子之作者，先有見於『法令滋章，盜賊多有』等反、復之事實，乃歸納爲所謂反、復之理論也。」

〔註六〕按西哲蘇格拉底氏（Socrates）亦有此說，見柏拉圖對話錄斐都篇（Phaedo）錄之如次：「若爾，匪惟人爲然，推而至於動植物，與夫一切有生之物。總而觀之，其徵不難立見也。相反之事，大抵相生。善之與惡，公之與私，世之相反相生，若此類者，何可勝數。余欲示人以凡天下相反之事不能外是，試舉例明之。物之變而大者，必先小而後大者也？」蘇氏語。「如是。」克比氏曰。「彼變而小者，必先大而後小者也？」蘇氏語。「然。」克比氏語。「弱生於強，迅又生於緩者也？」蘇氏語。「如是，如是。」克比氏語。「惡生於善，公又生於私者也？」蘇氏語。「固然。」克比氏語。「相反之事，寧能外是。一切生於其相反之說，不滋可信歟？」蘇氏語。「然。」克比氏語。「於此一切相反事物之間，不有二種步驟，交互並行，終古而不悖歟？有大與小，卽有增與減之步驟。他若有生卽有長，有歇卽有衰，皆此類也。」蘇氏語。

〔註七〕韓非子解老篇：人有禍則心畏恐，心畏恐則行端直，行端直則思慮熟。思慮熟則得事理，行端直則無禍害；無禍害則盡天年，得事理則必成功。盡天年則全而壽，必成功則富與貴。全壽富貴之謂福，而福本於有禍。故曰：「禍兮福之所倚。」以成其功也。人有福則富貴至，富貴至則衣食美，衣食美則驕心生，驕心生則行邪僻而動棄理。行邪僻則身死夭，動棄理則無成功。夫內有死夭之難，而外無成功之名者，大禍也。而禍本生於有福，故曰：「福兮禍之所伏。」

第三章　老子思想述要（下）

第一節　個人修養

老子哲學得自歷史之教訓與夫社會之經驗，故其效用，偏重於應世保身之道。個人修養者，即所以應世保身也。

一、內向之努力

老子論個人修養之道，亦有異於尋常。一般所謂修養，多外取學問以充實之，外取禮義以約束之。老子則異於是，其一切之修養步驟，皆由外而內，是以名之曰：「內向之努力。」

「知人者智，自知者明；勝人者有力，自勝者強。」（卅三章）

故其智，不在知外物而在自知；其力，不在勝外物而在自勝。一切箭頭之指向，皆由外而內。對於一切外物之追逐，當求適可而止，勿放而不反。

「名與身孰親？身與貨孰多？得與亡孰病？是故甚愛必大費，多藏必厚亡。知足不辱，知止不殆，可以長久。」（四十四章）

何以故？

「禍莫大於不知足，咎莫大於欲得。故知足之足常足矣。」（四十六章）

「知止，可以不殆。」（卅二章）

「知足者富。」（卅三章）

即幸而略有所得，亦不可驕傲自滿：

「果而勿矜，果而勿伐，果而勿驕，果而不得已，果而勿強。物壯則老，是謂不道，不道早已。」（卅章）

其故在於：

「自見者不明，自是者不彰，自伐者無功，自矜者不長。其在道也，曰餘食贅行。物或惡之，故有道者不處。」（卅四章）

「不自見故明，不自是故彰，不自伐故有功，不自矜故長。夫唯不爭，故天下莫能與之爭。古之所謂曲則全者，豈虛言哉？誠全而歸之。」（卅二章）

此皆深明物極必反之理，畏其因發展過份而招致相反之結果，故知足知止，自謙執下以應之也。

二、戒師心自用

自以爲知，實未必知；不自以爲知，可能反爲大知之人。（註一）故老子最忌師心自用：

「知，不知，上；不知，知，病。夫惟病病，是以不病，聖人不病，以其病病，是以不病。」

（七十一章）

知而不自以爲知，此乃上知；不知而自以爲知，是足詬病。苟能以此病爲可病者，始能無此詬病。聖人無有此病，卽因其以此病爲病，是以無有此病也。常人則不然，處處自以爲是，迷而不反：

「前識者，道之華，而愚之始。是以大丈夫處其厚，不居其薄，處其實，不居其華；故去彼取此。」（卅八章）

救之之道，在去其小知小慧：

「塞其兌，閉其門，終身不勤。開其兌，濟其事，終身不救。」（五十二章）

其次，道在乎勤行，不在乎言談；在乎以誠信感人，不在乎以爭辯服人。況多言則是非多，頭緖亂，故老子最忌多言：

「希言自然。」（廿三章）

「知者不言，言者不知。」（五十六章）

「多言數窮，不如守中。」（五章）

尤其無用乎爭辯：

「信者不美，美者不信；善者不辯，辯者不善；知者不博，博者不知。」（八十一章）

「信不足焉，有不信焉。」（卅三章）魏源注：「言誠信不足，而後人不信。人不信而後曉曉以言惑人，其尚能希言自然乎？」

「大辯若訥。」（四十五章）

三、三　寶

老子有三寶，此三寶爲何？老子曰：

「我有三寶，持而保之。一曰慈，二曰儉，三曰不敢爲天下先。慈故能勇，儉故能廣，不敢爲天下先，則能成器長。今舍慈且勇，舍儉且廣，舍後且先，死矣。夫慈，以戰則勝，以守則固；天將救之，以慈衛之。」（六十七章）

(1)首論慈故能勇：老子反對剛勇，故曰：「勇於敢則殺，勇於不敢則活。」（七十三章）蓋純剛純勇，並非眞正之剛勇，其終極必變爲不剛不勇也。（參上節論柔弱勝剛強。）眞正之剛勇，在乎以慈爲動力，乃能持久不變；命之曰不勇之勇可也。

婦女，天下之弱者也，當其庇佑其幼子之時，則不顧一切危險犧牲，赴湯蹈火，似全無所畏者。此其故何耶？以慈爲動力也。是故西諺云：「弱者女人，爲母則強。」韓非子解老篇論此章，亦以慈母爲釋，（註二）得之矣。

(2)次論不敢爲天下先。老子曰：

「天之道，不爭而善勝。」（七十三章）

「以其不爭，故天下莫能與之爭。」（六十六章）

「上善若水，水善利萬物而不爭，夫唯不爭，故無尤。處衆人之所惡，故幾於道。」（八章）

不敢爲天下先，不爭先也。不爭，則無尤；不爭，則天下莫能與之爭；不爭，則善勝。換言之，爭則多尤，而天下之物莫不與之爭，是以反不能取勝，此所以不敢爲天下先也。

(3)復次，論儉。奢故不足，儉則有餘。治人事天莫如嗇，夫惟嗇，是謂早服，此儉之益也。然儉當何自始？當自清靜寡欲始。故曰：

「燥勝寒，靜勝熱，清靜爲天下正。」（四十五章）

「致虛極，守靜篤。」（十六章）

「見素抱樸，少私寡欲。」（十九章）

致虛，寡欲也；能致虛，則能守靜。守靜者，神不動也；神不動是謂清靜。

反之，一切外物之追逐，非但不能滿足吾人之慾望，且發展至極，將有相反之結果：

「五色，令人目盲；五音，令人耳聾；五味，令人口爽；馳騁田獸，令人發狂；難得之貨，令人行妨。是以聖人爲腹不爲目，故去彼取此。」（十二章）

不如清靜寡欲之有福也。

四、理想人格

老子以爲，人類之所以墮落，道德之所以敗壞，在於失去純樸之境界。

「大道廢，有仁義；智慧出，有大僞；六親不和，有孝慈；國家昏亂，有忠臣。」（十八章）

在純樸之境界，無善無惡，無是無非，無一切之差別。純樸既失，則有善有惡。善由惡生，惡由善起，故提倡仁義，適足以助長惡端。

「故失道而後德，失德而後仁，失仁而後義，失義而後禮。夫禮者，忠信之薄，而亂之首。」（卅八章）（註三）

救之之道，在乎絕聖去知，而反樸歸眞：

「絕學，無憂。（原屬下章首句，據易順鼎、陳柱校，移此。）絕聖棄智，民利百倍；絕仁棄義，民復孝慈；絕巧棄利，盜賊無有。此三者，以爲文不足，故令有所屬。見素抱樸，少私寡欲。」（十九章）

反璞之極，則無知無欲，忘懷一切得失、善惡、是非……之分。能達到此種境界，即爲理想之人格。嬰兒之知識欲望皆極簡單，故老子言及此種至樸之理想人格，常以嬰兒比之：

「爲天下谿，常德不離，復歸於嬰兒。」（廿八章）

「含德之厚，比於赤子。」（五十五章）

「衆人熙熙，如享太牢，如登春台，我獨泊兮其未兆，如嬰兒之未孩。」（二十章）

「專氣致柔，能嬰兒乎？」（十章）

以人類初生之性，最近自然也。

五、長生之道

長生之道，在於不以身殉物：

「名與身孰親？身與貨孰多？得與亡孰病？甚愛必大費，多藏必厚亡。知足不辱，知止不殆，可以長久。」（四十四章）

蓋名與身相較，身親；身與貨相較，身多。以身殉名，殉貨，均係得不償失也。身之可貴如此。然若執著於此身，反不能全生：

「寵辱若驚，貴大患若身。……吾之所以有大患者，爲吾有身；及吾無身，吾有何患？」（十三章）

反之，若能不顧此身，則患難不能及身矣。

「天長地久。天地所以能長且久者，以其不自生，故能長生。是以聖人後其身而身先，外其身而身存，非以其無私耶？故能成其私。」（七章）

此何故乎？在於「過度」。身固可愛，若愛之過度，反害其身。

「出生入死。生之徒十有三，死之徒十有三，人之生，動之死地，亦十有三。夫何故？以其生生之厚。蓋聞善攝生者，陸行不避兕虎，入軍不被甲兵。兕無所投其角，虎無所措其爪。兵無所容其刄。夫何故？以其無死地。」（五十章）

養生過厚，則慾門開，慾門開，則必反傷其身。慾望之害身，亦恰如兕虎甲兵之賊命也。至於有道之人，則能如赤子之無知無欲，賊害亦無以及乎其身：

「含德之厚，比於赤子：毒蟲不螫，猛獸不據，攫鳥不搏，骨柔筋弱而握固。未知牝牡之合而朘作，精之至也。終日號而不嗄，和之至也。知常曰明，益生曰祥，心使氣曰強。」（五十五章）

歸根一句：養生之道，在乎節制慾望，寶愛精神。

「治人事天莫如嗇，夫惟嗇，是以早服。……是謂根深固柢，長生久視之道。」（五十九章）

第二節　處世之道

處世之道，蓋論與社會交涉所應遵循之原則也。

一、過盈之患

老子深知道理往復，物極必反之定律，故無論論及何種方面，皆著重於防範過盈，以免產生相反之結果：

「故物，或行或隨，或歔或吹，或強或羸，或載或隳。是以聖人去甚，去奢，去泰。」（廿九章）

「孰能晦以理之徐明，孰能濁以靜之徐淸，孰能安以動之徐生，保此道不欲盈。夫惟不盈，故能敝而新成」（十五章）

是即「斯已而已矣」之意。人生世上，功名富貴，如過眼之煙雲，得之不足喜，失之不足憂，不必執意於追逐也。即使偶然得之，亦當適可而止；否則，得之過盈，災及乎身，反爲不美矣。

至於羣處之道，在乎不露頭角。

「塞其兌，閉其門，挫其銳，解其紛，和其光，同其塵，是謂玄同。故不可得而親，不可得而疏，不可得而利，不可得而害，不可得而貴，不可得而賤，故爲天下貴。」（五十六章）

「玄同」，即是不求出衆，不求特殊，在人羣中無可令人注意之處；故無人能親之，無人能疏之，無人能利之，無人能害之，無人能貴之，亦無人能賤之矣。藉此以保其眞我，不受干擾，而安處此世。

退一步，當曲枉謙下，以求其全而成其大。

「曲則全，枉則直，窪則盈，敝則新，少則得，多則惑。」（二十二章）

「以其終不自爲大，故能成其大。」（三十四章）

總而言之，老子處世之道，所以忌盈屈下，在求「兩不相傷」；我不傷物，物亦不能傷我，則物我兩全。故老子並非主張卑鄙無恥，奴顏婢膝，全無骨氣之擧動。彼之中心思想，仍以方正廉直爲主；其所以曲枉謙下者，蓋求於物無傷，免遭忌毁也。

「是以聖人方而不割，廉而不劌，直而不肆，光而不燿。」（五十八章）

如此，則我雖行我方正廉直之道，因能不干涉他人，不顯露頭角，不受人嫉妒，而不致遭受外力之摧殘矣。較諸世俗之但求剛直而不能全生，終亦失其所以爲剛直者，豈不遠勝哉！

二、輕寵辱得失

人生世上，有順境則必有逆境，有樂事則必有苦事；夫順、逆、苦、樂，豈尋常人生所可以或免者耶？既不能免，則當思所以順應之方：

「寵辱若驚，貴大患若身。何謂寵辱若驚？寵爲上，辱爲下，得之若驚，失之若驚，是謂寵辱若驚。何謂貴大患若身？吾所以有大患者，爲吾有身，及吾無身，吾有何患？」（十三章）

尋常之人，一遇寵辱，則必驚動其精神。何哉？人情無不喜寵而惡辱，故寵來則因喜而驚動其精神，辱至則因厭而驚動其精神。精神驚動，則所以應世者受其擾亂。如此，將復何以應世邪？故爲保全其精神起見，當勿患得患失。

「唯之與阿，相去幾何？善之與惡，相去何若？人之所畏，不可不畏，荒兮其未央哉！」（二十章）

以道之觀點論之，唯之與阿，善之與惡，皆自「無名之樸」而出，且彼此相生，並無差別。第在凡人，則畏「阿」之來而畏「唯」之去，畏「善」之暫而畏「惡」之久。如此畏首畏尾，莫知乎何所適從，其行爲安有不錯亂者乎？此非長久之道也。然則當何若耶？勿畏首畏尾可也。

不畏首畏尾，不患得患失，則一切寵辱得失不能入矣。然則其術何在？在乎去己，去私，外身而已。十三章所謂：吾所以有大患者，爲吾有身；及吾無身，吾有何患？蓋一切得失、寵辱、憂患，皆自貴身來。貴身，則處處謀所以利吾身者；既謀利身矣，則己念私心起。己念私心起，則得失、寵辱、憂患，焉能無動其心乎？倘能外身者則泯人我，忘得失，而遠患害矣。

三、做事之方

做事之方，在循序漸進，從小處、細處、容易處著手，持之以恆，則無論何種大事、難事、至終必底於成。倘事從大處、難處入手，則第一步已爲所阻，必勞而無功矣。

「圖難於其易，爲大於其細。天下難事，必作於易；天下大事，必作於細。是以聖人終不爲大，故能成其大。」（六十三章）

此亦爲弱道之運用，不與難題相抗，而至終終能將此難題克服也。

其次，當洞燭機先，在事情首初發生之時，即著手解決。

「其安易恃，其未兆易謀，其脆易泮，其微易散。爲之於未有，治之於未亂。合抱之木，生於毫末，九層之台，起於累土，千里之行，始於足下。」（六十四章）

然最理想者，尚不在解決問題，而在預防問題。當事情尚未發生之前，已將其消滅於無形，所謂「爲之於未有，治之於未亂」是也。

「和大怨，必有餘怨；安可以爲善？是以聖人執左契，而不責於人。有德司契，無德司徹。天道

無親，常與善人。」（七十九章）

此種「防患於未然」之方法，實爲一種最根本之治事手段。不能防止大怨，使大怨不生於前，而於事後和之，已感費力；何況即使能以和之，亦有餘怨存留，非至善也。至善者何？至善無迹：

「善行無轍迹，善言無瑕讁，善數不用籌策，善閉無關鍵而不可開，善結無繩約而不可解。」（廿七章）

此即握其根本，故能不著痕迹，而臻乎至善至美之境地。

四、無之有用

世人所注意者，皆是具體、有形、明顯……等「有」（外物）之有利；殊不知，虛空、無形、隱晦……等「無」之尤爲有用。是以老子舉例言曰：

「三十輻，共一轂，當其無，有車之用。埏埴以爲器，當其無，有器之用，鑿戶牖以爲室，當其無，有室之用。故有之以爲利，無之以爲用。」（十一章）

車輪若無中間之圓孔，便不能轉動；器皿若無空處，便不能盛物；門戶若無空洞，便不能出入；房屋若沒有空處，便不能容人。故有之所以能有利，在於無之所以能有用。否則，倘車輪、器皿、戶牖之空孔完全滿實，雖「有」亦無所用矣。

「無」即「道」之性質，「有」由「無」生，亦即由「道」而生也。故吾人重「無」之用，亦即注重「道理」之運用也。

道理應用於立身處世。第一，勿輕視任何人，因各人有各人之用，即使無用之人，亦有其無用之用也。第二，不求建功樹名，有大作爲於社會；因此種作爲，未必有利於社會，反而可能招致相反之結果。（爲者敗之，執者失之。）不若自居於「無用」之地位，反而可能對於社會有其「無用之用」也——至少明哲保身，對自己已有大用矣。

第三節　政治主張

一、對時政之批評

老子對時政之批評，可分三方面言之：(1)法令擾民，(2)貧富不均，(3)暴力政治。

(1)法令擾民：其時天下大亂，治國者莫不以嚴刑峻法繩民。焉知治絲益紛，竟得相反之結果：

「天下多忌諱，而民彌貧；民多利器，國家滋昏；人多伎巧，奇物滋起；法令滋彰，盜賊多有。」（五十七章）

忌諱，忌其干犯法令而致害己也。法令多如牛毛，下民無所適從，而不能安心耕織，故貧。（尤其繇役之興，賦斂之重，最爲擾民。）法令原爲保民而設，但民今竟反受其害。民爲避害遠刑，惟挺而走險之一途矣。故曰：「法令滋彰，盜賊多有。」

要之，不能於事先採取根本防治之辦法，而徒於事後製法令以禁制之，則揚湯止沸、治絲益紛，乃屬必然之結果。

「民之難治，以其上之有爲，是以難治。」（十五章）

故法令之作，秖令民生奇物，作伎巧、利器以應付之。所謂道高一尺，魔高一丈，愈禁愈亂，愈亂愈禁，反復循環，將不知伊於胡底！

(2)貧富不均：時政不綱，惟使貧者益貧，富者益富。

「天之道，損有餘而補不足；人之道則不然，損不足以奉有餘。」（七十九章）

民既不足矣，猶尚損之；居位者既有餘矣，猶尚益之；則富益富，貧益貧，天下焉有不亂者乎？

「民之饑，以其上食稅之多，是以饑。」（七十五章）

「朝甚除，田甚蕪，倉甚虛。服文綵，帶利劍，厭飲食。財貨有餘，是謂盜夸，（註四）非道也哉！」（五十三章）

此言下民之應付繇役，無暇耕穜，國家貧弱，政治混亂，而徒有一班特殊階級，財貨有餘，飲食奢糜，服文綵，帶利劍，以欺壓百姓，非盜之大者乎？

(3)暴力政治：暴力政治，乃以暴力壓迫，驅使，使民服從之謂也。然暴力果足以服人哉？未盡然也。

「民不畏死，奈何以死懼之？若使民常畏死，而爲奇者，吾得執而殺之，孰敢？」（七十四章）

暴力之終極手段爲殺戮。倘民畏死，則以殺止奇，誠爲有效矣。然今民不畏死，則以死懼之，何益？民何以不畏死耶？老子云：

「民之輕死，以其求生之厚，是以輕死。夫唯無以爲生者，是賢於貴生。」（七十五章）

民何以不畏死耶？以其求生之厚。暴政之下，生不如死，民受壓迫，至於無以爲生之境地，則惟有揭竿而起，以抗強暴矣。

老子認爲，在宇宙中，自有主宰生殺之「司殺者」，即自然是也。而暴君殘民，是代司殺者殺；亦猶笨拙之人，代大匠斲者，希有不傷其手者矣。

「常有司殺者殺，夫代司殺者殺，是謂代大匠斲。夫代大匠斲者，希有不傷其手矣。」（七十四章）

最後，老子警告迷信暴力之統制者，勿殘民以逞。蓋暴力控制，超過人所能忍受時，則民衆必將起而反抗，其威力將莫之能御矣。

「民不畏威，則大威至。無狎其所居，無厭其所生。夫唯不厭，是以不厭。是以聖人自知不自見，自愛不自貴，故去彼取此。」（七十二章）

二、無　爲

老子之政術，最重「無爲」。故曰：

「爲無爲，則無不治。」（三章）

此言倘能行無爲之政，則天下將無不平治矣。然則無爲者果何義耶？

「取天下常以無事，及其有事，不足以取天下。」（四十八章）

取者，治也。此言治天下常以無事，是無爲卽無事矣。當時一般國君，多喜發令立法，師其私智，用種種手段，以求國富兵強，此皆有事有爲之政也。此種有爲之政，下民最受痛苦，然滔滔者天下皆是，無一國不然；皆思以有爲取天下。故攻戰不息，禍亂連年，竟無有能一之者。此時倘能有不擾民之政，不有爲之君，則天下之民，皆奔走而歸之矣。其時一般國君，不諳此理，無不欲取天下而爲之。姑不論以此有爲之政，不足以取天下，卽或能取，亦不能治也。

「將欲取天下而爲之，吾見其不得已。天下神器，不可爲也。爲者敗之，執者失之。」（廿九章）

「夫物，或行或隨，或歔或吹，或強或羸，或挫或隳，是以聖人去甚，去奢，去泰。」（同前章）

天下神器，惟神能治之。（神者自然也。）至於一般時君，苟能取而爲之，亦猶庸夫之代大匠斲，必致產生與原意相反之結果。（參七十四章）夫國君爲政之意，或立法令，或出話言，其目的無不在求治平，今乃愈努力而愈不得，實因其違反自然之定律，破壞自然之和諧所致也。根本之圖，在於無爲無執：

「爲者敗之，執者失之，是以聖人無爲故無敗，無執故無失。」（六十四章）

不干涉，不掌握，而順其自然，使下民不受干擾，斯即無爲之治矣。

「上德不德，是以有德；下德不失德，是以無德。上德無爲而無不爲，（下德爲之而有不爲），上仁爲之而無以爲，上義爲之而有以爲，上禮爲之而莫之應，故攘臂而仍之。」（卅八章）

老子認爲國君行政有四種境界：太上，無爲而無不爲，純任自然；其次，雖有爲，但以無爲爲爲；又次，以有爲爲爲，行有爲之政；其下，則能力不足以有爲，而勉強行有爲之政，既行不通，徒招民之怨憤，攘臂以報之也。（從釋德淸注）

至於下民對此四種政治之反應，則是：

「太上，下不知有之；其次，親而譽之；其次，畏之；其次，侮之。信不足焉，有不信焉，悠兮其貴言。功成事遂，百姓皆謂我自然。」（十七章）

太上純任自然，下民全不受其影響，故不知有之；其次，以無爲爲爲，使下民樂利，故親之譽之；其次，行有爲之政，民受其害，敢怒而不敢言，徒畏之而已；其下，能力不足以有爲，而強行有爲之政，下民不從，自招其侮辱。今將卅八、十七兩章所論，列表比類如次：

卅八章境界	卅八章原文	卅八章說明	十七章	等級
上德	無爲而無不爲	無爲亦無不爲	下不知有之	太上
（下德）	（爲之而有不爲）	（雖有爲而有所不爲）		

上　仁	爲之而無以爲	以無爲爲	親之譽之	其　　次
上　義	爲之而有以爲	以有爲爲	畏之	又　其　次
上　禮	爲之而莫之應 故攘臂而仍之	能力不足有爲而強爲	侮之	其　　下

老子之無爲政治，非僅不干涉而已，甚至並言語亦一概捐免之：

「吾以是知無爲之有益，不言之教，無爲之益，天下希及之。」（四十三章）

既無爲，又不言，則民人如何能理，國家如何能治？

「故聖人云：我無爲而民自化，我好靜而民自正，我無事而民自富，我無欲而民自樸。」（五十七章）

老子無爲政治，重在「自化」二字。國君無爲，無事，無欲，且能好靜，久而久之，下民自然化而爲正、富、樸矣。老子不尙言辭，而求自化，頗有身教重於言教之意。

「道常無爲而無不爲，侯王若能守之，萬物將自化，化而欲作，吾將鎭之以無名之樸。夫亦將不欲，不欲以靜，天下將自定。」（卅七章）

在自化之狀態中，倘復有慾念萌動而思作爲之情形，則惟以靜制動，以質止文，以淳化巧，使其心將欲作而不得，乃反於無欲。無欲則靜，如此，天下將自歸於平靜矣。

「是以聖人處無爲之事，行不言之教，萬物作焉而不辭，生而不有，爲而不恃，功成而弗居。夫唯弗居，是以不去。」（二章）

國君行政，勿干涉，勿執持，勿貪天之功以自居，如此，則其化民之功效亦將永不能去矣。

三、愚　民

老子以爲，天下之亂，係由於失去大道之純樸自然而致。故曰：

「大道廢，有仁義；智慧出，有大僞；六親不和，有孝慈；國家昏亂，有忠臣。」（十八章）

在道之純樸狀態下，無善無惡；大道既廢，乃有所謂仁義。同樣，在至樸之情形下，亦無智慧，無虛僞，無不和，無孝慈，無亂政，無忠臣；及至至樸一失，則智慧、大僞、不和、孝慈、亂政、忠臣，均不一而生矣。

「故失道而後德，失德而後仁，失仁而後義，失義而後禮。夫禮者，忠信之薄，而亂之首。」（卅八章）

由道之本體而遷徙移動，發功施能，是之謂德；德之澤化，未能普遍，故以義別其輕重緩急，以適其宜；及至義不能責，責而不能報，則惟以禮數羈縻之矣。由道四降而至禮，至禮而不能復降，故曰禮者忠信之薄而亂之首。

既知失樸爲致亂之根源，則爲治之道，當反其樸。反樸之道，在棄知，在愚民。

「古之善爲道者，非以明民，將以愚之。民之難治，以其智多。故以智治國，國之賊；不以智治國，國之福。知此兩者亦楷式。」（六十五章）

蓋民智旣多，則爲治也難。何則？知識與慾望，常相輔而行：

「常使民無知無欲，使夫智者不敢爲也。」（三章）

有知則有欲，有欲則有爭，民旣相爭，則不可治矣。反之，愚民無知，無知故無欲，無欲故無爭，是以易於爲治也。

「不尙賢，使民不爭；不貴難得之貨，使民不爲盜；不見可欲，使民心不亂。」（三章）

「絕學，無憂。絕聖棄智，民利百倍；絕巧棄利，盜賊無有。此三者以爲文不足，故令有所屬。見素抱樸，少私寡欲。」（十九章）

於此可知，爲泯除欲望，爭競，且幷聖、智、學、仁、義等亦一概去之。

然老子亦非主張完全不顧人民之需求也。其本意乃在於滿足人民之基本需要，而杜絕不必要之奢侈物慾也。

「……是以聖人爲腹不爲目，故去彼取此。」（十二章）

「腹」者，生理基本之需要也；「目」者，超過生理之基本需要而趨於繁華也。基本慾望，養生養體之所必須也；過度之慾望，非所必需，且發展之下，靡有止境也。

「是以聖人之治，虛其心，實其腹，弱其志，強其骨。」（三章）

只求吃得飽，身體強；不求知識之增進，慾望之發展。無憂無慮，民純而政平也。

四、重勢、重位、貴柄

國君無勢位，則不可以治民，失其根本之故也。

「重爲輕根，靜爲躁君，是以聖人終日行不離輜重。雖有榮觀，燕處超然。奈何以萬乘之主，而以身輕天下？輕則失根，躁則失君。」（廿六章）

韓非子喻老篇曰：制在己曰重，不離位曰靜。重則能使輕，靜則能使躁。故曰：「重爲輕根，靜爲躁君」；故曰：「君子終日行不離輜重」也。邦者，人君之輜重也。主父生傳其邦，此離其輜重者也。故雖有代雲中之樂，超然已無趙矣。主父萬乘之主，而以身輕天下。無勢之謂輕，離位之謂躁，是以生幽而死。故曰：「輕則失臣，躁則失君。」主父之謂也。

有勢位，則制斷在已，故其使下也易。至勢位一失，則下臣不聽而無以爲治矣。故爲國者，不可輕將此位讓人，而致失勢、失根、失君，永無反復之期矣。

「魚不可脫於淵，國之利器，不可以示人。」（卅六章）

韓非子喻老篇曰：勢重者，人君之淵也。君人者勢重於人臣之間，失則不可復得也。簡公失之於田成，晉公失之於六卿，而邦亡身死。故曰：「魚不可脫於深淵。」賞罰者，邦之利器也。在君則制臣，在臣則勝君。君見賞，臣則損之以爲德；君見罰，臣則益之以爲威。人君見賞，而人臣用其勢；

人君見罰，而人臣乘其威。故曰：「邦之利器，不可以示人。」

勢位之於國君，猶淵之於魚也；魚失淵則死，君失勢位則亡。君之所以見重於羣臣之間，以勢位故也；失此勢位，則必不見重矣。邦之利器，乃國君所憑以發政施令者，賞罰是也。賞罰在君，則施以制臣；一旦此柄流入於臣，則臣可以持此以威其君矣。

案：此段重勢、重位、貴柄之論，實爲老子權術之運用。雖與秉要執本之言爲近，而與無爲、自然、居下、柔弱之旨爲有間矣。吾人雖不能認此非老子之學說，至少可以斷定爲其末期之思想。至於後世，發揮老子重勢之旨者，以法家愼子（到）之言爲最精，可資參照。（註五）

五、治國以正

「以正治國，以奇用兵；以無事取天下。吾何以知其然哉？以此。」（五十七章）

老子主張以正治國。然則何謂以正治國？有一比喩：

「治大國若烹小鮮。」（六十章）

小鮮、小魚也。至此句之解釋：㈠王弼解爲不擾民，不用暴政。因烹小魚不能用烈火，以烈火比暴政故也。其言曰：「不擾也。躁則多害，靜則全眞，故其國彌大，而其主彌靜，然後乃能廣得衆心矣。」㈡韓非子解老篇以爲係指國家法令不可時時更易。因烹小魚不可數數翻動，恐其破碎也。（註六）（原文甚長，今錄其大意如此。）

不擾民也，不數變法也，均可以「無爲政治」一詞蓋之。能無爲，使物各得其所，天神人鬼各有其序，故鬼神聖人均不傷人。兩不相傷，則德合於道，故德交歸焉。

「其政悶悶，其民淳淳；其政察察，其民缺缺。」（五十八章）

一般時君，皆務在「政治清明」，故數數有爲，數數變法；不知「水清則無魚」，「清明」之政，使民缺缺，反不若「悶悶」之政，使民淳厚也。

其次，無論用人，用物，皆應各因其用而用之。

「是以聖人常善救人，故無棄人，常善救物，故無棄物，是謂襲明。」（廿七章）

拋棄成見，捐除機心、私智，無論百姓之善與不善，信實不信實，一律以善信待之：

「聖人無常心，以百姓心爲心。善者吾善之，不善者吾亦善之，德善。信者吾信之，不信者吾亦信之，德信。」（四十九章）

如此，始能化不善而爲善，化虛僞而爲信實，化機心私智而爲渾樸。

爲政則必用人以分其勞，故聖人設官分職。然亦以渾樸爲原則，不瑣碎，不多事，不宰剖分割，惟各順其性而已。

「樸散則爲器，聖人用之，則爲官長，故大制不割。」（廿八章）

欲使人甘心爲己所用，仍以謙下爲主。故曰：

「善用人者爲之下，是謂不爭之德，是謂用人之力，是謂配天古之極。」（六十八章）

對在下助己之人，能尊敬且禮貌之，則必甘心歸己所用；倘桀傲不遜，其誰肯助之？故欲天下歸心，居下實爲唯一不二之法門也。

「江海所以能爲百谷王者，以其善下之，故能爲百谷王。是以欲上民，必以言下之；欲先民，必以身後之。是以聖人處上而民不重，處前而民不害，是以天下樂推而不厭。」（六十六章）

總之，自居於惡劣之地位，而以善處優處與人；有功讓人，有過歸己，爲領導人物之基本條件矣。

「是以聖人云：『受國之垢，是謂社稷主，受國不祥，是爲天下王。』」（七十八章）

六、國際之間

當時之國際社會，乃係爭戰不已之狀況。老子深諳戰爭之痛苦，故其根本反戰：

「夫佳兵者，不祥之器，物或惡之，故有道者不處。君子居則貴左，用兵則貴右。兵者不祥之器，非君子之器，不得已而用之。恬淡爲上，勝而不美，而美之者，是樂殺人。夫樂殺人者，則不可以得志於天下矣。吉事尙左，凶事尙右；偏將軍居左，上將軍居右；言以喪禮處之也。殺人之衆，以哀悲泣之。戰勝，以喪禮處之。」（卅一章）

戰必殺人，好戰等於樂殺人，樂殺人者，不能得志於天下。不特此也，戰爭亦將妨礙生產，使民生凋蔽。

「天下有道，卻走馬以糞；天下無道，戎馬生於郊。」（四十六章）

「師之所處，荊棘生焉，大軍之後，必有凶年。」（三十章）

且攻人者，人亦攻之；伐人者，人亦伐之。爭勝鬭強，怨怨相報，靡有止時矣。

「以道佐人主者，不以兵強天下，其事好還。……善者果而已，不敢以取強。」（卅章）

故國與國之間，應絕對停止戰爭。大國下小國，小國下大國，彼此之間，保持一種謙下之態度，亦保持一種迴旋轉圜之餘地，則各得其所，相安無事矣。

「大國者下流，天下之交，天下之牝。牝常以靜勝牡，以靜為下。故大國以下小國，則取小國；小國以下大國，則取大國。故或下以取，或下而取。大國不過欲兼畜人，小國不過欲入事人。夫兩者各得其所欲，大者宜為下之。」（六十一章）

夫爭戰，惟自害而已。如此相下居雌，各退一步，以泯除戰爭，雖係隱忍，而實蒙大利矣。

七、理想政治

老子之理想政治，為小國寡民。蓋國大則民衆事繁，民衆事繁則不能無法律政令以處治之；既有法律政令，則不能無為也。反之，小國既行無為之政，而達乎老子之理想，則合無數理想之小國而成天下；天下之平治，亦水到而渠成也。

「小國寡民，使有什伯之器而不用，使民重死而不遠徙。雖有舟輿，無所乘之，雖有甲兵，無所

陳之。使民復結繩而用之，甘其食，美其服，安其居，樂其俗。鄰國相望，鷄犬之聲相聞，民至老死不相往來。」（八十章）

十是十倍，百是百倍。文明進步，用機械之力代人工，一車可載幾千斤，一船可裝幾千人，這多是什伯人之器。（胡適說）在此理想之國度中，非無良器，無舟輿，無甲兵……然皆棄而不用也。此決非原始野蠻之社會，（相信在此社會中，必無風雷、洪水、蟲蛇、猛獸之害人者。）乃由現代文明社會而「復」之者也。故老子思想，有極重之「復古」意味在內。此種「模範村」式之小國，民毗鄰而居，鷄犬之聲相聞，而老死不相往來，重死不遠徙，互不相涉；各甘其食，各美其服，各安其居，各樂其俗；無知識，無慾望，無煩惱。卽有智者，亦不敢有所作爲，而永保其純樸。

按老子之主張，此種小國寡民之政治制度，似乎還須有一無爲而治之聖人，來愛護這些無知無欲之百姓。

「聖人在天下，歙歙然爲天下渾其心。百姓皆注其耳目，聖人皆孩之。」（四十九章）

〔註一〕蘇格拉底（Socrates, 469–399 B. C.），西方之大智者也。嘗曰：「我固知我之愚，但我愛求智，我非智者，我乃愛智者也。」

〔註二〕韓非子解老篇云：愛子者慈於子，重生者慈於身，貴功者慈於事。慈母之於弱子也，務致其福，務致其福，則事除其禍，事除其禍，則思慮熟，思慮熟，則得事理，得事理則必成功，必成功則其行之也不疑，不疑之謂勇。聖人之於萬事也，盡如慈母之爲弱子慮也，故見必行之道。見必行之道，則其從事亦不疑，不嬖之謂勇；不嬖生於慈，故曰：「慈故能勇。」

〔註三〕韓非子解老篇釋此章曰：道有積而德有功，德者道之功。功有實而實有光，仁者德之光。光有澤而澤有事，義者仁之事也。事有禮而禮有文，禮者義之文也。故曰：「失道而後失德，失德而後失仁，失仁而後失義，失義而後失禮。」禮爲情貌者也，文爲質飾者也。夫君子取情而去貌，好質而惡飾。夫恃貌而論情者，其情惡也。須飾而論質者，其質衰也。何以論之？和氏之璧，不飾以五采；隋侯之珠，不飾以銀黃。其質至美，物不足以飾之。夫物之待飾而後行者，其質不美也。是以父子之間，其禮樸而不明。故曰：「禮、薄也。」凡物不並盛，陰陽是也。理相奪予，威德是也。實厚者貌薄，父子之禮是也。由是觀之，禮繁者實心衰也。然則爲禮者，事通人之樸心者也。衆人之爲禮也，人應則輕歡，不應則責怨。今爲禮者，事通人之樸心，而資之以相責之分，能毋爭乎？故曰：「夫禮者，忠心之薄而亂之首乎！」

〔註四〕按盜夸之夸字當訓大，盜夸卽大盜之意。說文夸字從于得聲，（亏乃篆文之于字也。）畢氏沅謂古從于字皆訓大。故爾雅之訏字，毛詩之攸芋，皆爲大義。

〔註五〕韓非子難勢篇：愼子曰：「飛龍乘雲，騰蛇遊霧，雲罷霧霽，而龍蛇與蚓螘同矣；則失其所乘矣。賢人詘於不肖者，則權輕位卑也。不肖而能服於賢者，則權重位尊也。堯爲匹夫，不能治三人，而桀爲天子，能亂天下。吾以此知勢位之足恃，而賢智之不足慕也。夫弩弱而矢高者，激於風也；身不肖而令行者，得助於勢（原作衆，遵陳啓天校）也。堯敎於隸屬，而民不聽。至於南面而王天下，令則行，禁則止。由此觀之，賢智未足以服從，而勢位足以詘（原作缶，據俞說改）賢者也。」

〔註六〕解老篇原文云：工人數變業，則失其功，作者數搖徙，則亡其功。一人之作，日亡半日，十日則亡五人之功矣。萬人之作，日亡半日，十日則亡五萬人之功矣。然則數變業者，其人彌衆，其虧彌大矣。凡法令更則利害易，利害易則民務變，民務變謂之變業。故以理觀之，事大而數搖之則少成功；藏大器而數徙之，則多敗傷；烹小鮮而數撓之，則賊其宰；治國而數變法，則民苦之。是以有道之君，貴虛靜而重變法。故曰：「治大國若烹小鮮。」

第四章　莊子思想述要（上）

第一節　概　說

莊子與老子同屬道家，史記稱莊子之學無所不窺，然其要本歸於老子之言。（見史記老莊申韓列傳）今細按其書，固有大部思想直接承自老子者，然亦有部份思想，與老子之說廻然不同。故就全體而論，老莊雖爲一家，但老自老，莊自莊，亦自各有其風格也。

大概言之，莊子之思想，亦注重在一「道」字。但莊子似乎不太注重大道運行之原則，規律，（如「大曰逝，逝曰遠，遠曰反」，「反者道之動，弱者道之用」等），以及所以應合此種變化之方法；而欲超然物外，以求解脫。與大道合一，與造物者同遊，逍遙自適，而無所牽罣。順乎自然，師於天道，泯除一切相對之差別，而歸於絕對之無待無求。以死生爲一禮，大小爲無別，無是無非，無善無惡，無同無異，無壽無夭。天地與我並生，萬物與我爲一。無爲順化，任乎天鈞。無我無己，棄功棄名，忘懷形骸，友乎萬物，與天地精神往來。然後可以生乎無生之外，而終乎無終之間也。故莊子自論其學術旨趣曰：

「芴漠無形，變化無常，死與生與，天地竝與，神明往與，芒乎何之，忽乎何適，萬物畢羅，莫足以歸，古之道術，有在於是者，莊周聞其風而悅之。以謬悠之說，荒唐之言，無端崖之辭，時恣縱而不儻，不以觭見之也。以天下爲沈濁，不可與莊語，以巵言爲曼衍，以重言爲眞，以寓言爲廣，獨與天地精神往來，而不敖倪於萬物，不遣是非，以與世俗處。其書雖瓌瑋，而連犿無傷也。其辭雖參差，而諔詭可觀。彼其充實不可以已，上與造物者遊，而下與外死生無終始者爲友。其於本也，弘大而辟，深閎而肆。其於宗也，可謂稠適而上遂矣。雖然，其應於化而解於物也，其理不竭，其來不蛻，芒乎昧乎，未之盡者。」（莊子天下篇）

芴漠 本師林景伊夫子曰：「芴漠即渺茫之假也。」成疏：「妙本無形，故寂寞也。」謬悠 馬其昶云：「迂遠也。」釋文：「若忘於情實者也。」荒唐 馬云：「虛無也。」王云：「荒，大也；唐，空也。」無端崖 馬云：「放曠。」按：端，頭；崖，岸也。恣縱 王云：「謂縱談恣論。」不儻 王曰：「成云：不偏黨。非也。釋文作而儻，無一不字，近之，謂忽然而至也。」不以觭見 宣云：「言不以一端自見也。」成疏：「不偶也。」梁啓超曰：「觭者，不齊之意。莊子言齊物，故不以觭見。」按：觭者，片面一端之理，不齊也。譡 馬云：「說文，譡，譎問也。」成云：「責也。」瓌瑋 釋文：「奇特也。」連犿 李頤：「宛轉貌。」一云：「相從貌。」諔詭 宣云：「滑稽。」參差 成疏：「或虛或實，不一其言也。」王云：「其理充實，不能自已。」其於本也……其於宗也……宣云：「上言其本宗，下言其應用。體用兼妙，此勝老子處。」成疏：「言至本深大，申暢開通，眞宗調適，上達元道也。」其應於化以下 王云：「然其因應於變化，而冥解於物情也，其用不竭，其來不遺，芒昧如不可見，未有然盡其妙者。」

「芴漠無形，變化無常。」係指大道而言，亦兼指莊子自己之學術理論也。大道渺茫，不可窮詰，不可狀象；暫爲人類，忽爲禽獸，永遠處於一種變動不居之狀態中。「死與生與，天地竝與，神明往與，芒乎何之，忽乎何適，萬物畢羅，莫足以歸」，言得道之人，則能與大道爲一體，合乎天地神明，（與天地精神往來——上與造物者遊），包羅萬物，而不歸依於任何一體一端也。既能如此，則能同乎生死，齊乎始終（下與外死生無終始者爲友），且能不責問是非，而與世俗共處矣。若更進一層，則我與萬物相和合，不分彼此，同歸於一。安其自然，任其自化，自由無拘，而逍遙自足矣。

王夫之曰：「莊子之學，初亦沿於老子，而朝徹見獨以後，寂寞變化，皆通於一，而兩行無礙。故又有自立一宗。老子知雄守雌，其意以空虛爲物所不能距，因宅於虛，以待陰陽人事之挾實而來者，窮而自服，是以機而制天人者。若莊子之兩行，則進不見有雄，退不屈爲雌，知止於其所不知，而與天下同休乎天鈞，其學蓋得之於渾天容成氏所言，除日無歲，無內無外者。畢羅萬物，而無不可逍遙，則關尹之形物自著，老聃之以深爲根，以物爲紀，皆其所不事。故不啓天下險惻之機，申韓孫吳，皆不得托，蓋以不離於宗之天人自命。謂內聖外王之道，皆自此出，於此殿諸家爲物論之歸墟，而猶自以爲未盡，望解人於後世，遇其言外之旨焉。」（莊子故）

論及莊書立言之體例：除正論外，尚有巵言，重言，寓言三種。寓言篇云：「寓言十九，重言十七，巵言日出，和以天倪。」其說如下：

〔寓言〕　天下篇云：「以寓言爲廣。」王先謙注：「寓言以廣人之意，所謂藉外論之也。」寓言篇云：「寓言十九，藉外論之，祖父不爲其子媒，親父譽之，不若非其父者也。非吾罪也，人之罪也，與己同則應，不與己同則反。同於己爲是之，異於己爲非之。」宣云：「寄寓之言十居其九。」王先謙按：「言在此而意在彼。」是寓言卽寄寓之言，藉外事以論之，言在此而意在彼，以此而廣人之意也。

〔重言〕　天下篇云：「以重言爲眞。」王先謙注：「述尊老之言，使人聽之而以爲眞；故曰，所以已言也。」寓言篇曰：「重言十七，所以已言也，是爲耆艾。年先矣，而無經緯本末以期年耆者，是非先也。人而无以先人，无人道也。人而无人道，是之謂陳人。」宣云：「引重言十居其七。」姚云：「莊生書凡托爲人言者十有九，就寓言中，其托爲神農黃帝孔顏之類，言足爲世重者，又十有其七……處世貴有經緯，立言貴有本末，所重乎耆艾者，作高而有道者也。」是重言卽引重前人年高而有道者之言，以止衆議，而增立論之力量也。

〔卮言〕　天下篇云：「以卮言爲曼衍。」王先謙注：「因其事理而推衍之，所謂卮言日出，因以曼衍，所以窮年。」釋文：「卮字又作巵，音支。」字略云：「圓酒器也。」王云：「卮器滿卽傾，空則仰，隨物而變，非執一守故者也。施之於言，故隨人從變，己無常主也。」郭云：「日出謂日新。」成云：「和，合也。天倪，自然之分也。謂止能應以自然。」王先謙注：「因其事理而曼衍之，日出不窮，聊以盡我之年歲耳。」是卮字原爲圓酒器，以其滿則傾，空則仰，故引爲隨物而變，非執一守之意。卮言者，已無常主，隨人變化，因其事理而曼衍之，但能合乎自然之道之言也。

莊子書中，何以多用寓言、重言、卮言也耶？蓋因天下沈濁於私見，斷斷焉而未有已；倘以正論莊語出之，反滋紛擾。故發爲謬悠之說，荒唐之言，無端崖之辭，時恣縱而不儻，不以觭見之也。

今存莊子凡三十三篇，共分內篇七，外篇十五，雜篇十一。內篇爲莊子學說之綱領，外篇充其不足之意，雜篇其雜記也。而三者之中，唯內七篇最爲可靠，外、雜篇則時有竄僞及矛盾。故以內篇爲骨幹，則能明莊子思想之大要；再以外篇、雜篇之言論充實之，則莊子思想之本末精粗無不可見矣。

內七篇之篇名，咸揭櫫本篇之精義，至其篇目，則次爲：逍遙遊第一，齊物論第二，養生主第三，人間世第四，德充符第五，大宗師第六，應帝王第七。各篇要旨系統及其產生之所以，如下所論：「莊子生當衰亂之世，習老氏之言。悲天下之沈濁，故有出世之想而作逍遙遊。以一死生，齊萬物，混善惡，而不遣是非，故欲齊物論。出世不可得，物論不能齊，退而欲求養其形之所恃以立者，而順於自然，故主養生主。離世獨立，終不可能，不得不與世俗處，故作人間世。雖與世俗處，獨能與天地精神往來，而不敖倪於萬物，遺形棄知，爲德之驗，故作德充符。上與造物者遊，下與外死生無終始者爲友，不落於形體，不墜於一偏，是爲道之大宗，故作大宗師。有爲之治，不若無爲之治，歸眞反樸，則天下無爲，安而治矣，故作應帝王。」（中國學術思想大綱）

逍遙遊爲莊子思想之最高境界，其目的在求絕對之自由，絕對之超脫。此是一種出世主義，逃避一切私、名、功、利之纏累，而與大道玄同歸一。蓋莊子生當衰亂之世，身體精神，日日束縛於重重細鎖之中，而不能隨心所欲。逍遙之想，似爲一種反抗之意識，苦悶之象徵也。莊子其他各篇思想，均以此篇爲中心；逍遙明，則莊子思想之大旨，當更易於通解矣。

齊物論者，蓋以大道失其混沌，而生異同大小形色種種差別。此種差別既生，而人又各執一端，於是種種物論出矣。持物論者各是其是，各非其非，縱橫爭議，靡有已時。然論辯果足以求得眞理乎？是又不盡然。何則？萬物各居道之一體，維人亦然；既屬一體，則不能知全體明矣。故何謂是？是其所是也；何謂非？非其所非也。彼亦一是非，此亦一是非。人日拘拘於是非物論之中，焉足以明大道，焉足以逍遙自由？故莊子主齊物論，乃立於超然之地位，以視萬物，則無不相同而齊一也。

養生主者，養其生主也。何謂生主？則形體之所恃以立者是也。生主得其所養，而形體自不虧缺；反之，倘終日營營以養其形，窮天下之物以塡其慾，其結果將無一不爲伐性之具矣。故主順性自然，不凝滯於物，不沈溺於慾，則其精神凝，其天守全，而與大道合矣。

人間世，言處世俗之道也。雖與世俗處，仍不忘於與大道冥合。是以一方面注意隱行藏能，保身全命，以求隨變所適而不荷其累；一方面注重空虛無執，物我兩忘，以求自化化人。

德充符：言德充於內，應物於外，內外玄合，信若符命，而遣其形骸也。（郭象語）倘能忘懷形骸，與道冥合，使德充於內，則物類無界，天地萬物盡存於方寸之中。此時軀殼雖仍與世同處，而其精神，實已提昇於九天之上矣。

大宗師：言道爲人之大宗師也。本篇云：「人猶效之。」效之言師也。又云：「吾師乎，吾師乎」，以道爲師也。宗者，主也。(王先謙說) 故一方面論道之存在，一方面論爲道之程序與夫得道之眞人。忘死生，舍功名，屛仁義，棄禮樂，以斷外物之死生成毀變化之亂，無擾其寧靜。蓋惟無心者始能遺形忘生，而不落於形體，不墜於一偏，而爲道之大宗也。

應帝王：爲莊子之政治思想，其內容爲：法天之理，順民之性，無心無爲，任乎自化，歸眞反樸，而長葆其本性也。蓋莊子旣主逍遙自由，不凝滯於物，以全其性，以保其眞，則其發爲政治，自亦以放任無爲要約也。

內七篇思想發揮莊學要旨，篇篇圓到，字字珠璣，上下聯貫，左右逢源，而自成一大體系。外篇雜篇雖有補充，但眞僞參半，駁雜不純，不足以窺莊學之堂奧。故本章舖陳莊子之學說，乃以內七篇爲枝幹；至於外篇雜篇，雖亦時有引證，然取舍之間，則不免稍加斟酌矣。

第二節　逍遙遊

一、何謂逍遙

逍遙遊爲莊子思想之最高境界，亦其學說之最高理想。然則逍遙何義耶？古今說者不一，或謂「逍者，銷也；遙者，遠也。」(顧同柏言) 或稱「逍無不我待，遙然靡所不爲。」(支道林言) 均覺望文生義，難中肯綮。按逍遙一詞，乃疊韻連語，古書見之極多。詩淸人：「河上乎逍遙。」離騷：

「聊逍遙以相羊。」湘君：「聊逍遙以容與。」廣雅釋訓：「逍遙，彷徉也。」楚辭補注：「逍遙，猶翱翔也。相羊，猶徘徊也。」故就字義言，逍遙原為徘徊，翱翔之意。徘徊為行之自由，翱翔為飛之自由。逍遙，乃行動之自由。引申為放任而無所拘束。故逍遙者，絕對之自由也。

莊子何以主張此種絕對之自由耶？本師林景伊夫子曰：

「莊子悲天下之沈濁不可處也，故求徜徉自得，高遠無所拘束，與天地同運，與造物者遊，以極其逍遙之致。夫能極其逍遙之致，而無所拘束者，蓋即隨心所欲，亦今所謂自由也。然老子謂：『吾之所以有大患者，以吾有身；若其無身，吾有何患？』人生有耳目之知，肢體之形，既已為人矣，又安能隨心所欲，無所拘束？故莊子無可奈何，而求之於无何有之鄉，廣漠之野，此莊子出世之想，所以偏於玄虛也。」（中國學術思想大綱）

莊子之出世主義，非同乎退隱山林，離羣索居而已。蓋此種隱士之生活，固然可以躲避種種政治上之拘束，減少人與人間之複雜交涉，然既生為人形，則形體本身已為一大限制，且耳目之知，口腹之欲，種種成見，種種私心，又安能免之哉？既不能免，又安能隨心所欲，無所拘束？故退隱所得之自由，亦有限度，莊子乃不得不尋求超乎形骸以外之絕對自由，以求人生問題之完全解脫。

二、有待與無待

然而莊子之逍遙——絕對之自由，究竟係指何種狀況而言耶？欲解決此一問題，當先明白何謂

「有待」，何謂「無待」？關於「有待」，莊子曾舉一例以明之：

「罔兩問景曰：『曩子行，今子止，曩子坐，今子起，何其無特操與？』景曰：『吾有待而然者耶？吾所待又有待而然者邪？惡識所以然，惡識所以不然？』」（莊子齊物論）

罔兩，景（影）外之微陰也。罔兩不能自爲行止，有待於景，而景之行止，又有待於原來之物體。故就罔兩言，彼之行動受景之限制，就景言，彼之行動又受形體之限制，皆不得謂之自由也。由此，吾人可得「有待」之定義——即有所憑藉，有所依靠，有所倚賴之意。如罔兩之於景，景之於形然。

至於「無待」，則與「有待」相反，即不需憑藉，不需依靠，不需倚賴，而能自由自足之謂。明乎「有待」、「無待」，然後可以談「逍遙遊」。

三、鯤與鵬

逍遙遊篇一開始即提出一大鵬鳥，而此一鵬鳥又由一鯤變化而來：

「北冥有魚，其名爲鯤。鯤之大，不知其幾千里也；化而爲鳥，其名爲鵬，鵬之背，不知其幾千里也。怒而飛，其翼若垂天之雲，是鳥也，海運則將徙於南冥，南冥者，天池也。齊諧者，志怪者也。諧之言曰：『鵬之徙於南冥也，水擊三千里，摶扶搖而上者九萬里，去以六月息者也。』」（莊子逍遙遊篇）

讀莊子者見其「怒而飛」一語，輒曰：「逍遙遊言無拘於物，逍遙自在，若北冥之鯤，化爲鵬，徙於南冥，水擊三千里，摶扶搖而上者九萬里，何其逍遙自在之至也！」然而以「無待」爲準以律之，則此鵬猶不能謂之逍遙。

㈠本篇云：「是鳥也，海運則將徙之於南冥。」則其徙於南冥，有待於海運之大風；無大風則不能自由徙往南冥也。

㈡齊諧云：「去以六月息者也。」鵬之飛固極高遠，然亦需要休息，且一息六月，在此六月中，不能逍遙矣。

㈢本篇云：「野馬也，塵埃也，生物之以息相吹也。」司馬云：「野馬，春日澤中游氣也。」成云：「揚土曰塵，塵之細者曰埃。」按：言積氣如塵埃也。漢書揚雄傳注：「息，出入氣也。」蓋鵬之逍遙，有待於自然游氣，如塵埃之積氣，與夫一切生物之氣息。

㈣地面之人，仰視穹蒼，常問：「天之蒼蒼其色正邪？其遠而無所至極邪？」然高飛九萬里之大鵬，「其視下也，亦若是則已矣。」是鵬亦如人然，有所不能知，則其知覺上亦受限制，不能逍遙矣。

㈤本篇云：「且夫水之積也不厚，則其負大舟也無力……水淺而舟大也。風之積也不厚，則其負大翼也無力。」故鵬能高飛九萬里以圖南，而莫之夭閼者，（司馬云：夭，折也；閼，止也。）實有賴於巨大之風力。故曰：「故九萬里則風斯在下矣，而後乃今培風。（王念孫曰：培，馮也。周禮馮相氏注：馮，乘也。）背負青天……乃今將圖南。」

世俗常以高大爲逍遙，但鵬之翱翔可謂高矣，鯤之體型可謂大矣，（均以人爲標準來比較；實際上在莊子眼中，此種差異已不存在矣。見齊物論。）然亦不能逍遙也若此，則其他可知矣。

四、蜩與學鳩、斥鴳

大鵬大鯤既不能逍遙矣，且看小物，若蜩（蟬）與學鳩及斥鴳，是否能以逍遙：

「蜩與學鳩笑之曰：『我決起而飛，槍榆枋，時則不至而控於地而已矣。奚以之九萬里而南爲？』」（莊子逍遙遊）

斥鴳笑之曰：「彼且奚適也？我騰躍而上，不過數仞，而下翱翔蓬蒿之間，此亦飛之至也，而彼且奚適也？」（莊子逍遙遊）

蜩與學鳩，斥鴳，體型雖小，行動自由；見大鵬與鯤之拘束，不若自己欲飛則飛，欲止則止，自由自在，故發言語以譏嘲之。然此可謂逍遙乎？莊子逍遙遊曰：

「小知不及大知，小年不及大年。」

又曰：

「適莽蒼者三飡而反，腹猶果然；適百里者，宿舂糧；適千里者，三月聚糧；之二蟲又何知？」

此言小大皆有所待，惟其所待者有不同而已。況蜩、鳩、斥鴳，所知有限，不能明鯤鵬之志，又何能言逍遙也？

以上兩節，以一大一小之二物爲喩，言大小均有所待，不能逍遙，以下更進而以人物爲比；

五、宋榮子

物有所待，人亦宜然。人之所待者多矣，吾於論老子思想時，曾舉其大者：曰食物，曰異性，曰金錢，曰地位，以見其一斑；至於莊子，則列舉三種，曰己、曰功、曰名，爲人之所待。故曰：

「至人無己，神人無功，聖人無名。」（莊子逍遙遊）

無己、無功、無名，始能無待而逍遙。今卽以此爲標準，以測量人物。

宋榮子卽宋鈃、與孟子、尹文子、彭蒙、愼到同時。孟子作宋牼。牼與鈃同音口莖反。（據荀子集解非十二子篇註）荀子非十二子篇以墨翟與宋鈃並列，稱其「不知壹天下建國家之權稱，上功用大儉約而優差等，曾不足以容辨異，縣君臣。」是宋子蓋墨家者流矣。

關於宋子之學，天下篇論之甚詳：

「不累於俗，不飾於物，不苟於人，不忮於衆，願天下之安寧，以活民命，人我之養，畢足而止……見侮不辱，救民之鬬，禁攻寢兵，救世之戰，以此周行天下，上說下教，雖天下不取，強聒而不舍者也……雖然，其爲人太多，其自爲太少。曰：『請欲固置五升之飯足矣。先生恐不得飽，弟子雖飢，不忘天下，日夜不休。』……以禁攻寢兵爲外，以情欲寡淺爲內。」

又荀子正論篇引其言曰：

「明見侮之不辱，使人不鬬。人皆以見侮爲辱，故鬬也。知見侮之不辱，則不鬬矣。」

由此可以知其「見侮不辱」之義矣。

綜論其學：「以禁攻寢兵爲外」，「見侮不辱，救民之鬬，禁攻寢兵，救世之戰。」頗近乎墨子兼愛非攻之和平主義；其「以情欲寡淺爲內」，「爲人太多，自爲太少」，「人我之養，畢足而止」，又類乎墨者克苦節用之精神，此宋子之所以爲墨家矣。

然則宋子能否謂之逍遙？未可也。宋子雖笑「知效一家，行比一鄉，德合一君，而徵一國者」之見識短淺，而「於世未數數然」；但「猶有未樹也。」（見莊子逍遙遊篇）其未樹者何？即未能忘懷天下，力倡禁攻寢兵，救世之亂；且其雖能克苦己身，不逐外物，然而亦有待於五升飯而得活。是宋子於「無己」「無功」二者，尚猶有未逮也。

六、堯讓天下於許由

堯讓天下於許由，許由不受，此事爲衆所熟知：

「堯讓天下於許由曰：『日月出矣，而爝火不息，其於光也，不亦難乎？時雨降矣，而猶浸灌，其於澤也，不亦勞乎？夫子立而天下治，而我猶尸之，吾自視缺然，請致天下。』許由曰：『子治天下，天下既已治矣，而我猶代子，吾將爲名乎？名者實之賓也；吾將爲實乎？鷦鷯巢於深

林，不過一枝，偃鼠飲水，不過滿腹。歸休乎！君子無所用天下爲。庖人雖不治庖，尸祝不越樽俎而代之矣。』」（莊子逍遙遊）

如今且論堯與許由。堯治天下，使天下太平，又能功成身退，以讓有德，可謂賢君矣；然亦不能謂之「無待」也。其治天下，使民安樂，此是立功；讓天下於許由，得禪賢之名，此是求名；既有功，又有名，尙焉得「無己」乎？是堯於己、功、名三者，均不能超然而無待矣。

至於許由，則無功無名而不能無己，亦不能謂之無待。其退隱山林，無所用天下，是不求功也，故曰無功；至其對堯之言，曰：「子治天下，天下旣已治矣，而我猶代子，吾將爲名乎？名者，實之賓也；吾將爲實乎？……君子無所用天下爲。」是其無名之證。然而許由猶未能無己。許由曰：「鷦鷯巢於深林，不過一枝，偃鼠飲水，不過滿腹。」鷦鷯一枝，偃鼠滿腹，皆取足於一己。許由雖能棄天下，而能視天下爲無用於己；但一枝之棲，滿腹之飲，猶未能忘懷。此與宋榮子藉五升飯而得活，又奚以異？

七、列子御風

列子在莊子逍遙遊篇中，能御風而行，似已近乎半人半仙之境界，然而猶有所待：

「夫列子御風而行，冷然善也。旬有五日而後反，彼於致福者，未數數然也；此雖免乎行，猶有所待者也。」（莊子逍遙遊）

列子御風飛行，又未見有己、有功、有名之累，豈不甚爲逍遙乎？何以仍有所待？蓋以列子雖得風仙之福，然無風則不行；是其逍遙，猶有待於風也。此與大鵬徙於南冥之有待於「海運」者同，故亦未能謂之逍遙也。

八、大而無用與無用之用

於此，吾人可以稍微討論莊子之人生哲學——即大而無用與無用之用是也。前已論之矣，莊子之逍遙，在求絕對之自由，絕對之釋放，而免乎一切纏累。其去功、去名、去己，皆在求精神上之自由也。由於此種要求自由之意願，遂有大而無用，無用之用之人生觀。

以大瓠爲喻。惠子謂莊子曰：「魏王貽我大瓠之種，我樹之而實五石，以盛水漿，其堅不能自舉也；剖之以爲瓢，則瓠落無所容，非不呺然大也，吾爲其無用而掊之。」此大瓠之無用也。然無用亦有其用，譬如不龜手之藥，在於宋人，則不免於洴澼絖，客獻於吳王，則能大敗越人，裂地而封之。故莊子稱其拙於大用，而謂之曰：「何不慮以爲大樽，而浮於江湖？」

又以大樹爲喻。惠子曰：「吾有大樹，人謂之樗，其大本擁腫而不中繩墨，其小枝卷曲而不中規矩，立之塗，匠者不顧。今子之言，大而無用，衆所同去也。」此大樹之無用也。莊子則以爲犛牛體大，而不能如貍狌之執雞鼠；然亦正因其體大，而免於機辟網罟也。故曰：「子有大樹，患其無用，何不樹之於無何有之鄉，廣莫之野，彷徨乎無爲其側，逍遙乎寢臥其下，不夭斤斧，物無害者，無所

可用，安所困苦哉？」（以上兩段，均見莊子逍遙遊）

瓠與樗，其所同者有二：一曰大，一曰無用。此兩種相同之特點，亦正爲莊子學說之特色。然無用之物，亦有所用，惟在其善用之而已。蓋於人無用，於己正有大用。夫惟不爲人所用者，始能無累，無待，無求，而自由逍遙也。此乃莊子出世主義之人生觀。

九、絕對之逍遙

莊子逍遙遊，要求絕對之自由，亦卽完全無待之境界。然就前所論，堯與許由，固不能逍遙；蜩與學鳩、斥鴳，不能逍遙；鵬與鯤，不能逍遙；卽列子御風，亦不能謂之逍遙。蓋絕對之逍遙，不受一切限制，既落於形骸之內，則無論大小，均不能無待而逍遙矣。人又焉能外此？但莊子要求絕對自由之志甚堅，故苦思冥索，終於得到一種絕對逍遙之物，卽本體之道是也。

本體之道，乃萬有之本原，亦主宰宇宙之眞君，其特性可以「絕對」二字括之。所謂「絕對」者，無形色、無大小、無生死、無古今，只覺混然一體，超越一切，決非他物所可比擬也。蓋道乃超乎一切有形物體之上，脫離一切之名相，故能自然超然而絕待也。（關於莊子論「道」部份，可參齊物論大宗師等篇）

「若夫乘天地之正，而御六氣之辯，以遊無窮者，彼且惡乎待哉？」（莊子逍遙遊）

在宇宙中，惟道能高遠逍遙，隨心所欲，而有絕對之自由。其他有形之物，則不免於有待而拘束。如欲逍遙，除非人能化而爲道。——無論可能與否，姑且作此假想。

「天地之正」，卽自然之道。然莊子乘天地之正，與老子自客觀方面「配合宇宙自然運行之規律」有別。老子客觀之配合，乃與道相對待；而莊子之乘天地之正，乃指與道混同一體，故全無所待也。如此，則「道」由客觀之存在，一變而爲我自己主觀之意志。故道卽爲我，我亦化而爲道矣。所謂「御六氣之辯」者，卽駕御六氣之變化。（六氣，支道林云：「天地四時也。」杜預云：「陰陽風雨晦明也。」）御六氣之變者，非道而何？——能與天地之道合一，而御六氣之變化，以遊無窮，卽完全不受時空之限制，而進入無限，此非逍遙耶？

莊子稱得道之人爲至人、神人、聖人、眞人。眞人待大宗師篇討論，神人則逍遙遊篇有云：

「藐姑射之山，有神人居焉，肌膚若冰雪，淖約若處子，不食五穀，吸風飲露，乘雲氣，御飛龍，而遊乎四海之外。其神凝，使物不疵癘，而年穀熟。」（莊子逍遙遊）

至於「至人」「聖人」，齊物論篇中亦有討論：

「至人神矣，大澤焚而不能熱，河漢沍而不能寒；疾雷破山，風振海，而不能驚。若然者，乘雲氣，騎日月，而遊乎四海之外，死生無變於己，而況利害之端乎？……之人也，之德也，將旁礡萬物以爲一。世蘄乎亂，孰弊弊焉以天下爲事？之人也，物莫之傷，大浸稽天而不溺，大旱金石流，土山焦而不熱，是其塵垢粃糠，將猶陶鑄堯舜者也，孰肯以物爲事？」（莊子齊物論）

「聖人不從事於務，不就利，不違害，不喜求，不緣道，無謂有謂，有謂無謂，而遊乎塵埃之外……旁日月，挾宇宙，爲其脗合，置其滑涽，以隸相尊。衆人役役，聖人愚芚，參萬歲而一成純。萬物盡然，而以是相蘊。」（莊子齊物論）

由此觀之，得道逍遙之人，共有六大特性：

㈠不食五穀，吸風引露。㈡不困一隅，遊乎四海之外。㈢風雷地震，水旱寒熱均不能傷。㈣外死生，忘利害。㈤包容萬物，且與萬物爲一體。㈥無功無名：忘天下，不以物爲事。

可見莊子眼中，惟得道之至人、神人、聖人，始能無己、無功、無名，完全絕待獨立，而享受眞正之自由與逍遙矣。

十、結　論

人爲萬物之一，且居於形骸之內，故不能無種種需要，種種限制及煩惱。是以脫離一切羈絆，而進於無拘無束自由安樂之境域，爲人人所切盼者。然此理想果能眞正達到乎？誠難乎其難也。蓋在世一日，則一日不能脫離此軀體而獨立，而種種羈絆，亦由之而生矣。老子曰：「吾之所以有大患，以吾有身，倘吾無身，吾有何患？」「無身」則一切問題均不存在；難題卽在於「有身」，然孰有無身而能存活者耶？此所以古今中外無數哲人教主數千百年苦心焦思而未能獲得解決之辦法也。莊子之與道合一，而至於逍遙，並創造至人神人眞人等理想人物，實際上亦屬一種幻想。蓋至道玄妙，以短暫渺小之人，求配合其運行變化之規律，猶有可說；若欲與道體玄同歸一，則實屬不可能之事。而至人神人眞人等理想人物，其種種性質，更爲常理之所未有，而近於神仙家言矣。謂之玄虛，固所宜也。

第三節　齊物論

齊物論者，欲人去主觀之執一，而入於客觀之絕對。居於絕對而超然之地位，觀察萬物，則生死、大小、是非、善惡……玄同爲一，並無分別；其所以有種種分別及爭辯者，乃出於一己之偏好與私見，此卽「物論」是也。

一、物論之產生

莊子認爲物論之所以產生，乃因宇宙演變，失其渾沌所致。故欲研究物論，當推溯宇宙之本源。「有始也者，有未始有始也者，有未始夫未始有始也者。有有也者，有无也者，有未始有无也者，有未始夫未始有无也者。俄而有无矣，而未知有无之果孰有孰无也。」（莊子齊物論）天地萬物，必有所始；其所始之前，卽其所始之端，尙未顯露，謂之「未始有始」，「未始有始」之前，則爲「未始夫未始有始」，卽「未有端始」亦未曾具。天地萬物生於有，有生於无（無）。无生於「未始有无」，「未始有无」生於「未始夫未始有无。」——然則「未始夫未始有始」，「未始夫未始有无」究何所指邪？此雖不可窮詰，然可以理推測一二。莊子與老子相同，亦認爲宇宙萬有之萌生變化，其至終至終之原因，乃在於自然之道。此自然之道，卽是「眞宰」、「眞君」，又可名之曰「無無」，「無名」，（天地篇）「無形」，（秋水篇）「天門」、「無有」，（庚桑楚）「道」或「至道」（秋水篇，在宥篇）名稱雖異，其實一也。

「日夜相代乎前，而莫知其所萌。已乎，已乎！旦暮得此，其所由以生乎？非彼無我，非我無所取，是亦近矣，而不知其所爲使。若有眞宰，而特不得其眹，可形已信，而不見其形，有情而無形。」（莊子齊物論）

故道不僅爲萬物之原始，亦爲支配大自然之超然主宰。萬物因之而生成，亦稟承其理而存在。然亙古以先，並無萬物也。

「古之人，其知有所至矣。惡乎至？有以爲未始有物者，至矣盡矣，不可以加矣！其次以爲有物矣，而未始有封也。其次以爲有封焉，而未始有是非也。是非之彰也，道之所以虧也。道之所以虧，愛之所以成。」（莊子齊物論）

吾人自今日萬物俱在之狀況，向上推論，必有萬物未生，未始夫未始有始之狀態，此卽大道寂寥獨立之時也。故曰：「至矣盡矣，不可以加矣。」由此演變，至於「有物」；然此「有物」僅係一種渾沌之狀態，並無分界畛域；所有人物鳥獸山河大地，皆混同而爲一，自亦無知識加以分辯。及至分界顯明，萬物一一可辨，但如吾人不加以主觀之好惡，則物論仍無由生。一旦吾人有私愛私好，執其一而棄其餘，則是非彰而大道虧矣。

「夫道未始有封，言未始有常，爲是而有畛也。請言其畛：有左有右，有倫有義，有分有辯，有

競有爭，此之謂八德。」（莊子齊物論）

大道原無封界，及至失其渾沌玄虛之境，乃有種種之分別。人與萬物交接，則諸種差異亦隨之而生：

「大知閑閑，小知閒閒，大言炎炎，小言詹詹。其寐也魂交，其覺也形開，與接爲搆，日以心鬪，縵者、窖者、密者。小恐惴惴，大恐縵縵。……喜怒哀樂，慮歎變慹，姚佚啓態，樂出虛，蒸成菌。」（莊子齊物論）

由於萬物之各有分別，而人與物交，受其所感，乃產生種種不同之差異。故有知之不同，有言語之差異，有交接之異，恐悸之異，動止之異，性情之異……萬化感人，其應亦賾矣。

「夫言非吹也，言者有言其所言者，特未定也。果有言邪？其未嘗有言邪？其以爲異於鷇音，亦有辨乎？亦無辨乎？」（莊子齊物論）

差異旣成，則必發之於言論。言之有異於「風吹」、「鷇音」者，在其有成心，（註一）有主見；此種成心主見所造成之言論，卽是「物論」。

「物論者，乃古今人物衆口之辯論也。蓋言世無眞知大覺之大聖，而諸子各以小知小見爲自是，都是自執一己之我，故各以己得爲必是。旣一人以己爲是，則天下人人皆非，竟無一人之眞是者。大者則從儒墨兩家相是非，下則諸子衆口，各以己是而互相非，則終竟無一人正齊之者，故物論之難齊也久矣，皆不自明之過也。」（莊子內篇憨山註）

二、物論之害

物論之害，可分四方面言之：卽勞神、致兵、慕外物、失眞心是也。

(1)**勞神**　以道之觀點視之，萬物本無所謂同異；第以大道失樸而人又各立於一己之立場，以偏觀全，故是非生矣。然則吾所以爲是者，未必眞是，吾所以爲非者，未必眞非，總之只是一種偏見而已。爭是爭非，勞心勞神，只爲保持一種偏見，毋乃過乎？故曰：

「勞神明爲一，而不知其同也，謂之朝三。何謂朝三？狙公賦芧曰：『朝三而暮四。』衆狙皆怒。曰：『然則朝四而暮三。』衆狙皆悅。名實未虧，而喜怒爲用，亦因是也。」（莊子齊物論）

執守物論偏見，以互相是非，猶衆狙之爭朝四暮三，朝三暮四。三四爲七，四三亦爲七，名實未虧，而空勞喜怒也。在人或以己爲必是，不可非也，在道而言，則是非相對，混一玄同，爭是爭非，與爭朝四暮三，其勞心傷神，亦奚以異？

(2)**致兵**　莊子以爲當時一切戰亂之源，多由物論而起：

「聖人以必不必，故無兵，衆人以不必必之，故多兵。順於兵故行有求，兵恃之則亡。」（莊子列御寇篇）

蓋戰爭之起，不外乎爭主義，爭領土，爭財貨，爭統治權利而已。然在莊子看來，此皆不足爭者。這主義與那主義，都是物論，差不多；領土之得喪，貨財之有無，統治權利之掌握與否，均爲一體之兩面，同物之異象，都差不多，都無所謂。若執著於此種不必執著之瑣碎事物，則戰爭斯起。以兵求之，雖或暫有所得，至終亦將亡失，而不能永遠持有，又何必爭？

(3) **慕外物**　物性自足，本不需外求；然而物論既生，則善惡是非之念萌矣。倘以己之所有爲善爲是，佪求所以勝人，以保有此善此是；即以己之所有，爲惡爲非，亦必生求善去惡，求是去非之心，以圖臻乎善與是之境地也。

「夔憐蚿，蚿憐蛇，蛇憐風，風憐目，目憐心。」（秋水）

夔，獨脚獸；憐、愛也，羨慕也；蚿，多足蟲。夔慕蚿之運萬足以行動，蚿憐蛇之無足而以腹行，蛇羨風之無所憑藉而能東西鼓動，風慕目之一望千里而諸美並收，目憐心之所往，無所不至；此皆別有所羨也。其實造物所命，夔、蚿、蛇、風、目、心，本性自足，孰善孰不善，孰好孰不好，均不可以主觀之見解斷之，亦不必別有所慕也。

(4) **失眞心**　有是非則有物論，有物論則有爭辯，有爭辯則失眞心。

「其發若機栝，其司是非之謂也。其留如詛盟，其守勝之謂也。其殺若秋冬，以其言日消也。其溺之所爲之，不可使復之也。其厭也如緘，以其言老洫也。近死之心，莫使復陽也。」（齊物論）

有是非之見，則其毀譽之論，隨口而出，其疾有如機弩之發箭。執持成見，誓不動搖，以求勝人。如此，則天眞之本性日就消滅，如沈溺水中之人，不能振救者然。本心爲物欲所蔽，老而益深，以近於死，不能使之復有生氣。所謂「哀莫大於心死，而身死次之」（田子方篇），眞心爲人之所最貴者，今眞心既失，則永無通道逍遙之期矣。

三、齊「物論」之方法

齊「物論」之目的，在祛除偏見，與道冥合，以求無拘無束而逍遙自由。齊「物論」之方法，亦在放棄己見，合於神明，通乎萬物，以爲一體也。

(1)忘己　忘己，頗近乎佛家之「去我執」。蓋我乃萬物之一體，我既執著於我之所得，我之所見，則物論生矣。故齊物論之第一義在乎忘己。本篇發端卽云：

「南郭子綦隱杌而坐，仰天而噓，荅焉似喪其耦。顏成子游立侍乎前，曰：『何居乎？形固可使如槁木，而心固可使如死灰乎？今之隱杌者，非昔之隱杌者也？』子綦曰：『偃亦不善乎而問之也！今者吾喪我，汝知之乎？』」（莊子齊物論）

吾喪我，卽忘己。無我之己見，無我之所欲、所求，則反歸於自然，而能悟通自然之妙道。此時也，卽使萬物仍有不同，而我形如槁木，心如死灰，已無是非可否於其間，則物論亦無由產生也。

(2)物化　物化爲忘我之進一步。忘我在不知有我，物化在與物爲一，並不知有物矣。

「昔者莊周夢爲胡蝶，栩栩然胡蝶也。自喻適志與？不知周也。俄然覺，則蘧蘧然周也。不知周之夢爲胡蝶與？胡蝶之夢爲周與？周與胡蝶，則必有分矣，此之謂物化。」（莊子齊物論）

當莊周夢爲蝴蝶之時，不知身爲莊周乎？身爲蝴蝶乎？換言之，謂莊周爲蝴蝶可，謂蝴蝶爲莊周亦無不可。此種身化爲物，物化爲身，身物不分之境界，謂之物化。

⑶通萬物　莊子不但主張「物化」，且主張「通萬物」。故齊物論曰：「天地與我並生，萬物與我爲一。」所謂「通萬物」者，乃「物化」之極致。蓋非「物化」，不足以「通萬物」。「物化」在己身與某物之無別，而「通萬物」者，則己身與萬物爲一體矣。必須與萬物爲一體，始能合於自然之妙道；「物化」不過其必經步驟而已。

「莊子與惠子遊於豪梁之上。莊子曰：『儵魚出游從容，是魚樂也。』惠子曰：『子非魚，安知魚之樂？』莊子曰：『子非我，安知我不知魚之樂？』惠子曰：『我非子，固不知子矣，子固非魚也，子之不知魚之樂全矣。』莊子曰：『請循其本。子曰：女安知魚樂？云者固已知吾知之，而問我，我知之豪上也。』」（莊子秋水篇）

莊子非魚，而能知魚樂，是因其精神已與萬物化合爲一體矣。故萬物之樂，亦莊子之樂，又何止一魚而已耶？惠子不明此理，徒於形骸之上求之，而有「子非魚，安知魚樂」之問，豈不悖哉？夫萬物之始，本歸於一，物我我物，原無分界封域。今日物我之分，乃屬一種暫時之現象，不知其果爲眞乎？倘能打通我物之界限，自反於混沌之境界，則何止物論，並萬物之分別亦不知有矣。

⑷師成心　莊子以爲凡人無分貴賤，皆有「成心」——即實有之眞心。（註二）師此成心，可以去物論；不師此成心，則必有是非妄見：

「其形化，其心與之然，可不謂大哀乎？……夫隨其成心而師之，奚必知代而心自取者有之，愚者與有焉。未成乎心而有是非，是今日適越而昔至也。是以無有爲有，無有爲有，雖有神禹，且不能知，吾獨且奈何哉？」（莊子齊物論）

此何故乎？蓋以「成心」——實有之眞心，乃自自然妙道而來，亦爲道之縮影。人人以此爲法則，而行動發展，自然不離正道，而與自然妙道合矣。（大學所云：「天命之謂性，率性之謂道，修道之謂教」，近是。）誠能如此，又何有是非物論之發生哉？

總之，莊子齊物論，無論就目的及方法上言，皆在求與自然之道相合爲一。惟有合於自然妙道，以道之觀點視萬物，方能齊物論；亦惟有齊物論，始能超出一切羈絆，與道合一，而達乎逍遙。

四、生死問題

物論甚多，於此不能一一剖析。無已，別爲三類討論之：一曰生死問題，二曰萬物之大小同異問題，三曰是非善惡問題。

自有人類以來，生死問題卽成爲不可解之大謎。蓋凡人莫不有死，而死後究竟如何？則因自古及今，未有死而復生之人，故死後之狀況爲劣爲優，爲苦爲樂，無人能曉；而生人見其知覺消失，其呼吸停止，其心臟脈博不復跳動，其面色蒼白，其軀體冰冷而僵硬，其形骸亦日就腐朽而歸於無有，則知其爲死矣。然此僅爲表面之現象也，至於人之「眞我」，其與形骸同歸於虛無乎？抑將如宗教家所言，而遷諸另一世界乎？則迄至科學發達之今日，亦不能知，此其所以爲不可解之大謎也。

莊子對於此一問題之態度，認爲生死祇是兩種不同之狀況，並無優劣之可言。以夢喻之：

「夢飲酒者，旦而哭泣，夢哭泣者，旦而田獵。方其夢也，不知其夢也，夢之中又占其夢焉，覺而後知其夢也。且有大覺，而後知此其大夢也，而愚者自以爲覺，竊竊然知之。君乎，牧乎？固哉，丘也與女皆夢也，予謂女夢亦夢也，是其言也，其名爲弔詭。萬世之後，而一遇大聖，知其解者，是旦暮遇之也。」（莊子齊物論）

夢亦爲一種甚爲有趣之問題，如生死然，爲古昔哲人所常討論者。墨經第二十四章云：「夢，臥而以爲然也。」墨經中，臥爲睡眠之意。（第二十三章云：「臥，知無知也。」梁啓超校釋曰：上知爲「知，材也」之知，下知爲「知，接也」之知。成秋按：即指睡眠之時，知覺之本能雖俱，但已昏然瞢然，無所知覺也。）夢者，乃睡眠之時，雖未遇某事，而知覺中有此幻像，且朦朧之中，以此幻象爲眞實也。

夢中之狀況，與醒時未必相同。吾人以夢爲幻，以醒爲眞；然而夢中則以醒爲幻，以夢爲眞。待醒覺之後，始知其夢也，幻也，皆非眞也。死生之事，亦如覺夢然。常人咸以生爲眞實，爲可靠，焉知生不爲大夢，死不爲大覺乎？生不知死，亦猶死之不知生也。

「予惡知說生之非惑邪？予惡乎知惡死之非弱喪，而不知歸者邪？麗之姬，艾封人之子也。晉國之始得之，涕泣沾襟；及其至於王所，與王同筐牀，食芻豢，而後悔其泣也。予惡乎知夫死者，不悔其始之蘄生乎？」（莊子齊物論）

常人皆悅生而惡死，然死將若何？有何可怕？則無人能知。或者死將較諸生爲尤善尤美，則今日之蘄生而惡死者，豈非大惑也耶？

「人生天地之間，若白駒之過郤，忽然而已。注然勃然莫不出焉，油然漻然莫不入焉，已化而生，又化而死，生物哀之，人類悲之。解其天弢，墮其天袠，紛乎宛乎，魂魄將往，乃身從之，乃大歸乎？」（莊子知北遊）

此言人生短暫，且有種種之拘束，死則歸於造化，反爲解脫。

就另一角度觀之，人之生，乃天地間一種因緣之湊合，使生命暫時寄托於形骸之中；然生命形骸均非我之私有，則其散聚，又焉用勞心執著哉？

「汝身非汝有……是天地之委形也；生非汝有，是天地之委和也；性命非汝有，是天地之委順也；孫子非汝有，是天地之委蛻也。」（莊子知北遊）

明乎此，則吾人能超然獨立，無所用心；任其變化無窮，我則永遠居於旁觀之地位，視死生爲晝夜之循環云。

「生者假借也，假之而生，生者塵垢也。死生爲晝夜，且吾與子觀化，而化及我，我又何惡焉？」（莊子秋水篇）

故死生相對，各爲一體：

「不以生生死，不以死死生。死生有待邪，皆有所一體？」（莊子知北遊）

有生必有死，有死必有生，死生乃一氣之聚散：

「生也死之徒，死也生之始，孰知其紀？人之生氣之聚也。聚則爲生，散則爲死，若死生爲徒，吾又何患？故萬物一也。」（莊子知北遊）

至樂篇記莊子之楚，見一髑髏，不知其所以致死之故，乃推其死因而慨嘆之：(1)貪生失理；(2)遭亡國之事，斧鉞之誅；(3)有不善行，羞愧自殺；(4)凍餒之患；(5)年老致死。是夜，髑髏見夢，告以上列各項，皆生人之患，而非死人所憂；不但如此，死且有樂。髑髏曰：

「死無君於上，無臣於下，亦無四時之事，從然以天地爲春秋，雖南面王樂不能過也。」莊子不信，曰：「吾使司命復生子形，爲子骨肉肌膚，反子父母妻子，閭里知識，子欲之乎？」髑髏深矉蹙頞，曰：「吾安能棄南面王樂，而復爲人間之勞乎？」（莊子至樂篇）

此非鼓勵吾人自殺，乃爲常人悅生惡死者之矯正說法也。

「死生，命也，其有夜旦之常，天也；人之有所不得與，皆物之情也。」（莊子大宗師）

死生爲自然之變化，如晝夜，如寒暑，如春夏秋冬之交替不已；非人力所能改易。有道之人，明乎此理，故無所偏執。是以莊子妻死，鼓盆而歌，（見至樂篇）至人死生，無變於己。（見齊物論）眞人於生死無所好惡；（見大宗師）而子來所以有「大塊載我以形，勞我以生，佚我以老，息我以死。故善吾生者，乃所以善吾死也。」之論矣。（同前引）

五、萬物之大小同異問題

(1)**大小**　常人視萬物有大有小，有壽有夭，有同有異，有成有毀……而以道之觀點視之，則一切差別均歸於無有也。故曰：

「天下莫大於秋毫之末，而太山爲小，莫壽於殤子，而彭祖爲夭。天地與我並生，萬物與我爲一。」（莊子齊物論）

秋水篇述河伯之自大：

「秋水時至，百川灌河，涇流之大，兩涘渚崖之間，不辯牛馬，於是焉河伯欣然自喜，以爲天下之美，盡在於已。」（莊子秋水篇）

及至東行而達於北海，不見水端，始知己之渺小。第北海較河，雖不知大過若千倍，然猶不自以爲大也。故北海若曰：

「天下之水，莫大於海，萬川歸之，不知何時止，而不盈；尾閭泄之，不知何時已，而不虛；春秋不變，水旱不知，此其過江河之流，不可爲量數。而吾未嘗以此自多者，自以比形於天地，而受氣於陰陽，吾在天地之間，猶小石小木之在大山也。方存乎見少，而又奚以自多？」（莊子秋水篇）

蓋大小乃比較而得，任何大物與天地相較，均不能不爲小也。然則吾人以天地爲至大，以毫末爲至小，亦有所不可。

「河伯曰：『然則吾大天地而小毫末可乎？』北海若曰：『否，夫物量無窮，時無止，分無常，終始無故。是故大知觀於遠近，故小而不寡，大而不多。……以其至小，求窮其至大之域，是故迷亂而不能自得也。由此觀之，又何知毫末之足以定至細之倪，又何以知天地之足以窮至大之域？』」（莊子秋水篇）

因至大至小，均非人所能目見，心所能理解；且宇宙自然，變化不已，以道觀之，並無大小之分。常人識小，又惡能知大小之辯哉？是以

「因其所大而大之，則萬物莫不大；因其所小而小之，則萬物莫不小。知天地之爲稊米也，知毫末之爲丘山也，則差數覩矣。」（莊子秋水篇）

萬物之大小，乃係一種相對之現象。獨取天地而論之，亦可謂之爲小，獨取毫末而論之，亦可謂之爲大。既如此，則大小之間，又有何畛域之可言哉？

(2)壽夭　大小既論之於上矣，復論壽夭。常人固以彭祖爲壽，殤子爲夭矣，然此豈一成不變者哉？蓋：

「朝菌不知晦朔，惠蛄不知春秋。楚之南有冥靈者，以五百歲爲春，五百歲爲秋。上古有大椿者，以八千歲爲春，八千歲爲秋。而彭祖乃今以久特聞，不亦悲乎？」（莊子逍遙遊）

以彭祖與冥靈大椿相較，則彭祖猶爲夭折；以殤子與朝菌惠蛄相較，則殤子猶爲長壽也。

「中國有人焉，非陰非陽，處於天地之間，直且爲人，將反於宗。自本觀之，生者喑醷物也，雖有壽夭，相去幾何？須臾之說也。」（莊子知北遊）

凡物莫不有死，死生乃一氣之變，雖有遲速，其死一也，又何別之有？

(3)**復論同異之問題**。設有甲乙二物，吾人欲知其同異，則必有分別同異之標準乃可。然此標準如何決定？

「以指喻指之非指，不若以非指喻指之非指也。以馬喻馬之非馬，不若以非馬喻馬之非馬也。天地一指也，萬物一馬也。」（莊子齊物論）

於此有兩指，此指與彼指。欲知此兩指之同異。倘以此指喻彼指之非此指，不若以彼指喻此指之非彼指也，究竟以何標準爲當？有兩馬於此，以此馬喻彼馬之非此馬也，不若以彼馬喻此馬之非彼馬也，究以何馬爲標準乃可？天地萬物之是非同異標準，皆非絕對，猶此指與馬之喻也。

既無絕對標準，則：

「自其異者視之，肝膽楚越也；自其同者視之，萬物皆一也。夫若然者，且不知耳目之所宜，而游心於德之和；物視其所一，而不見其所喪。」（莊子德充符）

肝膽，一身之二物也；自其異者視之，相去猶楚越之遙遠。萬物各殊，然就其相同之觀點論之，皆具有「萬物」之共相，是亦相同也。故惠施有言：

「大同而與小同異，此之謂小同異；萬物畢同畢異，此之謂大同異。」（莊子天下篇惠施十事）

胡適中國古代哲學史舉植物學之分類釋此章：

余亦據此例而說明同異之理：就同爲植物之大範圍言，一切植物均屬無別，可以謂之「大同」；然雙子葉、單子葉又同具被子植物之特點，可以謂之「小同」。大同與小同相異，此可以謂之「小同異」矣。萬物畢同畢異，何謂畢同？自其同者視之，單子葉與雙子葉雖異，然均爲被子；被子與裸子雖異，然均屬顯花；顯花與隱花雖異，然均屬植物；植物與動物雖異，然同屬生物；生物與無生物雖異，然而均具有「物」之「共象」；……以此推之，萬物「畢同」也。何謂畢異，自其異者視之，雖同爲物，而有生物無生物；雖同爲生物，而有動物植物；雖同爲植物，而有顯花隱花；雖同爲顯花，而有被子裸子；雖同爲被子，而有雙子葉單子葉；……雖屬同門（Phylum）而不同綱（Class），雖屬同綱、而不同目（Order），雖屬同目、而不同科（Family），雖屬同科、而不同屬（Genus），雖屬同屬、而不同種（Spcies），雖屬同種、而不同株（母株）……蓋萬物各有其「自相」，一個胎裏生不出兩個完全同樣的弟兄，一顆樹上生不出兩朵完全同樣的花，一朵花上找不出兩個完全同樣的花瓣，一個模子鑄不出兩個完全同樣的銅錢。此卽萬物之所以「畢異」也。萬物畢同畢異，此之謂「大同異」。可見一切同異都非絕對的。

再推論下去，則一切粗細、美醜、成毀……均無區別矣。

「故爲是舉莛與楹，厲與西施，恢恑憰怪，道通爲一。其分也，成也；其成也，毀也；凡物無成與毀，復通爲一。唯達者知通爲一。爲是不用而愚諸庸。庸也者，用也；用也者，通也；通也者，得也；適得而幾矣，因是已。已而不知其然，謂之道。」（莊子齊物論）

就成毀論之，（其他各點參下段善惡是非問題），一物之成，卽爲一物之毀；一物之毀，卽一物之成也。例如加熱於硫化汞粉末，而成水銀及氧：

$$2HgO \xrightarrow{\triangle} 2Hg + O_2\uparrow$$

就此反應式言之，氧化汞變爲水銀及氧，則氧化汞爲毀矣，而水銀及氧爲成矣。然則，通此反應而論之，爲成耶？爲毀耶？吾必應之曰：亦成亦毀也。

(4) **更論萬物之生成變化**。莊子之意，蓋以爲萬物之變化，乃循環不息，如轉盤之轉旋無已也。故曰：

「萬物皆種也，以不同形相禪，始卒若環，莫得其倫，是謂天鈞。」（莊子寓言）

「天鈞」之鈞字，愚意當解作轉盤，此與墨子「運鈞」一詞之意正同：

「子墨子曰：『言必立儀，言而毋儀，譬猶運鈞之上而立朝夕者也。』」（墨子非命上）

高誘注淮南子云：「鈞，陶人作瓦器，法下轉鈞者。」

史記集解云：「駰案：漢書音義曰：『陶家名模下圓轉者爲鈞。』索隱云：韋昭曰：『木長七尺，有紘，所以調爲器具也。』」言運鈞轉動無定，必不可立表以測景。」（以上引自孫詒讓墨子閒詁）自然變化，如轉盤之旋轉無窮，故謂之「天鈞」。至其變化之次，假言如下：

「種有機，得水則爲㡭，得水土之際，則爲鼃蠙之衣。生於陵屯，則爲陵舄，陵舄得鬱棲則爲烏足，烏足之根爲蠐螬，其葉爲胡蝶。胡蝶，胥也，化而爲蟲，生於竈下，其狀若脫，其名爲鴝掇。鴝掇千日爲鳥，其名爲乾餘骨，乾餘骨之沫爲斯彌，斯彌爲食醯。黃軦生乎九猷。瞀芮生乎腐蠸。羊奚比乎不箰，久竹生青寧，青寧生程，程生馬，馬生人，人又反入於機。萬物皆出於機，皆入於機。」（莊子至樂篇）

此一變化順序，雖欠科學之驗證，然亦不失爲一種有趣之假說。在此變化系統中，不但有動物，亦且兼備植物，則莊子之萬物循環觀，可以窺知一二矣。

然就此系統之本身言，尚有微疵，必須予以指出；即瞀芮與羊奚、不箰、久竹之間，無法聯絡。不知爲莊子之疏忽耶？抑錯簡之所致也？待考。然莊子既曰：「始卒若環，莫得其倫，是謂天鈞。」又曰：「……人又反入於機。」則其爲循環變化觀，似無疑義。

「循環變化觀」與齊物論大有關係，蓋宇宙萬物（包括是非善惡，見下。）既爲循環演變，則物種之大小同異，是非善惡之討論……種種不同，又焉足勞神以固持？

六、是非善惡問題

萬物如此，而是非、彼此、生死、可否之變化，亦爲無窮之循環：「物无非彼，物无非是。自彼則不見，自知則知之。故曰『彼出於是，是亦因彼，彼是方生之說也。』雖然，方生方死，方死方生；方可方不可，方不可方可；因是因非，因非因是。是以聖人不由，而照之以天，亦因是也。是亦彼也，彼亦是也，彼亦一是非，此亦一是非，果且有彼是乎哉？果且無彼是乎哉？彼是莫得其偶，謂之道樞。樞始得其環中，以應無窮。是亦一無窮，非亦一無窮，故曰：『莫若以明。』」（莊子齊物論）

既如此，則爭是爭非，爭可爭不可，亦徒然勞心傷神，故上上之策，乃在於「照之以天」，「得其環中以應無窮」；亦即「休乎天鈞」之意。

「是以聖人和之以是非，而休乎天鈞，是之謂兩行。」（莊子齊物論）

「和之以是非」，即不分辨是非，超出是非爭論之上，而任其「兩行」無窮。

「是不是，然不然。是若果是也，則是之異乎不是也，亦無辯；然若果然也，則然之異乎不然也，亦無辯。化聲之相待，若其不相待，和之以天倪，因之以曼衍，所以窮年也。忘年忘義，振於無竟，故寓諸無竟。」（莊子齊物論）

因爲是不是，然不然，皆非一成不變者。以理推求，皆爲一種暫時之現象，無辯駁之必要。而孔墨辯者，仁義兼愛之論，反助長暴君大盜之能，使是非互長（參胠篋）；不若和之以「天倪」——自然之份，齊等之道也。故曰：「與其譽堯而非桀，不如兩忘而化其道。」（莊子外物篇）

當大道渾沌之時，無所謂眞僞，無所謂是非；及至大道旣廢，至言旣隱，則是非眞僞之論生矣。「道惡乎隱而有眞僞？言惡乎隱而有是非？道惡乎往而不存？言惡乎存而不可？道隱於小成，言隱於榮華，故有儒墨之是非，以是其所非，而非其所是；欲是其所非，而非其所是，則莫若以明。」（莊子齊物論）

然是非眞僞……之論，只是一種假相。

「可乎可，不可乎不可；道行之而成，物謂之而然。惡乎然？然於然；惡乎不然？不然於不然。物固有所然，物固有所可，無物不然，無物不可。」（莊子齊物論）

何謂可？吾人以爲可卽是可也。何謂不可？吾人以爲不可卽是不可也。他如是與非、眞與僞、善與惡、然與不然，亦莫不如此，皆爲人類主觀之所命定，而非客觀絕對之「常名」（老子言）也。

「庸詎知吾所謂知之非不知邪？庸詎知吾所謂不知之非知邪？」（莊子齊物論）

而正處、正色、正位、亦無辯矣。

「民溼寢則腰疾偏死，鰌然乎哉？木處則惴慄恂懼，猿猴然乎哉？三者孰知正處？民食芻豢，麋鹿食薦，蝍且甘帶，鴟鴉耆鼠，四者孰知正味？猿、猵狙以爲雌，麋與鹿交，鰌與魚游，毛嫱麗姬，人之所美也。魚見之深入，鳥見之高飛，麋鹿見之決驟；四者孰知天下之正色哉？」（莊子齊物論）

以人之地位言之，則筐床巨室爲善處，芻豢爲佳肴，毛嫱麗姬爲美色。此不過爲人主觀之認定而已，至於鰌、猿、麋、鹿……則未必若此。人類不過宇宙變化之一部份而已，今日爲人，異日爲鳥爲獸爲蟲爲魚全不可知。奈何以部份之見，而欲定宇宙全體之正處正色正味……哉？

因爲宇宙間並無「絕對標準」，則一切議論均不能知其辯矣。

「自我觀之，仁義之端，是非之塗，樊然殽亂，吾惡能知其辯？」（莊子齊物論）

而世俗以辯論爲可以求得眞理，莊子亦認爲毫無意義：

「既使我與若辯矣。若勝我，我不若勝，若果是也，我果非也邪？我勝若，若不吾勝，我果是也，若果非也邪？其或是也，其或非也邪？其俱是也，其俱非也邪？我與若不能相知也，則人固受其黮闇。吾誰使正之？使同乎若者正之；既與若同矣，惡能正之？使同乎我者正之；既同乎我矣，惡能正之？使異乎我與若者正之；既異乎我與若矣，惡能正之？使同乎我與若者正之；既同乎我與若矣，惡能正之？然則我與若與人，俱不能相知也，而待彼也邪？」（莊子齊物論）

既無「絕對標準」矣，則辯勝未必爲是，不勝未必爲非。倘使第三者正之，則亦難免有主觀之成見，無論其同乎若、同乎我、同乎我與若、異乎我與若，皆不能得最後之結論，反將破壞自然之圓滿，而益滋紛擾。（參駢拇）故莊子最後認爲，以不分不辯爲解決分辯問題之最佳辦法。

「故分也者，有不分也；辯也者，有不辯也。聖人懷之，衆人辯之，以相示也。故曰：『辯也者，有不見也。』……孰知不言之辯，不道之道，若有能知，此之謂天府。」（莊子齊物論）

此非逃避問題，乃以取消問題爲解決問題之手段也。

七、結　論

萬物由道而來，道無分界、無偏見；及至萬物既成，在現象界乃有大小、多少、同異、壽夭、可否、是非、善惡……種種區別。而人由於私心私愛，發爲言說，相互是非，斷斷焉而未有已，故物論成矣。然物論之不齊，咸其自取，非造化之本然也。

「子綦曰：『夫大塊噫氣，其名爲風，是唯無作，作則萬竅怒呺。而獨不聞之翏翏乎？山林之畏佳，大木百圍之竅穴，似鼻似口，似耳似枅，似圈似臼，似洼者，似汚者，激者謞者，叱者吸者，叫者譹者，宎者咬者，前者唱于，而隨者唱喁。冷風者小和，飄風則大和，厲風則衆竅虛，而獨不見調調之刁刁乎？』子游曰：『地籟則衆竅是已，人籟則此竹是已，敢問天籟？』子綦曰：『夫吹萬不同，而使其自已也，咸其自取，怒者其誰邪？』」（莊子齊物論）

造化無私，如風之無心；而成物各異，如萬竅之有殊。其孔竅既有深淺大小方圓之區別，其聲音自亦有如洼如汚、激謞叱吸、叫號宎咬，種種之不同矣。然此不同，豈風所使耶？亦萬竅之自取也。

「百骸、九竅、六藏，賅而存焉，吾誰與爲親？汝皆悅之乎？其有私焉？如是皆有爲臣妾乎？其臣妾不足以相治也。其遞相爲君臣乎？其有眞君存焉。如求得其情，與不得，無益損乎其眞。」（莊子齊物論）

物論之異，各得道體之一端。譬猶眞君爲一，而百骸、九竅、六藏，各有不同。眞君不私其身之一體，道體自亦不私物論之一端矣。故以道之觀點論之，物論雖有萬殊，然皆並行不悖，順其自然，不假可否也。

第四節　養生主

一、養生與養形

論及養生主，有一疑問，必須先予解決。此一問題，即是莊子於齊物論篇既已「一死生」矣，又何必「養生」？豈非多此一舉，自相矛盾乎？其實此一問題甚易解答。何者？因莊子養生主之所謂養生，與齊物論所論之死生有別之故。蓋養生主之養生，其所重者在於「生主」，而齊物論之死生，其所重者在於形骸也。如能使「生主」得養，精神凝一，性命得全，則超乎生生死死變化之外。故養「生主」者，正所以齊死生也。本師林景伊先生曰：

「世之所謂善養生者，必以爲甘食美服安居樂身也，而世人以求所以甘食美服安居樂身之故，遂不惜憂勞其心智，焦苦其精神。此直以養形而桎梏其心智，忘其生主，非達生之情，而善養生者也。莊子之言養生，重其生主，全其天守，凝其精神，不爲外物所累，不爲私欲所蔽。」（中國學術思想大綱）

此處提出「養生」與「養形」二詞，蓋「生主」乃「形骸」所憑以生存者也。世俗之養生，既重形骸，則凡形骸之所樂所欲所安，無不竭力追逐，以滿足之。如此，一則心智憂勞，精神焦苦，而害及乎生主；一則縱慾過甚，飲食失調，而反傷其形體。至於莊子之養生，以生主爲本，全其天守，凝其精神，不逐外物，不溺私慾，則不但生主得養，且賴之以生之形骸，亦因之得全，而不致損傷矣。

「養形必先之物，物有餘而形不養者有之矣。有生必先無離形，形不離而生亡者，有之矣。生之來不能卻，其去不能止，悲夫！世之人以爲養形足以存生，而養形果不足以存生，則世奚足爲哉！」（莊子達生篇）

生死乃宇宙自然之演變，非人力所可廻轉；且形亡固不能謂生，即形存亦不必爲生也。世之執著於養形者，又烏可以必然存生哉？——生既不能長存，自不免於死死生生之無窮變化，何其可悲也！

「一受其成形，不亡以待盡，與物相刃相靡，其行盡如馳而莫之能止，不亦悲乎？終身役役而不見其成功，薾然疲役而不知其所歸，可不哀邪？人謂之不死，奚益？其形化，其心與之然，可不謂大哀乎？」（莊子齊物論）

對於生死之變化，如能知其爲必然而不可更改，以安之若命，則無一切之煩惱。世人愛生惡死，用盡種種方法以求全生，其生固不能必，其生主亦將隨之俱化，豈不大可哀也耶？故曰：

「哀莫大於心死，而身死次之。」（莊子田子方）

莊子似有一種觀念，認爲吾人如能不爲外物所動，不爲私欲所淫，而能凝其精神；則其生主可永存不滅，而超脫死生變化之外。

「用志不分，乃凝於神。」（莊子達生篇）人之精神，可以凝聚，既經凝聚，則一切安危生死以及外物之誘惑均不能入矣。故南伯子綦如槁木死灰，衆心盡去，而渾忘一切；（徐無鬼篇，又齊物論），痀僂累丸，能使不散；沒人忘水善泳，故能操舟不失；（見達生篇），皆因凝聚精神之故也。

精神凝聚，則能死而不亡。

「死而不亡者壽。」（老子第三十三章）

「指窮於薪，火傳也，不知其盡也。」（莊子養生主）

薪喻形體，火喻精神。以指折薪而燃之，則薪有盡時；薪雖有盡，而火終無窮極。蓋形體有時而盡，精神（生主）如能凝而不散，則可永久長存也。

二、養生之法

由上可知，莊子言養生者，養其生主也；生主得養，則形骸亦不損傷矣。本篇述「庖丁解牛」之喻，最能盡其養生之旨趣：

「庖丁爲文惠君解牛，手之所觸，肩之所倚，足之所履，膝之所踦，砉然嚮然，奏刀騞然，莫不中音，合於桑林之舞，乃中經首之善。文惠君曰：『譆！善哉！技蓋至此乎！』庖丁釋刀對曰：『臣之所好者，道也，進乎技矣。始臣之解牛之時，所見無非牛者。三年之後，未嘗見全牛也。

方今之時，臣以神遇，而不以目視，官知止而神欲行，依乎天理，批大郤，道大窾，因其固然，技經肯綮之未嘗，而況大軱乎？良庖歲更刀，割也；族庖月更刀，折也；今臣之刀，十九年矣，所解數千牛矣，而刀刃若新發於硎。彼節有間，而刀刃無厚，以無厚入有間，恢恢乎其於遊刃，必有餘地矣！是以十九年，而刀刃若新發於硎。雖然，每至族，吾見其難爲，怵然爲戒，視爲止，行爲遲，動刀甚微，謋然已解，如土委地。提刀而立，爲之四顧，爲之躊躇滿志，善刀而藏之。』文惠君曰：『善哉！吾聞庖丁之言，得養生焉。』」（莊子養生主）

庖丁善解牛，神乎其技矣！喻聖人善養生，亦得其妙理也。其言「臣之所好者，道也，進乎技矣。」——乃由道之技，非由技之道，喻養生當得其根本，勿在枝節處著力。——如前所言，養其形骸，雖多方追逐，滿其物慾，而形反不得養；反之，倘能重其生主，即精神凝聚，與道相通，則無不全矣。牛喻世間之事，刀喻人之生主，養生之要，全在「依乎天理，因其固然」二句。未悟道時，見世事齟齬難行，如庖丁初則滿眼只見一牛，不知從何下手。旣而悟道已深，性智日明，則看破世間之事，件件自有一定天然之理，如此則不見一事當前，故目無全牛矣。以神遇而不以目視，喻以心契而不以知識論也。官知而神欲行，言司察之官廢，從心而順理也。如此凝一精神，則不見一毫之難處。蓋技之妙也，當遊刃於空，未嘗經絫於微礙也。故曰：「技經肯綮之未嘗，而況大軱？」良庖、族庖，均養生者也，而程度有異。族庖以刀斫骨，故月更刀而刀猶折壞，是未得養生之旨者；良庖歲更刀，則較族庖爲勝矣，猶未至也。庖丁之刀，十九年矣，所解數千牛，而刀刃若新發於硎，此深得養生之妙者也。十九年，歷時不爲短矣；數千牛，遇事不爲寡矣；而刀刃不磨，是其能凝聚精神，以無心應物，故物無傷者。此以無厚入有間之義也。雖如是，仍不敢大意，集中精神，視止行遲，怵然爲戒，至乎謋然已解，猶善刀而藏之，其愛惜有如此者。

(1) 去知識物欲

世事有萬，均斲傷精神；然其傷神之最要者，則知識物欲是也。

「達生之情者，不務生之所無以爲，達命之情者，不務知之所無奈何。」（莊子達生篇）

生所無以爲，郭注：分外物也。按：即非生活生存之必需品，外物是也。知之所無奈何，即不可知者；萬物是非善惡均不可知，（見齊物論），而務欲求之，殆矣。

「吾生而有涯，而知也無涯，以有涯隨無涯，殆已。已而爲知者，殆而已矣。」（莊子養生主）

蓋生命有限，知識無窮，以有限之生命，求無窮之知識，必致勞神而傷身矣。

「夫畏塗者，十殺一人，則父子兄弟相戒也，必盛卒徒而後敢出焉，不亦知乎？人之所取畏者，衽席之上，飲食之間，而不知爲之戒者，過也。」（莊子達生篇）

物欲之傷生，猶如盜賊之害命，食色爲欲望之基本，亦其最大者，不可不有節制，以相戒懼也。

此外，物欲之害人者尙多：

「自三代以下者，天下莫不以物易其性矣。小人以身殉利，士以身殉名，大夫以身殉家，聖人則以身殉天下。此數子者，事業不同，名聲異號，其於傷性以身爲殉一也。」（莊子駢拇篇）

以名、利、家、天下爲務，則必以身隨之，隨之必忘其生主，而失其本性矣。

(2)全其本性

本性，乃天所賦予之純眞，近乎生主；本性得全，亦即生主得養。

「且夫失性有五：一曰五色亂目，使目不明；二曰五聲亂耳，使耳不聰；三曰五臭薰鼻，困惾中顙；四曰五味濁口，使口厲爽；五曰趣舍滑心，使性飛揚。此五者，皆生之害也。」（莊子天地篇）

聲、色、臭、味、趣舍，乃亂耳、目、鼻、舌、心，而使人失其本性者也。本性失，則生主損矣；故必須求全性之道。

「吾所謂臧，非仁義之謂也，臧於德而已矣……任其性命之情而已矣。」（莊子駢拇篇）

欲全性命，在於任性命之情；任性命之情，則合於道德。

「今之所謂得志者，軒冕之謂也。軒冕在身，非性命也，物之儻來寄也。寄之，其來不可圉，其去不可止，故不爲軒冕肆志，不爲窮約趨俗，其樂彼與此同，故無憂而已矣。今寄去則不樂。由是觀之，雖樂，未嘗不荒也。故曰，喪己於物，失性於俗者，謂之倒置之民。」（莊子繕性篇）

任性命之情之意，在求精神之自由，不受拘束，順乎自然而已。至於軒冕（及富貴功名），乃物之儻來寄也，如能知其來去不可圉止，而無動乎心，則精神自由，而天性全矣。

「澤雉十步一啄，百步一飮，不蘄畜乎樊中。神雖王，不善也。」（莊子養生主）

鳥之性樂在自由翺翔，畜乎樊中，雖不憂飲食，而非其性之所欲，故不善也。至於魯侯以己養養鳥，（詳見至樂篇），則去鳥之性，益有間矣。故莊子寧爲孤犢而不爲犧牛（見列御寇篇），寧爲巨龜於塗泥之中，而不願留骨於廟堂之上（見秋水篇），皆不欲以功名而失其天眞，害其本性之義。

(3)清靜凝神

清靜者，謂精神不外發也；凝神者，謂精神之內聚也。

「故曰：形勞而不休則弊，精用而不已則勞，勞則竭。水之性不襍則清，莫動則平。鬱閉而不流，亦不能淸，天德之象也。故曰：純粹而不襍，靜一而不變，淡而無爲，動而以天行，此養神之道也。」（莊子刻意篇）

精神外發，則形勞精竭而失其平靜，救之之道，在求多方節制，使精神內歛。在宥篇載黃帝問道於廣成子，有言：

「黃帝順下風，膝行而前，再拜稽首而問曰：『聞吾子達於至道，敢問治身奈何，而可以長久？』廣成子蹷然而起曰：『善哉問乎！來，吾語女至道。至道之精，窈窈冥冥，至道之極，昏昏默默，無視無聽，抱神以靜，形將自正。必靜必淸，無勞汝形，無搖汝精，乃可以長生。目無所見，耳無所聞，心無所知，女神將守形，形乃長生。愼女內，閉汝外，多知爲敗……愼守汝身，物將自壯，我守其一，以處其和，故我修身千一百歲矣，吾形未嘗衰。』」（莊子在宥篇）

視也，聽也，勞神也，搖精也，皆能戒絕，則精神內守其形骸，使之長久。

「聖人之靜也，非曰靜也，善故靜也。萬物無足以鐃心者，故靜也。水靜則明，燭鬚眉，平中準，大匠取法焉。水靜猶明，而況精神？聖人之心靜乎，天地之鑒也，萬物之鏡也。夫虛靜恬淡，寂漠無爲者，天地之平，而道德之至。」（莊子天道篇）

塞兌閉門，使外物不足以入而感動吾心，而長保其寧靜。精神寧靜，則可以鑒天地，照萬物，而與自然之道相契合矣。

「棄事則形不勞，遺生則精不虧。夫形全精復，與天爲一。天地者，萬物之父母也，合則成體，散則成始。形精不虧，是謂能移。精而又精，反以相天。」（莊子達生篇）

夫生者，精之聚也；死者，氣之散也。形全精復而至於其極，則與天地爲一體矣。誠能若是，則死生之變，又何足論哉！

(4) 安命樂道

所謂命運，乃自然變化之力量，非人力所能左右。此種力量支配人生，而吾人又莫可奈何，故應之之道，惟樂天安命之一途而已。

「知其不可奈何而安之若命，德之至也。」（莊子人間世）

安之若命，乃德之至也。否則，掙扎努力，不但毫無助益，反勞心傷神，而害其生主，故有道者不爲焉。

「公文軒見右師而驚曰：『是何人也？惡乎介也？天與，其人與？』曰：『天也，非人也，天之

生是使獨也。人之貌有與也，以是知其天也，非人也。』」（莊子養生主）

右師之介（斷腿），乃因刑罰，此由人致，而謂之天者，以其無可奈何，無可避免，故亦歸諸天命。總之，莊子將一切遭遇，通統歸諸一種無可抗拒之力量。而應之之道，惟逆來順受，不加抗拒而已。

「老聃死，秦失弔之，三號而出。弟子曰：『非夫子之友邪』曰：『然。』『然則弔焉，若此可乎？』曰：『然。始也，吾以爲其人也，而今非也。向吾入而弔焉，有老者哭之，如哭其子，少者哭之，如哭其母。彼其所以會之，必有不蘄言而言，不蘄哭而哭者。是遯天倍情，忘其所受，古者謂之遁天之刑。適來夫子時也，適去夫子順也，安時而處順，哀樂不能入也。古者謂是帝之縣解。』」（莊子養生主）

死生是一大變化，亦非人力所能改變。懼之亦死，不懼亦死，好之亦死，惡之亦死，故曰：「殺生者不死，生生者不生。」（見大宗師）反不若安時處順，哀樂不能入。故莊子處己死如此，處人死亦復如此。

(5)處世遠害

人生於世，動輒得咎，必須思所以全生遠害之道，否則生命且不保，如之何生主之養也？此在人間世篇另有詳論，於此但舉其要者而言曰：

「爲善無近名，爲惡無近刑，緣督以爲經。可以保身，可以全生，可以養親，可以盡年。」（莊

子養生主）

為善無近名，近名則招忌，忌來則害生。為惡無近刑，近刑則有刀鋸斧鉞之災。斯二者皆有害，故養生者不處也。督者，中也。經者，常也。善養生者，不居前，不處後，順中以為常。（據郭注。）

如此，則可以保身，可以全生，可以養親，可以盡年。

三、結　論

綜上所論，莊子之所重者，雖在生主，但無形骸，精神亦無所寄託。故修道之人，應內外兼顧，不可偏廢也。達生篇威公問田開之養生之道，開之答曰：

「聞之夫子曰，善養生者，若牧羊然，視其後者而鞭之。」威公曰：「何謂也？」田開之曰：「魯有單豹者，巖居而水飲，不與民共利，行年七十，而猶有嬰兒之色。不幸遇餓虎，餓虎殺而食之。有張毅者，高門縣薄，無不走也。行年四十，而有內熱之病，以死。豹養其內，而虎食其外，毅養其外，而病攻其內，此二子者，皆不鞭其後者也。」（莊子達生篇）

此即內外兼顧之旨也。

由此可知，莊子絕非悲觀厭世者，其於齊物論篇言死之樂，亦非勸人自殺，如赫格西亞斯（Hegesias）叔本華(Arthur Schopenhauer)者然。（註三）其處生死之態度，一為超出生死物論之外，以求逍遙；一求養生盡年，安時順處。因死則精神澌散，故不求速死，以凝其精神；但死又為不可抗拒之事，故死來亦不求避免，而安之若命也。

〔註一〕此處之「成心」，乃指吾人通常所了解之意義，即成見執著之心理也。

〔註二〕其昶案：成誠同字。詩：成不以富。論語成作誠。成心對上成形。錢田間先生謂即易之成性是也。世人心與形爲存亡，惟成心者不亡。成心謂實有之眞心。知北遊篇所謂內不化者也。師即師其君宰。（以上見莊子故）故此處之「成心」，與尋常之解作「私心」、「成見」者有異，特此註明。

〔註三〕赫格西亞斯（Hegesias）屬其列內學派，彼稱愚者固視人世之爲善，但在賢者觀之，殊無意義。快樂常伴痛苦而來，究難以永續，人世痛苦之總量，實較快樂爲夥也，故至終乃鼓勵人自殺。至於叔本華（Arthur Schopenhauer）認爲宇宙之本質爲意志，一切無生物之相互作用，及有生物之成長發達，皆不外盲目的意志之表現。人生始終亦爲此意欲所驅使，不絕向前追求，罪惡苦惱，亦隨之而愈加，終莫能自覺。所以然者，因人生亦純爲盲目的意志所支配也。苟欲解脫，亦唯有滅絕生活意志，絕對否定自我，而期入於「絕對無」之境界。（見范錡著哲學概論）

第五章　莊子思想述要（下）

第一節　人間世

一、出世入世與心齋坐忘

討論人間世前，吾人亦有一問題：「莊子思想爲入世耶？爲出世耶？」於逍遙遊篇，吾人既稱其「悲天下之沈濁，故有出世之想，而作逍遙遊」矣，然又何以尚有人間世之論處世之道耶？於此有一解釋：莊子之出世思想，求精神之自由與解放也，此與退處山林結志區外之隱者有別。故其身雖在世，而無凝於精神之安寧也。

王先謙曰：「人間世，謂當世也。事暴君，處汙世，出與物接，無爭其名，而晦其德，此善全之道。」（莊子集解）

陳于廷曰：「莊子拯世，非忘世，其爲書，求入世，非求出世也。」（莊子故引）

就其求自由，求解脫言，莊子之思想爲出世；就其形體仍居世俗，且求所以應之之道言，莊子思想爲入世也。綜合言之，莊子思想入世亦出世，謂其爲出世之入世主義可也。

莊子一方面求精神之絕對自由，另一方面，仍有極強烈之淑世之心。即便退隱，亦時思待機而動，以求反世於大道也。

「古之所謂隱士者，非伏其身而弗見也，非閉其言而不出也，非藏其知而不發也，時命大謬也。當時命而大行乎天下，則反一無迹；不當時命而大窮乎天下，則深根寧極而待，此存身之道也。」（莊子繕性篇）

論及人間世之要旨，本師林景伊先生曰：

「莊子人間世之主旨，實論所以處世之道。蓋與人羣者，不得離人。然人間之事故，與人事之異宜，千變萬化，難以智鬪，唯無心而不自用者，爲能隨變所適，而不荷其累。其極致乃以『心齋』『坐忘』始能得之。故其論行事之情，交接之道，及傳言之難，皆所以明處世之方。」（中國學術思想大綱）

人間世，爲一種極爲複雜之環境。何以故？以人心險惡故，人事難測故。

「凡人心險於山川，難於知天。天猶有春秋夏冬旦暮之期，人者厚貌深情。故有貌愿而益，有長若不肖，有順懁而達，有堅而縵，有緩而釬。故其就義若渴者，其去義若熱。」（莊子列御寇）

「且以巧力鬪力者，始乎陽，常卒乎陰，大至則多奇巧。以禮飲酒者，始乎治，常卒乎亂，大至則多奇樂。凡事亦然：始乎諒，常卒乎鄙，其作始也簡，其將畢也必巨。夫言者，風波也；行者，實喪也。風波易以動，實傷易以危。」（莊子人間世）

以巧力鬪，猶始陽卒陰，而至於多詭計謀害；況始乎陰者乎？以禮飲酒，尙始治卒亂，而至於淫蕩放肆；況始乎亂者乎？於此詭譎莫測，變化無窮之人世，惟無心而不自用者，爲能隨變所適，而不荷其累。故曰：「虛舟不怒，虛已無憂。」（詳見山木篇）其極致乃至於「心齋」「坐忘」。然則「心齋」「坐忘」何以耶？

莊子以不飲酒，不茹葷，爲祭祀之齋。所謂心齋者，乃「若一志，无聽之以耳，而聽之以心，无聽之以心，而聽之以氣。聽止於耳，心止於符；氣也者，虛而待物者也。唯道集虛。虛者，心齋也。」（莊子人間世）蓋以物欲足以迷心，能去物欲，始爲心齋。（中國學術思想大綱）

「顏回曰：『回益矣。』仲尼曰：『何謂也？』曰：『回忘仁義矣。』曰：『可矣，猶未也。』他日，復見。曰：『回益矣。』曰：『何謂也？』曰：『回忘禮樂矣。』曰：『可矣，猶未也。』他日，復見。曰：『回益矣。』曰：『何謂也？』曰：『回坐忘矣。』仲尼蹴然曰：『何謂坐忘？』顏回曰：『墮肢體，黜聰明，離形去智，同於大道，此謂坐忘。』」（莊子大宗師）

馮友蘭曰：「所謂心齋、坐忘，皆主除去思慮知識，使心虛而同於太道。」（中國哲學史）所謂心虛者，乃指虛明坦白之心，無私意、作爲，物我兩忘，遠利害得失之憂，自可處擾攘之世，免外物之累矣。

「瞻彼闋者，虛室生白，吉祥止止。夫且不止，是謂坐馳。夫徇耳目內通，而外於心知，鬼神將來舍，而況人乎？是萬物之化也。禹舜之所紐也，伏羲几遽之所行終，而況散焉者乎？」（莊子人間世）

此言心虛之效也。視萬有悉皆空寂，故能虛其心室；心室空虛，則光明受福，聚天地精神，而使人倫歸依，以應萬變也。

二、處世之道

(1)自化化人　前已論及，莊子有極強烈之淑世之心，故其處世，亦頗欲對社會有所影響，以同反於至道。所當注意者，莊子影響他人之方法，不在口談，不在強迫，而在一「化」字。故當度德量力，適時自愼，勿使災及乎身也。

「古之至人，先存諸己，而後存諸人，所存於己者未定，何暇至於暴人之所行？」（莊子人間世）

「聞以有翼飛者矣，未聞以無翼飛者也。聞以有知知者矣，未聞以无知知者也。」（莊子人間世）

欲求事之成功，必有所憑藉方可，故欲化人者，當先求「自化」。自化之道，即前所言之「心齋」「坐忘」，以應物無窮也。人間世篇記顏子聞衛君虐民，而欲往救之，是有行道濟時之心；然所存於己者未定，則反將爲人所化，焉足以化人？是不知度德量力，如螳螂怒其臂以當車轍，不知其不勝任也。

倘德力足以化人，亦當順其自然，不可勉強求入，使害及己。

「入則鳴，不入則止，無門無毒。一宅而寓於不得已，則幾矣。絕迹易，無行地難。爲人使易以僞，爲天使難以僞。」（莊子人間世）

何則？

「剋核太至，則必有不肖之心應之，而不知其然也；苟爲不知其然也，孰知其所終？故法言曰：『無遷令，無勸成。』過度，益也，遷令勸成殆事，美成在久，惡成不及改，可不愼與？」（莊子人間世）

因要求太苛，則人無法適應，反生怨恨之心，事將不成，而身受其殃，故須循序漸進，以底於成。

(2)全生之道　處亂世而欲全生，則誠有難爲者。蓋爲善則易有名，有名則遭忌；爲惡則易干罪，干罪則遭患。是以居於善不善之中，則可以保身全生矣。

「爲善無近名，爲惡無近刑，緣督以爲經，可以保身，可以全生，可以盡年。」（莊子養生主）

「東海有鳥焉，名曰意怠，其爲鳥也，翂翂翐翐，而似無能。引援而飛，迫脅而棲，進不敢爲前，退不敢爲後，食不敢先嘗，必取其緒，是故其行列不斥，而外人卒不得害，是以免於患。」（莊子山木篇）

老子不敢爲天下先，莊子則「進不敢爲前，退不敢爲後」，以同於衆人，此莊子與老子處世態度之不同處。然則莊子但求遠害，而老子所求者，則爲天下莫能爲之先矣。

「吳王浮於江，登乎狙之山，衆狙見之，恂然棄而走，逃於深蓁。有一狙焉，委蛇攫搔，見巧乎王。王射之敏給，搏捷矢。王命相者趨射之，狙執死。王顧謂其友顏不疑曰：『之狙也，伐其巧，恃其便，以敖予，以至此殛也，戒之哉！嗟乎，無以汝色驕人哉！』顏不疑歸而師董悟，三年而國人稱之。」（莊子徐無鬼）

此言全生之道，不可恃巧伐捷。狙雖巧捷，王不能射，然終有能射之者。故驕者必敗，未若隱行藏能之萬全也。故立身處世，美者當自忘其美，賢者當自去其賢：

「陽子之宋，宿於逆旅。逆旅有妾二人，其一人美，其一人惡。惡者貴而美者賤。陽子問其故，逆旅小子對曰：其美者自美，吾不知其美也，其惡者自惡，吾不知其惡也。陽子曰：弟子記之，行賢而去自賢之行，安往而不愛哉？」（莊子山木篇）

自忘其美，自去其賢，不先不後，同於衆人，亦惟無心者能之。有其心，則必形諸外，故歸諸心齋、坐忘。

(3)**交接與傳言**　處世不能離人，既不能離人，則難免有「交接」、「傳言」之事。莊子論交接之道曰：

「形莫若就，心莫若和。雖然，之二者有患，就不欲入，和不欲出，形就而入，且爲顚爲滅，爲崩爲蹶；心和而出，且爲聲爲名，爲妖爲孽，彼且爲嬰兒，亦與之爲嬰兒，彼且無町畦，亦與之爲無町畦；彼且爲無崖，亦與之爲無崖；達之入於無疵。」（莊子人間世）

形就，同流也；心和，守正也。形就而不入，同流而不合汚也。心和而不出，守正而不見忌恨也。將順其美，匡救其惡，因其性之所有而通之，乃徐達於無疵之正道。例如徐無鬼見武侯，直言則武侯超然不對，以相狗馬爲喻，合於君性，則大悅而笑。（詳見徐無鬼篇）

交接之外，尙有傳言：

「夫傳兩喜兩怒之言，天下之難者也。夫兩喜必多溢美之言，兩怒必多溢惡之言，凡溢之類妄，妄則其信之也莫，莫則傳言者殃。故法言曰：『傳其常性，無傳其溢言，則幾乎全。』」（莊子人間世）

傳言之難，在乎溢美溢惡，而難得其常情，以致貽其身殃。然則何能得其常情，而無溢美溢惡之過於其間乎？惟無心者能之。如叩鐘然，大叩則大鳴；如對鏡然，鏡明則物之纖毫畢現；鐘鏡豈自爲損益於其間乎？

(4)**輕於名利**　名利皆常人之所欲者，爭逐名利，則必互相損害以求自利，如此則益增處世之難矣。是以達者當思所以免於競爭陷害之場，以安處此世。

「德蕩乎名，知出乎爭。名也者，相軋也；知也者，爭之器也；二者凶器，非所以盡行也。且德厚信矼，未達人氣，名聞不爭，未達人心，而強以仁義繩墨之言，術暴人之前者，是以人惡有其美也，命之曰菑人，菑人者，人必反菑之。」（莊子人間世）

上德不德，故曰德蕩乎名；大知無知，故曰知出乎爭。爭名則相害，有名則人惡有其美，此名之所以爲凶器也。

「孔子問於子桑雩曰：『吾再逐於魯，伐樹於宋，削迹於衛，窮於商周，圍於陳蔡之間。吾犯此數患，親交益疏，徒友益散，何與？』子桑雩曰：『子獨不聞假人之亡與？林回棄千金之璧，負赤子而趨。或曰：爲其布與？赤子之布寡矣！爲其累與？赤子之累多矣！棄千金之璧，負赤子而趨，何也？林回曰：彼以利合，此以天屬也。夫以利合者，迫窮禍患害相棄也，以天屬者，迫窮禍患害相收也。夫相收之與相棄亦遠矣。且君子之交淡若水，小人之交甘若醴，君子淡以親，小人甘以絕，彼無故以合者，則無故以絕。』」（莊子山木篇）

利合不如天屬，言利之不足恃也。以利合者，迫窮禍患害相棄；以天屬者，迫窮禍患害相收；言重利之害，及天屬之有用也。抑天屬者，非僅親子之間而已；道義之交，生死之友，皆歸屬之。

三、隱行藏能，不爲世用

前於逍遙遊篇，嘗言大瓠大樗之「大而無用」，與「無用之用」；並謂惟其無用，是以能免乎累，而自由逍遙。蓋害之所來，多因有用而起：

「山木自寇也，膏火自煎也。桂可食，故伐之，漆可用，故割之。人皆知有用之用，而莫知無用之用也。」（莊子人間世）

成玄英疏：「寇，伐也。山中之木，楸梓之徒，爲有材用，橫遭寇伐；膏能明照，以充鐙炬，爲其有用，故被煎燒，豈獨膏木，在人亦然。」

故惟無用，乃能自全。莊子書中，此類之例甚多，舉要如下：

「南伯子綦遊乎商之丘，見大木焉。有異。結駟千乘，隱將芘其所藾。子綦曰：『此何木也哉？此必有異材夫？』仰而視其細枝，則拳曲而不可以爲棟梁；俯而見其大根，則軸解而不可爲棺槨，咶其葉，則口爛而爲傷，嗅之使人狂酲，三日而不已。子綦曰：『此果不材之木也，以至於此其大也。嗟夫，神人以此不材。』宋有荆氏，宜楸柏桑，其拱把而上者，求狙猴之杙者斬之；三圍四圍，求高名之麗者斬之；七圍八圍，貴人富商之家，求樿傍者斬之。故未終其天年，而中道已夭於斧斤，此材之患也。故解之以牛之白顙者，與豚之亢鼻者，與人之有痔病者，不可以適河，此皆巫祝以知之矣，所以爲不祥也，此乃神人之所以爲大祥也。」（莊子人間世）

商丘之木，以不材得保其大，荆氏楸柏，以材之爲患，故夭於斧斤。牛之白顙者，豚之亢鼻者，與人之有痔病者，巫祝以爲不祥，而不用之於解，因能得全。故神人以爲大祥，爲其可以全命也。

匠石之齊，至乎曲轅，見櫟社樹，甚大且高，觀者如市。匠石行而不顧，弟子厭觀之，走及匠石，問其何以見此美材而不視？匠石曰：

「已矣，勿言之矣，散木也。以爲舟則沉，以爲棺槨則速腐，以爲器則速毀，以爲門戶則液樠，以爲柱則蠹，是不材之木也，無所可用，故能若是之壽。」（莊子人間世）

此櫟社樹之不材也。惟其不材，故能若是之壽也。

匠石歸，櫟社見夢曰：「女將惡乎比予哉？若將比予於文林邪？夫柤梨橘柚果蓏之屬，實熟則剝，剝則辱。大枝折，小枝泄，此以其能苦其生者也，故不終其天年，而中道夭。自掊擊於世俗者也，物莫不若是。且予求無所可用，久矣死幾，乃今得之，爲予大用，使予也而有用，且得有此大邪？且也，若與予也，皆物也，奈何哉！其相物也，而幾死之散人，又惡知散木？」（莊子人間世）

諸文木之見伐，以有能故。倘社樹有能，焉能得此其大邪？此段爲社樹之自白，亦莊子處世態度之自白。

「支離疏者，頤隱於臍，肩高於頂，會撮指天，五管在上，兩體爲脅，挫鍼治繲，足以餬口，鼓筴播精，足以食十人。上徵武士，則支離攘臂而遊於其間。上有大役，則支離以有常疾不受功。上與病者粟，則受三鍾與十束薪。夫支離其形者，猶足以養其身，終其天年，況支離其德者乎？」（莊子人間世）

支離疏者，形體不全，有大役則不受功，有所賜則多得之，故能養其身，以終其天年。郭象曰：「支離其形者，猶能自全如此，神人無用於物，而物各得自用，歸功名於羣才，與物冥而無適，故免人間之害，處常美之實，此支離其德也。」

然專恃無用，尚不能完全免害：

「莊子行於山中，見大木枝葉盛茂，伐木者止其旁而不取也。問其故，曰：『無所可用。』莊子曰：『此木以不材得終其天年。』夫子出於山，舍於故人之家，故人喜，命豎子殺雁而烹之。豎子請曰：『其一能鳴，其一不能鳴，請奚殺？』主人曰：『殺不能鳴者。』明日，弟子問於莊子曰：『昨日山中之木，以不材得終其天年，今主人之雁，以不材死，先生將何處？』莊子笑曰：『周將處乎材與不材之間，材與不材之間，似之而非也，故未免乎累。若夫乘道德而浮遊，則不然，無譽無訾，一龍一蛇，與時俱化，而無肯專爲；一上一下，以和爲量；浮遊乎萬物之祖，物物而不物於物，則胡得

而累邪？』」（莊子山木篇）

山木以不材得終其天年，主人之雁，以不材死，處於材與不材之間，所謂「緣督以爲經」也。然此雖近於處世免害之道，而與有道者之自爲隱晦有所不同，仍不免於物累。倘心懷道德以處世，則無譽無訾，如龍之現，如蛇之伏，順時變化，不肯專滯於一物；或曲或伸，以天地中和之氣爲度量，寄心於大道，物物而不物於物，則超脫物累矣。

四、結　論

莊子之處世哲學，一方面欲撥亂反正，導世於至道，有淑世之心；一方面欲超脫物累，全生保眞，以逍遙自由。此兩種觀念，前者爲積極者，後者爲消極者；前者爲有爲者，後者爲無爲者；前者爲入世者，後者爲出世者；乍看似甚矛盾。然矛盾之中，亦有其統一者可言。蓋觀時而動，所謂「得志則行道於天下，不得志則可卷而懷之」，消極之中有積極，無爲之中有有爲，出世之中有入世，斯爲得之也。

第二節　德　充　符

一、精神可貴

行於天地者，道也；道之充實於人者，德也。德充符者，言道德充實之效也。

郭象曰：「德充於內，應物於外，內外玄合，信若符命，而遺其形骸也。」（莊子郭象注）

釋德淸曰：「德充實於內者，必能遊於形骸之外，而不寢處軀殼之間。蓋以知身爲大患之本，故不事於物欲，而心與天遊，故見之者自能神符心會，忘形釋智，而不知其所以然也。」（莊子內篇憨山注）

此解篇題之義甚明，而人之所以能通於天地者，心智也，精神也。故莊子之所重者，在精神；所輕者，在形骸。本師林景伊先生曰：

「世俗以形骸爲重，而莊子獨以精神爲主。所謂德充於內，應物於外；德之所至，則形骸自遺，守其形骸，忘其精神，是失其本矣。」（中國學術思想大綱）

何以貴乎精神也？蓋精神乃所以支使形骸者也。精神一離，則形骸失其主宰，不過臭皮囊而已，行屍走肉而已，毫無價値可言也。

「㹠子食於其死母者，少焉，眴若皆棄之而走，不見己焉爾，不得類焉爾。所愛其母者，非愛其形也，愛使其形者也。戰而死者，其人之葬也，不以翣資，刖者之屨，無爲愛之，皆無其本矣。」（莊子德充符）

㹠子之愛其母，愛其精神也。精神澌散，則㹠子皆棄之而走矣。故精神爲本，形骸爲末，本貴而末賤，本亡而末遺矣。

「魯有兀者叔山無趾，踵見仲尼。仲尼曰：『子不謹前，既犯患若是矣，雖今來，何及矣？』無

趾曰：『吾唯不知務而輕用吾身，吾是以亡足；今吾來也，猶有尊足者存，吾是以務全之也。』（莊子德充符）

所謂尊於足者，不在形骸也；形骸乃精神之逆旅，精神之所暫時寄托者也。故形骸可遺，而精神不死，無趾雖刖一足，其德未虧也。

二、與天地萬有合一

德既不虧，則可以通天：

「既受食於天，又惡用人？有人之形，無人之情。有人之形，故羣於人；無人之情，故是非不得於身。眇乎小哉，所以屬乎人也。謷乎大哉，獨成其天。」（莊子德充符）

人雖渺小，通天而大。小者，就形體而言，與常人無異；大者，就精神而言，與道聯合，萬有盡存乎方寸之間也。

「官天地，府萬物，一知之所知，而心未嘗死者乎？彼且擇日而登假，人則從是也，彼且何肯以物爲事乎？」（莊子德充符）

與道同流，則包容天地，超脫生死，而入於化境。

三、安命樂道，以應萬變

「自狀其過，以不當亡者衆，不狀其過，以不當存者寡。知不可奈何而安之若命，惟有德者能之。遊於羿之彀中，中央者，中地也，然而不中者，命也。」（莊子德充符）

在莊子之觀念中，宇宙一切生成變化，皆屬自然之道之循環運行，而此種運行之趨勢，又非常人之力量所能改變；此時也，惟樂天安命最爲良圖。亦惟有樂天安命者爲近道；逞強努力，徒自尋煩惱而已。

「死生存亡，窮達貧富，賢與不肖，毀譽饑渴寒暑，是事之變，命之行也。日夜相代乎前，而知不能規乎其始者也。故不足以滑和，不可入於靈府，使之和豫，通而不失於兌，使日夜無郤，而與物皆春，是接而生時於心者也，是之謂才全。」（莊子德充符）

能安命樂道，則形體卽使隨一切事變而變化，而內心仍能永保其安寧。蓋內心爲性情之靈府，而萬變不能入之以滑其和；誠能如此，則德充於內矣。

有德者，既宇宙一切變化均不能動；則死生乃萬變之一端耳，又何難乎適應？

「死生亦大矣，而不得與之變，雖天地覆墜，亦將不與之遺，審乎無假，而不與物遷，命物之化，而守其宗也。」（莊子德充符）

此其故何耶？在順乎自然，守其大道，故能主宰萬物之變化，而不與物遷矣。

四、忘懷形骸

既如是，則形骸可遺。

「故德有所長，而形有所忘。人不忘其所忘，而忘其所不忘，此謂『誠忘。』」（莊子德充符）

形骸爲現象界之「假相」。常人昏昧，不識眞宰，乃以形骸爲重；而至德之人，道德內充，故能忘懷形骸也。

「自其異者視之，肝膽楚越也；自其同者視之，萬物皆一也。夫若然者，且不知耳目之所宜，而遊心於德之和，物視其所一，而不見其所喪，視喪其足，猶遺土也。」（莊子德充符）

以道之立場言，萬物爲一，毫無差別。（參齊物論）所謂「自其同者視之，萬物皆一」也。既如是，則形骸之微殊，又何異之可言？

「闉跂支離無脤，說衛靈公，靈公說之，而視全人，其脰肩肩。甕㽙大癭說齊桓公，桓公說之，而視全人，其脰肩肩。」（莊子德充符）

「吾與夫子遊，十九年矣，而未嘗知吾兀者也。」（莊子德充符）

本篇及人間世所記，兀者王駘，申徒嘉，叔山無趾，哀駘它，支離疏，闉跂支離無脤，甕㽙大癭……等，皆至德而能忘形之人也。

五、遺棄功名

生死、形骸，既不足以滑和，則功、名，更不足以動心矣。

「申徒嘉，兀者也，而與鄭子產同師於伯昏無人。子產謂申徒嘉曰：『我先出則子止，子先出則我止。』其明日，又與合堂同席而坐。子產謂申徒嘉曰：『我先出則子止，子先出則我止。今我將出，子可以止乎？其未邪？且子見執政而不違，子齊執政乎？』申徒嘉曰：『先生之門，固有執政焉如此哉？子而說子之執政而後人者也。聞之曰：「鑑明則塵垢不止，止則不明也，久與賢人處則無過。」今子之所取大者，先生也；而猶出言若是，不亦過乎？』」（莊子德充符）

子產與申徒嘉同師於伯昏無人，而常以執政自多，不欲與申徒嘉並行，是其雖事明師，而鄙吝之心未去也。夫學道之人，所重者在德，地位則並非所計；子產之失，即在未能忘功，而申徒嘉形雖不全，德充乎內，功與形骸，渾然忘卻也。

「孔丘之於至人，其未邪？彼何賓賓以學子為？彼且蘄以諔詭幻怪之名聞，不知至人之以是為己桎梏邪？」（莊子德充符）

此叔山無趾於老聃面前批評孔子之言。孔子雖為世所尊稱之聖人，然猶未能逃脫功、名之桎梏。何則？孔子以「有教無類」自命，無趾踵而求道，孔子竟以其形體不全而拒之。又外物篇稱其「相引以名，相結以隱」，足見其教學之目的，為名而非為道也。有道之人，則功、名兩忘。

六、萬物為鑑，百福駢臻

道為宇宙萬有生成之原因，亦其存在之主宰。得道之人，其心寧靜，故萬物以之為法：

「平者水停之盛也，其可以爲法也。內保之而外不蕩也。德者，成和之修也；德不形者，物不能離也。」（莊子德充符）

水平則可以爲法，至德之人，其心亦如之，故萬物皆受感應，以之爲鑑，而不能離也。

「常季問於仲尼曰：『王駘兀者也，從之遊者，與夫子中分魯；立不教，坐不議，虛而往，實而歸。固有不言之教，無形而心成者邪？』」（莊子德充符）

王駘形體不全，而能與夫子中分魯；不教不議，而使人虛往實歸，此皆德充之所致也。道德充實，則民自化，有身教重於言教之意。

魯哀公問於仲尼曰：「衞有惡人，曰哀駘它，丈夫與之處者，思而不能去也，婦人見之，請於父母曰：『與爲人妻，寧爲夫子妾』者，十數而未止也。未聞有能嘗其唱者也，常和而已矣。無君人之位，以濟乎人之死，無聚祿以望人之腹，又以惡駭天下；和而不唱，知不出乎四域，且而雌雄合乎前，是必有異乎人者也。寡人召而觀之，果以惡駭天下。與寡人處，不至數月，而寡人有意乎其爲人也。不至乎期年，而寡人信之。國無宰，而寡人傳國焉。悶然而後應，氾而若辭；寡人醜乎，卒授之國。無幾何也，去寡人而行。寡人卹焉若有亡也，若無與樂國者。」（莊子德充符）

哀駘它，無美貌以誘人，無君位以濟衆，無爵祿以賜下，又無唱說以副人望；祿位才貌舉皆無之，而雌雄交歸焉，哀公傳國焉，非使物保而物自保之，此其故何也？亦曰，道德充實之故也。

「人莫鑑於流水，而鑑於止水，唯止能止衆止。」（莊子德充符）

止水內明徹而外無波，自具鑑物之本性，故人以爲鑑；德充於內，無美不包，亦如止水然，能使人止，而法度鏡鑑焉。

第三節　大宗師

大宗師者，以無心爲宗爲師，以至於大道也。本師林景伊先生曰：

「莊子以天地之大，萬物之富，外物之累，嗜欲之情，若不以無心爲宗爲師，而至於遺形忘生之道，則落於形體，墮於一偏，必不能至於大道。」（中國學術思想大綱）

此係本篇之綱要。然則何爲大道耶？

一、大　道

大道乃宇宙萬有之成因。

「有先天地生者，物邪？物物者非物，物出不得先物也。猶其有物也，猶其有物也，無已。」（莊子知北遊）

推究宇宙萬物之生成，爲「物」邪？抑「非物」邪？莊子思之再三，最後斷言爲「物物者非物」。何則？吾人認定物物者乃產生萬物之第一因，如物物者仍爲物，則既爲物矣，亦必另有其物物者。既另有其物物者，則其爲物物者之資格已喪失矣。故物物者非物，「萬物並出，物不得先物也。」（王先謙說）此物物者卽爲道。

「夫道，有情有信，無爲無形；可傳而不可受，可得而不可見，自本自根，未有天地，自古以固存。神鬼神帝，生天生地。在太極之先，而不爲高；在六極之下，而不爲深；先天地生，而不爲久；長於上古，而不爲老。」（莊子大宗師）

郭象注：「有無情之情，故無爲也；有無常之信，故無形也。古今傳而宅之，莫能受而有之。咸得自容而莫見其狀，明無不待有而無也。無也，豈能生神哉？不神鬼而鬼神自神，斯乃不神之神也。不生天地而天地自生，斯乃不生之生也。故夫神之果不足以神而不神，則神矣。功何足有？事何足恃哉？言道之無所不在也。故在高爲無高，在深爲無深，在久爲無久，在老爲無老，無所不在，而所在皆無也。且上下無不格者，不得以高卑稱也；內外無不至者，不得以表裏名也；與化俱移者，不得言久也；終始無常者，不可謂老也。」

大道之性質：(1)有情有信，無爲無形。(2)產生萬物，亦存於萬物之中。(3)自然而然，絕待獨立。(4)其存在自亙古以達乎永恆（過去的永遠到將來的永遠）。

「東郭子問於莊子曰：『所謂道惡乎在？』莊子曰：『無所不在。』東郭子曰：『期而後可。』莊子曰：『在螻蟻。』曰：『何其下耶？』曰：『在稊稗。』曰：『何其愈下耶？』曰：『在瓦甓。』曰：『其愈甚耶？』曰：『在屎溺。』東郭子不應。莊子曰：『夫子之問也，固不及質。正獲之問於監市履狶也，每下愈況。汝唯莫必，无乎逃物；至道若是，大言亦然。周、遍、咸三者，異名同實，

其指一也。』」（莊子知北遊）

此卽言道之無所不在也。西洋哲學有所謂泛神論（Pantheism）者，與此完全相同。泛神論並不承認於宇宙之外，另有一位造物者，故近於無神論（Atheism），其要旨爲萬有卽神，神卽萬有，故又稱萬有神論。彼認神爲宇宙萬有之精神力量，（God is the soul of the universe.）亦爲萬有之總和，而人不過萬有神之部份而已。

老子雖亦主張萬有由道而來，但似未若莊子強調道之存於萬物之中也。

「天其運乎？地其處乎？日月其爭於所乎？孰主張是？孰維綱是？孰居無事而推行是？意者其有機緘而不得已邪？意者其運轉而不能自止邪？雲者爲雨乎？雨者爲雲乎？孰隆施是？孰居無事淫樂而勸是？風起北方，一東一西，有上彷徨，孰噓吸是？孰居無事而披拂是？敢問何故？」（莊子天運）

天地之運行，日月之代明，雲雨降下，風之鼓吹，一切運轉變化，皆純任自然，此蘊自然之力量，謂之至道。

「吾師乎！吾師乎。韲萬物而不爲義，澤及萬世而不爲仁，長於上古而不爲老，覆載天地，刻彫衆形而不爲巧，此所遊已。」（大宗師——天道篇引與此小異）

道爲天地萬物之主宰，生而不有，爲而不恃，純任乎自然，其功至大，其行孤獨，故莊子無限歎佩，而欲以道爲師也。

二、師道之樂與學道之序

以道爲師，其樂若何？天道篇云：

「知天樂者，其生也天行，其死也物化。靜而與陰同德，動而與陽同波。故知天樂者，無天怨，無人非，無物累，無鬼責。故曰，其動也天，其靜也地，一心定而王天下，其鬼不祟，其魂不疲，一心定而萬物服，言以虛靜推於天地，通於萬物，此之謂天樂。」（莊子天道篇）

道爲天地萬物之成因，亦爲宇宙自然維繫之力量，故師道之人，可獨得天厚：

「狶韋氏得之，以挈天地；伏戲氏得之，以襲氣母；維斗得之，終古不忒；日月得之，終古不息；堪坏得之，以襲崑崙；馮夷得之，以遊大川；肩吾得之，以處大山；黃帝得之，以登雲天；顓頊得之，以處玄宮；禺強得之，立乎北極；西王母得之，坐乎少廣；莫知其始，莫知其終。彭祖得之，上及有虞，下及五伯，傅說得之，以相武丁，奄有天下，乘東維，騎箕尾，而比於列星。」（莊子大宗師）

而不師道者，則役於物而不能自適其適。

「若狐不偕、務光、伯夷、叔齊、箕子、胥餘、紀他、申徒狄，是役人之役，適人之適而不自適其適者也。」（莊子大宗師）

由此可以見師道之必要矣。然則學道之序奈何？

「以聖人之道，告聖人之才，亦易矣。吾猶守而告之，叁日而後能外天下。已外天下矣，吾又守之七日，而後能外物。已外物矣，吾又守之九日，而後能外生。已外生矣，而後能朝徹，朝徹而後能見獨，見獨而後能無古今，無古今而後能入於不死不生。殺生者不死，生生者不生。爲物無不將也，無不迎也，無不毀也，無不成也，其名爲攖寧。攖寧也者，攖而後成者也。」（莊子大宗師）

由外天下起，而外物，而外生，而朝徹（清明如早晨之空氣），而見獨（見純一之道），而無古今，而不死不生。由此可知，師道之方，在一「忘」字，忘，亦卽「無心」。忘物之序，由大而小，由外而內，衆心皆去，以至乎無心，則可以見道。

三、眞　人

得道之人，與天冥合，謂之眞人。莊子論眞人之處甚多：

「純素之道，唯神是守，守而勿失，與神爲一……故素也者，謂其無所與襍也，純也者，謂不虧其神也。能體純素，謂之眞人。」（莊子刻意）

「且有眞人，而後有眞知。何謂眞人？古之眞人，不逆寡，不雄成，不謨士。若然者，過而弗悔，當而不自得也。若然者，登高不慄，入水不濡，入火不熱，是知之能登假於道也若此。」（莊子大宗師）

「古之眞人，其寢不夢，其覺無憂，其食不甘，其息深深。眞人之息以踵，衆人之息以喉。屈服者其嗌言若哇，其嗜欲深者其天機淺。」（莊子大宗師）

「古之眞人，不知悅生，不知惡死，其出不訢，其入不距，翛然而往，翛然而來而已矣。不忘其所始，不求其所終，受而喜之，忘而復之，是之謂不以心捐道，不以人助天，是之謂眞人。」（莊子大宗師）

「古之眞人，其狀義而不朋，若不足而不承，與乎其觚而不堅也，張乎其虛而不華也，邴邴乎其似喜乎，崔崔乎其不得已也。滀乎進我色也，與乎止我德也，厲乎其似世乎，謷乎其未可制也，連乎其似好閉也，悗乎忘其言也。」（莊子大宗師）

「其好之也一，其弗好之也一。其一也一，其不一也一。其一與天爲徒，其不一與人爲徒。天與人不相勝也，是之謂眞人。」（莊子大宗師）

由上所述，可得眞人之性質：⑴以體純素，與神爲一。⑵師道而行，與天冥合——不驕、不餒、忘名。⑶物莫能傷，無所懼怕。⑷無思慮，無欲望。⑸超脫生死，安命樂道。⑹無心應物，以處亂世。⑺混同天人。

四、應天順化

莊子以爲死生之變，形體之化，皆爲自然之運行。今既與造物者爲友矣，則此種變化，自不復能攖其心懷。

「彼方且與造物者爲人，而遊乎天地之一氣。彼以生爲附贅縣疣，以死爲決疣潰癰。夫若然者，又惡知死生先後之所在？假於異物，託於同體，忘其肝膽，遺其耳目，反覆終始，不知端倪，芒然彷徨乎塵垢之外，逍遙乎無爲之業。」（莊子大宗師）

順自然變化，如乘車然。人在車中，則車之所至，亦我之所至，無用乎操心，亦無用乎奔走跳躍，惟順命待化而已。

「孟孫氏不知所以生，不知所以死，不知就先，不知就後，若化爲物，以待其所不知之化已乎！」（莊子大宗師）

且死生乃因緣之巧合，因緣輻輳則生，因盡緣絕則死；外表雖變，其實一體。

「子祀、子輿、子犂、子來四人，相與語曰：『孰能以無爲首，以生爲脊，以死爲尻；孰知生死存亡之一體者，吾與之友矣。』四人相視而笑，莫逆於心，遂相與爲友。」（莊子大宗師）

凡所遭遇之事，而無可抗拒者，統謂之「命」：

「吾思乎使我至此極者，而弗得也。父母豈欲吾貧哉？天無私覆，地無私載，天地豈私貧我哉？求其爲之者而不得也，然而至此極者，命也夫！」（莊子大宗師）

生死亦爲命定之變化。生而爲人，化而爲異物，皆人力之無可奈何，惟安之若命而已。

故生無可樂，爲人亦無可樂：

「特犯人之形，而猶喜之；若人之形者，萬化而未始有極也，其爲樂可勝計邪？故聖人將遊於物之所不得遯而皆存。」（莊子大宗師）

倘不能安於變化，則爲「不祥之人」：

「今之大冶鑄金，金踊躍曰：『我必且爲鏌鋣！』大冶必以爲不祥之金。今一犯人之形，而曰：『人耳！人耳！』夫造化者必以爲不祥之人。今一以天地爲大鑪，以造化爲大冶，惡乎往而不可哉？成然寐，蘧然覺。」（莊子大宗師）

而隨化所往，視如覺寐，則近乎道矣。

「浸假而化予之左臂以爲鷄，予因以求時夜；浸假而化予之右臂以爲彈，予因以求鴞炙；浸假而化予之尻以爲輪，以神爲馬，予因以乘之，豈更駕哉？」（莊子大宗師）

生死變化，如運鈞之旋轉。或變爲鷄，或變爲彈，或變爲輪，隨變所適；或化爲鼠肝，或化爲蟲臂，亦純任乎自然。

「俄而子來有病，喘喘然將死，其妻子環而泣之。子犂往問之，曰：『叱避，無怛化。』倚其戶與之語，曰：『偉哉！造物者又將奚以汝爲？將奚以汝適？以汝爲鼠肝乎？以汝爲蟲臂乎？』子來曰：『父母於子，東西南北，唯命之從；陰陽於人，不翅於父母。彼近吾死，而我不聽，我則悍矣，彼何罪焉？夫大塊載我以形，勞我以生，佚我以老，息我以死。故善吾生者，乃所以善吾死也。』」（莊子大宗師）

此即莊子之生死觀，莊子書中屢見不鮮也。

第四節 應帝王

應帝王篇，乃莊子之政治思想也。夫莊子既外死生，遺形骸，超然而獨立矣，又何以關心政治？關於此一問題，應就兩方面觀之。就其求解脫之一面言，莊子誠不欲慮及政治矣；故當天根問無名人爲天下時，無名人應之曰：

「去！汝鄙人也，何問之不豫也？予方將與造物者爲人，厭則又乘夫莽眇之鳥，以出六極之外，而遊無何有之鄉，以處壙埌之野，汝又何帠以治天下感予之心爲？」（莊子應帝王）

莊子如翱翔九萬里以上之大鵬，世間之事，又何足以攖其心哉？

然就另一方面言，天下既失其自然，而致鹵莽滅裂，戰亂頻興，儒墨各馳其一端之說，談士亦競其兩可之辯，智慧以出，道德以失，而禮樂法度，亦徒滋增其紛擾而已。如此發展之下，尙有反樸歸眞之日乎？故莊子以無心爲去僞之良方，以無爲爲救世之聖藥，圖反世於大道，乃主應帝王：

「莊子以爲忘形骸，外死生，無終始，無心而任乎自化；行不言之教，以無爲之治，使天下之人，忘物我之別，去是非之見，始可以治天下，以應帝王。」（中國學術思想大綱）

此即以不治爲治，以無爲爲爲，其治天下，在以消極之手段，去其害天下者，而不欲積極有所建樹，實際上乃「不治」也。

「聞在宥天下，不聞治天下也。在之也者，恐天下之淫其性也。宥之也者，恐天下之遷其德也。天下不淫其性，不遷其德，有治天下者哉！」（莊子胠篋篇）

郭注云：「宥使自在，則治；治之則亂也。人之生也直，莫之蕩，則性命不過，欲惡不爽。在上者不能無爲，上之所爲，而民皆赴之，故所貴聖王者，非貴其能治也，貴其無爲而任物之自爲也。無治乃不遷淫。」

文選謝靈運從宋公戲馬臺詩注，引司馬云：「在，察也；宥，寬也。」蘇輿云：「在不當訓察，察之則因治之矣。在，存也，存諸心而不露是善非惡之迹，以使民相安於渾沌。正胠篋篇含字之旨。」（王先謙莊子集解卷三）

一、爲政無心，任乎自化

天下之亂，在於有爲，有爲在於有求善之成心。故救之之道，根本在於無心，無心則能無爲而任乎自化矣。

「汝遊心於淡，合氣於漠，順物自然而無容私焉，而天下治矣。」（莊子應帝王）

倘若有心，則不能超脫物論，雖勉強行無爲之政，終非至善。

「有虞氏不及泰氏。有虞氏其猶藏仁以要人，亦得人矣，而未始出於非人。泰氏其臥徐徐，其覺于于，一以己爲馬，一以己爲牛，其知情信，其德甚眞，而未始入於非人。」（莊子應帝王）

故惟無心者，乃能道德充實，而超脫物論。無心爲政，譬如以水救火；夫惟無心於己，乃能化物之有心者爲無心。反之，以有心而治有心，譬如以火救火，其害益烈矣。

「明王之治，功蓋天下，而似不自己；化貸萬物，而民弗恃；有莫舉名，使物自喜；立乎不測，而遊於無有者也。」（莊子應帝王）

立乎不測，遊於無有，言治理天下，須虛心無爲，立於神妙不可測之地，無使天下窺其端倪，以啓機智之端。季咸見壺子事（見本篇，不詳錄），可謂深得其妙矣。

無心在不出智謀，不任談辯，不恃已能，用心若鏡，不將不迎：

「故古之王天下者，知雖落天地不自慮也，辯雖彫萬物不自說也，能雖窮海內不自爲也。」（莊子天道）

「無爲名尸，無爲謀府，無爲事任，無爲知主。體盡無窮，而遊無朕，盡其所受於天，亦虛而已。至人之用心若鏡，不將不迎，應而不藏，故能勝物而不傷。」（莊子應帝王）

郭注云：「因物則物各自當其名也，使物各自謀也，付物使各自任；無心則物各自主其知也，因天下之自爲，故馳萬物而無窮也。任物故無跡，足則止也；見得則不知止，不虛則不能任羣實，鑒物而無情，來即應，去即止，物來乃鑒，鑒不以心，故雖天下之廣，而無勞神之累。」

旣如此矣，自然可達乎無爲放任之境界：

「故君子不得已而臨莅天下，莫若無爲，無爲也而後安其性命之情。」（莊子胠篋）

「若乘日之車，而遊於襄城之野……夫爲天下，亦若此而已，予又奚事焉？」（莊子徐無鬼）郭注云：「夫爲天下，莫過自放任，自放任矣，物亦奚攖焉？故我無爲而民自化。」由無心，無爲，放任自由，而任乎物之自化，乃莊子政治哲學之綱領。執此綱領，則條理分明，無所疑惑矣。

二、師法天道，順其自然

莊子思想，最重自然；自然之運行，則本乎天道。故一切作爲，皆應以天道爲法度，其論爲政之道，亦不例外。

「夫帝王之德，以天地爲宗，以道德爲主，以無爲爲常。無爲也，則用天下而有餘；有爲也，則用天下而不足。」（莊子天道）

天道無爲，故行無爲之政。

「天道運而無所積，故萬物成；帝道運而無所積，故天下歸；聖道運而無所積，故海內服。」（莊子天道）

天道自然運轉，而無所滯積，故爲政亦應運而無積，順乎自然。——然則何謂自然？——自然者，天也。

曰：「何謂天？何謂人？」北海若曰：「牛馬四足，是爲天，落馬首，穿牛鼻，是謂人。」（莊

子秋水篇）

「鳧脛雖短，續之則憂；鶴脛雖長，斷之則悲。故性長非所斷，性短非所續，無所去憂也。」（莊子駢拇篇）

用反乎自然，則憂悲薦至，非所以爲政之道也。

十「馬蹄可以踐霜雪，毛可以禦風寒，齕草飲水，翹足而陸，此馬之眞性也，雖有義臺路寢無所用之。及至伯樂曰：我善治馬。燒之，剔之，刻之，雒之，連之以羈馽，編之以皁棧，馬之死者十二三矣。飢之，渴之，馳之，驟之，整之，齊之，前有橛飾之患，而後有鞭策之威，而馬之死者已過半矣。陶者曰：我善治埴，圓者中規，方者中矩。匠人曰：我善治木，曲者中鉤，直者應繩。夫埴木之性，豈欲中規矩鉤繩哉？然且世世稱之曰，伯樂善治馬，而陶匠善治埴木，此亦治天下之過也。」（莊子馬蹄篇）

伯樂治馬，反爲害馬，陶者匠人，皆反物之天性。世之所謂善爲政者，無不以規矩法度羈人，此與伯樂陶匠之治物，又奚以異哉？

「肩吾見狂接輿，狂接輿曰：『日中始何以語汝？』肩吾曰：『告我君人者，以己出經式義度，人孰敢不聽而化諸？』狂接輿曰：『是欺德也，其於治天下也，猶涉海鑿河，而使蚊負山也。夫聖人之知也，治外乎？正而後行，確乎能其事者而已矣。且鳥高飛，以避矰弋之害，鼷鼠深穴乎神丘之下，以避熏鑿之患，而曾二蟲之無知？』」（莊子應帝王）

爲政以經式法度責人，非人性之所能至，旣不能至，則害生，害生則民必思有以逃避之道，此自然之理，不可易者也。故眞人爲治：

「以刑爲體，以禮爲翼，以知爲時，以德爲循。以刑爲體者，綽乎其殺也；以禮爲翼者，所以行於世也；以知爲時者，不得已於事也；以德爲循者，言其與有足者至於丘也，而人眞以爲勤行者也。」（莊子大宗師）

其刑、禮、知、時，皆順乎人類天生之性，不假外力，而不得不然；非同乎伯樂燒剔刻雒連編之損性，故人人能至，如有足者之至於丘也。

三、絕聖知，棄法度

莊子之政治思想，不求有所建樹，只求除去其害天下者而已。以今語言，「不求有功，但求無過」，斯爲近之。

「夫爲天下者，亦奚以異乎牧馬者哉？亦去其害馬者而已矣。」（莊子徐無鬼）

害天下者何？聖、知、法度是也。聖知法度，以某種觀念言，雖亦不無小利，然能使民失其純樸；民失純樸，則爭端起矣。

「南海之帝爲儵，北海之帝爲忽，中央之帝爲渾沌。儵與忽時相與遇於渾沌之地，渾沌待之甚善。儵與忽謀報渾沌之德，曰：『人皆有七竅，以視聽食息，此獨無有，嘗試鑿之。』日鑿一

竅，七日而渾沌死。」（莊子應帝王）

渾沌無知，爲鑿孔竅以視聽食息，則渾沌死；喻聖德之世，民性天眞純一，聖人鑿以智慧禮法，而失其質樸之性，天下大亂矣。

「及至聖人，蹩躠爲仁，踶跂爲義，而天下始疑矣。澶漫爲樂，摘僻爲禮，而天下始分矣。故純樸不殘，孰爲犧樽？白玉不毀，孰爲珪璋？道德不廢，安取仁義？性情不離，安用禮樂？五色不亂，孰爲文采？五聲不亂，孰應六律？夫殘樸以爲器，工匠之罪也；毀道德以爲仁義，聖人之過也。」（莊子馬蹄篇）

「及至聖人屈折禮樂以匡天下之形，縣跂仁義以慰天下之心，而民乃始踶跂好知，爭歸於利，不可止也，此亦聖人之過也。」（莊子馬蹄篇）

使民失性者，首在仁義禮樂，蓋仁義禮樂乃「人爲」者，與人之本性相逕庭。且民既知貴仁義禮樂，則必爭逐之，爭逐則詐僞生，詐僞生則天下亂矣。

致亂之由，其次在於法度。法度原爲治民止亂，然民既失淳樸，而生機詐，則法度云者，反成大奸巨憝作亂之資。此於制法度之本意，豈非大相逕庭也哉？

「將爲胠篋，探囊發匱之盜，而爲守備，則必攝緘縢，固扃鐍，此世俗之所謂知也。然而巨盜至，則負匱揭篋擔囊而趨，唯恐緘縢扃鐍之不固也。然則鄉之所謂知者，不乃爲大盜積者也？」（莊子胠篋篇）

「爲之斗斛以量之，則幷與斗斛而竊之，爲之權衡以稱之，則幷與權衡而竊之，爲之符璽以信之，則幷與符璽而竊之，爲之仁義以矯之，則幷仁義而竊之。何以知其然邪？彼竊鉤者誅，竊國者爲諸侯，諸侯之門而仁義存焉，則是非竊仁義聖知邪？故逐於大盜，揭諸侯，竊仁義，幷斗斛、權衡、符璽之利者，雖有軒冕之賞，弗能勸；斧鉞之威，弗能禁；此重利盜跖而使不可禁者，是乃聖人之過也。」（莊子胠篋篇）

緘縢扃鐍，所以防竊者也，反足以助大盜；斗斛權衡，所以定度量者也，反足以資巨奸；符璽，所以出政令者也，反足以利叛賊；仁義，所以正百姓者也，反足以起大僞。此種惡劣之結果，又豈始料之所及哉？舉例言之：

(1)反臣田成子盜齊，並盜其聖知之法度，而能長有其國。

(2)暴君竊聖人之法度，而四子見戮；是以龍逢斬，比干剖，萇弘胣（裂也），子胥靡（崔云：爛之於江中。）——聖人法度，原爲誅亂，今暴君竊國，忠良反誅。

(3)盜亦有道——妄意室中之藏，聖也；入先，勇也；出後，義也；知可否，智也；分均，仁也。五者不備，而能成大盜者，未之有也。——是聖人之道，反助盜賊也。（以上諸例，均見胠篋篇）

賞罰本於法度，法度既有害於爲治，則賞罰亦屬無用明矣。

「昔堯治天下，不賞而民勸，不罰而民畏。今子賞罰而民且不仁，德自此衰，刑自此立，後世之亂，自此始矣。」（莊子天地篇）

「舉天下以賞其善者不足，舉天下以罰其惡者不給，故天下之大，不足以賞罰。自三代以下者，匈匈焉終以賞罰為事，彼何暇安其性命之情哉？」（莊子胠篋篇）

若人因慕賞而為善，其為善必非眞善，誘於利也；因懼罰而棄惡，其棄惡亦非至誠，求苟免而已。故賞罰使人失其性命之情，非良法也。是以為政之道，在絕棄聖知法度，以反樸歸眞：

「故絕聖棄知，大盜乃止，擿玉毀珠，小盜不起，焚符破璽，而民朴鄙，掊斗折衡，而民不爭，殫殘天下之聖法，而民始可與論議。」（莊子胠篋篇）

此種主張，與老子頗為相近；而尤有進者，此段所引之詞句，亦多襲自老子，可為莊出於老之一證。

四、理想政治

莊子之理想社會，在上古民知未開之世；其書中描述當時政治者，有下列三段：

「夫赫胥氏之時，民居不知所為，行不知所之。含哺而熙，鼓腹而遊，民能已此矣。」（莊子馬蹄）

「故至德之世，其行塡塡，其視顚顚，當是時也，山無蹊隧，澤無舟梁，萬物羣生，連屬其鄉，禽獸成羣，草木遂長。是故禽獸可係羈而遊，鳥鵲之巢可攀援而闚。夫至德之世，同與禽獸居，族與萬物並。惡乎知君子小人哉？同乎無知，其德不離，同乎無欲，是謂素樸，素樸而民性得矣。」（莊子馬蹄篇）「子獨不知至德之世乎？昔者容成氏、大庭氏、伯皇氏、中央氏、栗陸氏、驪畜氏、軒轅氏、赫胥氏、尊盧氏、祝融氏、伏戲氏、神農氏。當是時也，民結繩而用之。甘其食，美其服，樂其俗，安其居，鄰國相望，鷄狗之音相聞，民至老死不相往來。若此之時，則至治已。」（莊子胠篋）此時也，民無知無欲，甘其食，美其服，安居其鄉；與草木同生，與禽獸爲友，無所憂愁，無所係累，渾然與造化合而爲一。與老子小國寡民之政，同其妙趣。

第五節　試論莊學體系

本章既述莊子思想畢，當論莊學之體系。前已言之，莊子思想以內七篇爲骨幹，而以外，雜篇爲輔翼；故論莊學系統，即在闡明此七篇思想之相互關係。

爲明此七篇之關係，竊嘗試製一圖如下：

〔說　明〕

㈠內七篇爲莊學之中心，而內七篇又以「道」爲中心。

㈡道爲宇宙萬有形成之原因，亦其存在變化之主宰；故吾人一切作爲，皆應以道爲本。

㈢內七篇要旨：逍遙遊求精神之絕對自由，爲最高理想；齊物論主萬物玄同，偏於知識論，爲思想基礎；養生主注重形骸賴以存在之精神，爲個人修養；人間世倡無心應物，爲處世之道；德充符言道德內充，應物於外，爲修道之效；大宗師言得道之眞人，與造物者遊，忘懷生死；應帝王以「無心應道，順乎自然」之理，施之政治，以導民於全性逍遙，爲政治論。

(四)內七篇之關係，反時針方向：

(1)逍遙遊與齊物論——與道逍遙，不知物論。

(2)齊物論與養生主——物論既齊，不搖生主。

(3)養生主與人間世——生主既全，可應萬變。

(4)人間世與德充符——無心應物，德充乎內。

(5)德充符與大宗師——道德內充，外乎生死。

莊子內七篇思想系統圖

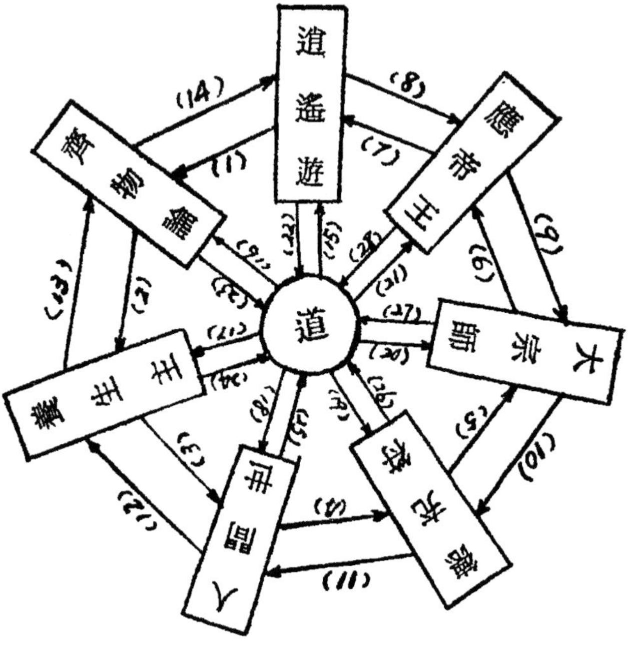

(6)大宗師與應帝王——眞人爲政，任乎自然。
(7)應帝王與逍遙遊——無爲之政，上下逍遙。

順時針方向：

(8)逍遙遊與應帝王——無拘無束，純任自然。
(9)應帝王與大宗師——自然無爲，是爲眞人。
(10)大宗師與德充符——與道同遊，德充之驗。
(11)德充符與人間世——至德內充，應物無窮。
(12)人間世與養生主——心齋坐忘，以全生主。
(13)養生主與齊物論——生主得養，物論自泯。
(14)齊物論與逍遙遊——擺脫物論，則入逍遙。

(五)內七篇與道之關係，由內而外：

(15)道與逍遙遊——與道同遊，是爲逍遙。
(16)道與齊物論——道視萬物，齊一無別。
(17)道與養生主——道合生主，超脫死生。
(18)道與人間世——虛靜抱道，以處人世。
(19)道與德充符——道在於人，即爲德充。
(20)道與大宗師——師法天道，爲大宗師。

(21) 道與應帝王——大道之行，任乎自然。

由外而內：

(22) 逍遙遊與道——逍遙自由，乃合於道。

(23) 齊物論與道——泯除物論，即反於道。

(24) 養生主與道——修養生主，以合於道。

(25) 人間世與道——雖處世俗，心通至道。

(26) 德充符與道——道德內充，冥合眞宰。

(27) 大宗師與道——眞人順天，契合大道。

(28) 應帝王與道——無爲之政，合於至道。

第六章　老莊思想之比較

先秦道家思想，以老莊爲宗主，而其學說之大略，吾人已述之於前矣；如今當論老莊之異同，以爲前述各章之總結。在未言及本題前，且先討論老莊思想之關係。

一、老莊思想之關係——莊必出於老

老莊思想爲先秦道家思想之主流，關於此點，吾人既已知之矣。然則二者之關係若何？爲老出於莊耶？爲莊出於老耶？抑老自老，莊自莊，二者不相干涉耶？論者之意見，仍不一致。

此一問題之所以產生，在於學者對老子時代問題意見之分歧。其主莊出於老者，多係主張老在孔前之一派；而主老出於莊者，則爲主張老子生當戰國末年之一派。何則？以時代言，後人之思想，決不能成爲前人思想之根源也。

主張莊出於老者，認爲老子之時代極早，莊學後出，必以老學爲本矣。

主張老出於莊者，認爲老子成書之時代極晚，乃摘取莊子、論語、墨子，以及兵家、法家、雜家、縱橫家之書，而成之格言總集，故老出於莊。

主張老不出於莊，莊亦不出於老者，認爲「莊子既非私淑老子，學亦不本老子，若於道之觀點，與老子頗相徑庭，而所說之輕重，亦多異趣。如齊物爲莊學二環樞之一，老子庶幾無言。馬遷爲增益老莊之密切，謂莊子曰：『其要本歸於老子之言』，若曰思想相類則可，若曰歸本則過矣。」（此說吾友莊萬壽君曾一道及，見史記老莊與申韓合傳之探源，師大文風雜誌第三期）。

余爲主張第一說者，卽認爲莊學由老子而出也。關於老子年代之在孔子以前，已詳論於本論第一章矣，此處不贅。

試觀莊子之文，多有與老子相同者；非僅外雜篇，至於內篇，亦有此種情形。吾人固可假定此係老子之作者，由莊子中摘錄者，然如時代問題已經解決，則此假定已不能成立，必爲莊出於老明矣。

老子旣能成爲影響後代之大思想家，其書決不可能抄襲他家之文句，而不經鎔鑄。只有莊子引老子文句，未見老子引莊子文句。——老子書中亦時引古書古語，然未有引莊子者。老子學說，與莊子思想在精神及風格上頗有不同，如係摘錄，何以會有此種獨特之風格？就使湊合各家之說，亦不可能有此精到圓融之見解。

老子文短而義深，莊子文繁而思廣。以文繁思廣之莊子，發揮文短義深之老子，順理成章；以文短義深之老子，發揮文繁思廣之莊子，於理亦有未合。

葉國慶有莊子研究一書，列舉三大理由，證明莊出於老，今更參以己說，綜合言之。

(1)莊子於老子推崇備至，無第二人可比。莊子山木篇稱老子爲「大成之人」，田子方篇稱老子爲「古之眞人」，天下篇稱老子爲「古之博大眞人」，均備極尊敬。以常理言，吾人之思想，多受所崇敬之人之影響，則老子思想之對莊子產生影響，乃屬必然之事。

(2)莊子書中，引用老子之文極多，而他書則不見引用。1齊物論：「可已行信，而不見其形，有情而無形。」大宗師：「夫道有情有信，無爲無形。」此卽老子廿一章：「道之爲物，惟恍惟惚，……其中有精，其精甚眞，其中有信。」之誼也。2齊物論：「有始也者」，卽老子第一章「無，名天地之始」之誼也。「有有也者，有無也者」，卽老子四十章：「天下萬物生於有，有生於無」之誼也。「大仁不仁」，卽老子第五章「天地不仁，以萬物爲芻狗之誼也。」「大辯不言」，卽老子五十六章「知者不言」，八十一章「辯者不善」之誼也。「道昭而不道」，卽老子第一章「道可道，非常道」之誼也。3大宗師：「夫道……可傳而不可受，可得而不可見」，卽老子十四章：「視之不見名曰夷」之誼也。「自本自根，未有天地，自古以固存；神鬼神帝，生天生地」，卽老子廿五章「有物混成，先天地生」之誼也。「䪡萬物而不爲義，澤及萬世而不爲仁」，卽老子第五章，「天地不仁，以萬物爲芻狗」，之誼也。4在宥：「故曰：絕聖棄知，而天下大治」，卽老子十九章，「絕聖棄知，民利百倍……絕巧棄利，盜賊無有」之誼也。「故貴以身於爲天下，則可以托天下」，卽老子十三章之文也。胠篋：「故曰：『魚不可脫於淵，國之利器，不可以示人。』」卽老子卅六章之文也。「故曰：『大巧若拙』，」卽老子四十章之文也。5應帝王：「明王之治……化貸萬物，而民弗恃」，此卽老子十章：「愛民治國，能無知乎？……生而不有，爲而弗恃」之誼也。6知北遊：「夫知者不言，言者不知，故聖人行不言之敎」，此卽老子二章：「是以聖人處無爲之事，行不言之敎」，五十六章：「知者不言，言者不知」之文也。「故曰：『失道而後德，失德而後仁，失仁而後義，失義而後禮。

禮者，忠信之薄，而亂之首也。』」此卽老子卅八章之文也。「故曰：『爲道者日損，損之又損，以至於無爲，無爲而無不爲也。』」此卽老子四十八章之文也。達生：「是謂爲而不恃，長而不宰。」此卽老子第十章之文也。山木篇：「昔吾聞之大成之人曰：『自伐者無功，功成者墮，名成者虧。』孰能去功與名，而還與衆人？」此卽老子九章：「功成，名遂，身退，天之道」，廿二章：「不自伐故有功」，廿九章：「爲者敗之」之誼也。7庚桑楚：「全汝形，抱汝生，勿使汝思慮營營……衞生之經，能抱一乎……能勿失乎……能兒子乎？」此卽老子第十章：「載營魄抱一，能無離乎，專氣致柔，能嬰兒乎」之誼也。又：「兒子終日嘷而嗌不嗄，和之至也。終日握而手不掜，共其德也。」此卽老子五十五章：「含德之厚，比於赤子……骨弱筋柔而握固……終日號而不嗄，和之至也。」

(3)莊子思想，幾全以老子爲根據

老子九章、四十七章、七十三章、七十七章、七十九章、八十一章，皆莊子天道之根據。老子廿五章、廿六章、卅二章、卅九章、四十二章，皆莊子帝道之根據。老子七十章、七十一章、七十二章、八十一章，皆莊子聖道之根據。老子卅、卅一章，乃莊子臣道之根據。

莊子謂天道之本體，係超然絕對，決非他物所可比擬，此卽老子一章、廿五章之誼也。又謂天道之作用，含有一種原動力，藉以創造一切，此卽老子卅四章、四十章、四十二章、五十一章之誼也。又謂天道之特點，有普遍、偉大、必然、萬異、萬同、均調、神秘等不同，亦皆取諸老子廿五章、卅二章、卅四章、卅九章、（以上言普遍及偉大），五十一章、六十四章、七十三章、七十七章、七十九章、八十一章、（以上言必然），一章同出而異名，十六章夫物芸芸，（以上言萬異也），一章同謂之玄，十六章各復歸其根，五十六章是謂元同，（以上言萬同），卅二章言天道均調，一章、十四章、廿一章，皆言天道神秘。

又謂聖人之道，一曰隨世，取之於老子五十六章；二曰隨化，取之於老子十六章、卅三章、四十章；三曰安命，取之於老子十六章；四曰無情，取之於老子五十章、五十五章；五曰內心之最高修養，取之於老子五十六章。

由於上述之理由，吾人認定老莊之關係甚為密切，且莊子之學，必出於老。以下當就兩家學說，比較其異同。

老莊二子學說之基本相同處，在認定「道」為宇宙萬有之原因。彼等對「道」皆備極崇敬，而以之為學說之中心。然其學說之相異處，亦在對「道」之見解各有所偏。

老子之學，重在「道」之運行原則，以及所以應之之方，故其學說主張守柔居下；莊子重在「道」之無所不在，無所不包，普遍充實，故主張與道同遊，齊一萬物。此其大較也，以下當分別論之。

二、就本體論比較

前已言之，老莊認為「道」乃宇宙之本體。在老子之心目中，道為一種初初發現之觀念，故有「吾不知其名，字之曰道」之言；至於莊子，則大加發揮，對於道之觀念毫不疑惑。

對於道之意見，老莊相同者：(1)道爲宇宙萬有之原因，且能產生萬有。(2)道不可見，不可摸，神秘莫測。(3)道爲至大無極。(4)道體永遠存在，亦永不改變。(5)道體絕待獨立，自由逍遙。(6)大道運動不居，永不休止。(7)大道一方面支配宇宙萬有，一方面又順乎萬有之自然，可稱自然之道。

至其相異處，老子雖言萬物由道產生，然道之爲道，並不因萬物之產生而改變，故產生萬物之後，道之爲道自若也。道似乎並不「變成萬有」，只是超然的產生並支配萬有而已。比喻言之，道好比皮球，萬有好比皮球之影子。影子係因球體而產生，但球體不因產生影子而有所增減。其次，球體運動，影子亦隨之運動，球體無意支配影子，而影子自然隨其轉動。

莊子認爲道成萬有之後，即充滿萬有之中，而無所不在。（似乎有「變成萬有」之意味。）道即萬有，萬有之綜合即是道。故曰道……无乎不在，……在螻蟻，在稊稗，在瓦甓，在屎尿也。在萬有未形成之前，道雖存在，且已有情有信，有萬有一切因素，然混而爲一，並無封界畛域，以及形體之可言，故亦無對待，無差別。於此又有一比喻，道好比木材，萬物好比棹、椅、砧板、門、窗、牀、几……。木材雖非棹椅等物，但有成爲諸物之可能。就諸物之本質言，同爲木材，並無差別；就其形體及作用言，則各有不同。以諸物之中，同有木材之成分，故可謂棹中有木，椅中有木……，反面言之，又可謂木……在棹、在椅、在砧板……之中矣。

老子言道，似爲心物之綜合體，而莊子則稍近唯心。觀其心齋坐忘爲得道之方，師其成心而通乎萬物，則可以瞭然矣。

關於「道」之運動，老莊同認係屬循環往復者。然老子之所重者在「反」「復」之事實，老子見反復運動之力量甚大，其影響甚巨，乃求所以應合之方，以斬得其利而避其害。而莊子之所重者，則在循環變化。莊子認爲在道之觀點言，萬物既無差異，萬象亦無差別，故對自然界之一切，採取一種順從與欣賞之態度，而不加執一。故老子雖崇「道」，而仍立於「己」之地位，求所以得利免害，趨吉避凶之方，而加以適應；莊子則完全立於「道」之地位，忘己忘形，居其環中，以應無窮。故莊子學術，爲老學之更進一步者。

胡適之先生認爲老子視道與「無」爲一物，而莊子則否，此爲二子學說之基本不同處。彼之言曰：「只因爲老子把道與無看作一物，故他的哲學，都受這個觀念的影響。（莊子便不如此，老莊的根本區別在此。）」——吾意頗不以爲然。老子書中，固有「天地萬物生於有，有生於無」之言，莊子又何嘗不言「有有者也，有无者也，有未始有无者也，有未始有夫未始有无者也」？比較言之。莊子較老子尚多「未始有无」，「未始夫未始有无」兩種觀念。然而「無」與「未始有无」，「未始夫未始有无」，有何不同之處，我却看不出來。我以爲這只是由「有生於無」而推出的一種觀念遊戲，其中並無若何特殊之講究。要之，老莊之「無」，並非眞空，乃屬一種狀態，與「有」爲相對者，用以說明道之性質。蓋惟「無」，乃能無所不備也。

三、就知識論比較

大體言之，老莊均承認知識之可能。在老子中，力言先後、雌雄、榮辱、虛實、有無、同異、美惡、難易、高下、寵辱、智愚……之分，如不能有知識，則此分別有何意義？莊子書中，亦云大知閑閑，小知閒閒，（此知之不同也），大言炎炎，小言詹詹（此言語之差異），其寐也魂交，其覺也形開，（此寐覺之異），與接爲搆，日以心鬬，縵者、窖者、密者，（此交接之異），小恐惴惴，大恐縵縵，（此恐悸之異），其發若機栝，其司是非之謂也；其留如詛盟，其守勝之謂也。（此語默之異）。喜怒哀樂，慮歎變慹，姚佚啓態，（此性情之異），樂出虛，蒸成菌，（此事變之異）。如知識爲不可能，則此差異有何意義？

然老子之主張，與人異者，在其以爲此種差異非一成不變者。在宇宙「反」「復」之過程中，剛者摧而柔者存，強者損而弱者益，下者尊而上者卑，故老子取柔而不取剛，取弱而不取強，取下而不取上，此老子所取之與人異也。對於知識，老子之觀念亦復如是。蓋一般人無不認爲知識有利於人類，而竭力追求。尤其西方學術，數千年來，皆循主知主義之路線發展。老子則不然，彼認爲「知識」對人表面似乎有利，實則大有害處。故主張「絕聖棄知」，「爲學日益，爲道日損」，主張去小知小慧，戒師心自用，主張「大知若愚」，「知，不知，上；不知，知，病。夫惟病病，是以不病，聖人不病，以其病病，是以不病」也。

莊子雖承認差異之事實，與夫知識之可能，然對此事，僅取一種懷疑與不信任之態度。故其言曰：「庸詎知吾所謂知之非不知耶？庸詎知吾所謂不知之非知耶？」（齊物論）蓋其學說之目的，在求脫離物論之累，而除去主觀之知見，立於道之地位，以觀萬物，故發爲此言也。莊子既認知識之不可信任，自不主張求知，而謂「生也有涯，知也無涯，以有涯隨無涯，殆已。」（養生主）至於辯論，其目的卽在獲得眞知，而眞知既不可得，則無論辯論有無結果，亦毫無意義矣。

要之，在老莊之觀念中，知識爲有限者，而非萬能。現象界之萬事萬物雖可知曉，而道體則爲不可知者。此種不可知之道體，支配宇宙中無窮無限之事事物物，極其崇高，極其偉大。故老莊二子，對道均備極崇敬，所謂尊道而貴德，是也。老子認爲道體之運轉，不利於有知，應之之方，當去知守愚，以反樸歸眞；莊子則因道體之不可知，不可析，而並知識之本身，亦深感懷疑矣。

四、就人生論比較

道家之人生觀，以淡泊爲本，此無論老子、莊子，均所同然。蓋其所重者在精神，所輕者在外物之故也。至於楊朱申韓，乃爲變例，可置而不論。

老子之主張淡泊，乃因榮華富貴，物質享受，發展至於極點，非但不足以使吾人幸福，反將使吾人感到痛苦。（此亦道理反復之一例。）故曰：「五色令人目盲，五音令人耳聾，五味令人口爽，馳騁田獵令人心發狂，難得之貨令人行妨。」（十二章）其實一切外物之追逐，何莫不然？亦徒使人精疲神竭而已。老子因外向之追逐，未能獲得幸福，故轉而向內。

莊子之主張淡泊，純係一種超然之設想。其最主要者，欲求達到逍遙自由之境界，以超脫物累，必須能以無待無求始克有濟。而無待無求者，非淡泊無以當之，此其一也。復次，以道之立場言，萬物齊一，死生無辨，則爭競也，榮華也，又烏能入於其心耶？此又莊子淡泊人生之另一論據。

關於生死問題：老子發現「天地所以能長且久者，以其不自生，故能長生」之定律，主張「後其身而身先，外其身而身存」，（均見第七章），故曰：「吾之所以有大患者，為吾有身，及吾無身，吾有何患？」（十三章）其手段雖在「外身」，其目的則在「存身」，在求「長生久視之道。」（五十九章）莊子既齊一死生，對於生死問題，不置可否，乃完全超脫。其所重者為「生主」，欲養其生主，以與造物者遊；至於形骸之存亡，非所在意。如必欲知其處生死之態度，則「安時處順」（養生主篇）之一言，為可以盡之。對於肉體之生命，莊子既不欲延之使長，又不欲縮之使短，在莊子之眼中，彭祖八百不為壽，殤子早夭不為殤，惟順其自然，盡其年命，則可謂之圓滿而已矣。

在莊子哲學中，有一重要之觀念，即「命」是也。「命」之意義，為一種自然之主宰力量，非人力所能勝者。倘與「命」爭，非但不能將之改變，反將自貽其災，不若安命樂道，順乎自然，不與命爭之為愈；此莊子之主張也。然在老子之思想中，吾人處處可以看出其不肯安於天命之態度。老子雖主柔弱，主不爭，但其主柔弱之目的，在於勝剛強，其主不爭之目的，在求「天下莫能與之爭」。故老子之態度，乃在盜天之機，以轉移天命；即使天命不能轉移，亦力求所以在此變動之中，得利遠害之道。故其對自然之態度，至多只能稱為「應合」，而不能稱為「順應」。若站在純粹自然主義之立場，老子只能稱為半自然主義，以其時時欲「反」、「復」之也。至乎莊子之與道冥合，則醇乎其醇者矣。

五、就社會思想比較

老莊之社會思想，均由「退」「隱」之一念發展而來，故其精神，皆在保全自己，不與社會發生交涉。此蓋由於當時社會之動亂，過於激烈，哲人既不能有所改造，不得已只有求自我保全之道。

老子深知堅則毀、銳則挫、滿則溢、強則摧之道理，故其自全之道，在防範過盈，柔弱謙下，和光同塵，不露頭角，以至於自隱無名。

莊子之精神，在求超脫；而形骸與生俱來，無由棄置，惟有退求精神之自由而已。故主「心齋」、「坐忘」，除去一切主觀之思慮，欲望。一方面與道相同，逍遙自由；一方面無心應物，隨變所適。莊子與人相處，既不欲居前，亦不欲處後，「爲善無近名，爲惡無近刑，緣督以爲經，可以保身，可以全生，可以盡年。」（養生主篇）彼乃欲如一片孤葉，漂浮在無邊之海中，隨波上下，順其所之。因其形如槁木，心如死灰，至終亦歸於無用，（對社會人羣沒有用處），而自得保全，（對於自己却有大用）。其結果，與老子之自隱無名，同其歸趨。

故就處世之精神言，老莊同屬退隱之一流，而其根據，則各自有所不同。老子以柔弱謙退而不仕，莊子以無心無用而歸於隱。

六、就政治思想比較

政治思想，老莊之所同者，在於無爲而治，順乎自然。蓋老莊思想同屬退化史觀，認爲理想政治，在上古民智未開，天眞純樸之社會。在此社會中，無法度，無政令，而一般百姓亦不用私知，不恃技巧，自然而和諧。逮乎後世，民智漸開，文化繼之發展，有禮制，有法度，而政令忌諱日漸繁複，反滋智慧、技巧之大行，而導致社會之紊亂。故其學說，主張無爲任化。所謂無爲者，以法令智慧爲致亂之源，是以爲政者，不用法律，不師智慧，而民間之作爲智慧、欲望、技巧者，亦一概鎭之以無名之樸。所謂無爲政治者，在除去一切違反純樸天眞之因素，與夫一切人爲之影響也。無爲之外，卽爲任化。所謂任化者，卽任乎自然之變化也。蓋上古之所以無戰爭，無禍亂者，卽因其完全任由自然之主宰，不加人爲之努力，而形成之自然和諧也。此爲老莊政治之理想，亦其所欲達到之目的。

此種思想之產生，自屬一種變亂社會之反動。彼蓋對當時之社會完全絕望，又認爲憑藉一己之力量，不足以挽此狂瀾，故轉而爲淡漠，冷靜，而不願復有作爲。此時另有一羣一羣熱情救世之聖賢，各抒其不同之思想，與時局見解，奔走呼號，尤給予彼輩一種刺激。彼認爲憑藉人爲之努力，以圖救世，非但無補於時局，反而由於思想之紛歧，而益增混亂。此固爲一種倒果爲因之說法，但亦含有部份眞理在內。蓋時亂足以造成思想之分歧；而思想之分歧，亦足以造成政治之混亂。

老子柔弱勝剛強之道，用於政治上，則爲以靜制動，以無能役有能。故曰：「重爲輕根，靜爲躁君。」然則如何始能達到此種目的耶？老子未嘗明言，及至法家、雜家之學者，大加發揮，認爲勢、位、權柄，爲人主之憑藉，遂成爲另一思想園地矣。

莊子認爲惟道集虛，故主無心任物。其發揮老子之無爲政治，亦以無心爲基本。無心無爲，與道合一，忘物我之別，去是非之見，至德內充，不言而民自化。

七、結　論

就學說產生之背景言，老莊思想同爲亂世社會政治之反動，皆不欲從正面解決宇宙人生社會之種種問題。然老子身爲史官，又承接隱者之思想、意識，欲以歷史之故實，矯當世之大弊，而創爲謙虛柔弱之教訓；莊子則富有一種自由思想，欲求解脫於一切紛擾之事物，故主逍遙齊物，以求精神之超越而不受拘束。故老子取反而不取正，取弱而不取強，莊子則採取一種懷疑之態度，主張一切包容，此爲二家學說之基本不同處。由於此種基本之不同，故其表顯於本體、知識、人生、社會、政治諸方面，亦各異其趣，獨成一格矣。

本師林景伊先生，嘗論老莊思想之關係，有言：

「（莊子學術之）要旨，則原於老子，而更精密明晰；但其偏向玄虛之途，以無用爲處世之良方，以無爲爲守宗之大本，此則超出人格，荀子所以謂其蔽於天而不知人也。」（中國學術思想大綱）

又曰：

「老子莊子同爲憤世嫉俗之思想，其不滿當時社會現象，及出世之論，與儒家完全不同。然老子猶思以歷史之故實，矯當時之積弊，以虛下後己之教，弭爭競賊害之風，談論政治，尙近人格。莊子則進而超脫一切現象界，趨於理想之途，故終流于淸淡也。」（中國學術思想大綱）

成秋謹按：林師此言，不但將兩派學說之關係，異同，與其對於後世之影響，剖析入微，且能明辨其淵源，闡論其思想所以產生之由，可謂言簡意賅，取之爲本章之煞尾可也。

第七章　先秦道家其他諸子

先秦道家思想，最主要者爲老莊二家。而道家其他諸子，泰半係戰國秦初之時所僞托，不必產生於二子之前；至其內容，亦不過發揮其學說之一端，或者部份取老部份取莊，加以鎔鑄爲說而已。故老莊明則先秦道家思想之大體可曉。而老莊之思想，吾人既已詳論於前矣，又何必勞勞於其他子書耶？夫他書雖非至要，然而亦屬先秦道家思想之珍貴史料；且老莊思想不足以包括先秦道家之全部，其他諸子之中，多有二子之所未言者，可以補充其說之不足，烏可以遽舍之哉？如今當以老莊二子爲基礎，就先秦道家其他諸子之思想，一一撮述於後。

第一節　陰符經

陰符經之作者，頗成問題。然據梁啓超先生之意見，認爲此書當作於戰國之時，且其要旨，在發揮老子及易經之思想，而能獨成一格，故特提出討論，以書爲主。

陰符經，一若其他道家書然，注重「自然之道」。惟在此書中，特別標示一「機」字而已。張果曰：「陰符自黃帝有之，蓋聖人體天用道之機也。經曰：『得機者萬變而愈盛，以至於王；失機者，萬變而愈衰，以至於亡。』」（黃帝陰符經敍）

按機爲弩牙，引申爲發動之始。禮記緇衣：「若虞機張。」注：「弩牙也。」鬼谷子：「飛箝料氣勢，爲之樞機，以迎之隨之。」注：「機，所以主弩之發放。」淮南原道：「其用之也若發機。」注：「機弩、機關，言其疾也。」

在宇宙自然之大變化中，亦有其變動之「機」，卽其運動之趨向；倘吾人能觀其運動之趨向，而及時加以利用，配合，自然能大得其利而免除患害，此卽爲「用道之機」。故曰：

「觀天之道，執天之行，盡矣。」（陰符經上篇）

張洪陽注：「能執而不能觀者不明，能觀而不能執者不定。諺有之：『識得破，忍不過』，觀而能執，至矣盡矣。」

此是全書之綱領，以下之討論，皆將以此爲前提。

一、觀天之道

吾人觀察自然之道，發現其最重要之特點爲：⑴生殺；⑵無情；⑶至公；⑷靜與浸。分述如下：

「生」「殺」爲自然界中兩種最大之力量。

「天生天殺，道之理也。」（陰符經中篇）

張洪陽注：「陰陽爲炭，萬物爲銅，寒暑晝夜，一翕一放。故萬物非欲生，不得不生，萬物非欲死，不得不死。草木有春榮，便有秋枯，人生有少壯，便有老死。若只有生無殺，將見人物充塞，無安頓處，故生死者，道之理也。」

大自然以此兩大力量，控制萬物，但並無情感意志存於其間，故其生也非爲愛之，其殺也非爲惡之。此即老子「天地不仁，以萬物爲芻狗」之意。

「天之無恩，而大恩生，迅雷烈風，莫不蠢然。」（陰符經下篇）

張洪陽曰：「天有無恩于物，而實爲大恩澤處。試看迅雷烈風，震感激盪，似爲傷殘之具，而陽氣蘇暢，甲者坼，萌者茁，動植之物，莫不蠢蠢然而發生，豈非無恩而大恩生乎？」

就一方面言，天發迅雷烈風，充滿殺機，似無恩於萬物；然就另一方面言，萬物正藉迅雷烈風而生長，又似有大恩在焉。故曰：

「生者死之根，死者生之根，恩生於害，害生於恩。」（陰符經下篇）

此與莊子知北遊：「生也死之徒，死也生之徒，孰知其紀？」老子五十八章：「禍兮福所倚，福兮禍所伏」之意義正同。蓋死生、恩害、禍福，均彼此對待，變化無窮者也。次論天道至公：

「天之至私，用之至公，禽之制在氣。」（陰符經下篇）

李筌曰：「天道曲成萬物，而不遺椿菌鵬鷃。巨細修短，各得其所，至私也；雲行雨施，雷電霜霓，生殺之均，至公也。」（集注陰符經）張洪陽則以老子：「無私能成其私」爲釋。又解「禽之制在氣」曰：「彼禽鳥至微，凡相制伏，必以氣勝，又如演禽厭勝，以氣相制。」

天道至公，覆載萬物，無所偏頗，亦無微不至。萬物得其氣稟，則互相擒制矣。

天行有常，日進無已。論語曰：「天何言哉？四時行焉，百物生焉，天何言哉？」是「自然之道靜也。」

「自然之道靜，故天地萬物生；天地之道浸，故陰陽勝。陰陽相催，而變化順矣。」（陰符經下篇）

張洪陽注：「自然之道，只在至靜而漸進。蓋靜極自然生動，一闔一闢，天地萬物皆從此出。這動靜相生之際，慢慢地生長將來，又慢慢地收藏將去。從微至著，不驟而浸。浸，如水之浸物，逐漸方透。由是陰陽之精，互相爲勝，一陰一陽，相推相代，而爲晝夜寒暑，因以成變化而行鬼神也。」

當其演變之時，陰陽相勝，一放一收，似甚緩慢，而萬變於是乎生矣。

吾人生長在宇宙中，難免不受自然變化之影響；而自然力之最大者，即在「生」「殺」。此種力量，爲無情者，爲至公者，爲逐漸迫近者。求其趨避之道，則在於事先察其時，制其機，以應合掌握；用其「生」之力量，而避其「殺」鋒。

二、殺其賊機

天道之有害於人者，謂之「賊」。（天非有意害人，在乎人之自取耳。）欲求全生，則必殺其賊機。

「天有五賊，見之者昌，五賊在身，施行於天。」（陰符經上篇）

陰符經發隱：「五賊有二釋。一，就五行釋。五行者，水、火、木、金、土。何以謂之五賊耶？

蓋生剋相仍，乃流轉之道，今專就相剋而言，是以名之五賊。賊賊奪盡，卽顯眞空，實返本還原之要也，故見之者昌。二就五塵釋，五塵者，色、聲、香、味、觸，皆從外來，殘害眞性，故曰天有五賊。若見其元，則賊爲我用，故曰見之者昌。」

五行代表萬物之五種基本性質，五塵乃接觸萬物之五種根器。自然只是一種力量，本無心害人，惟逆其趨勢者，首當其衝；故人之所以見賊者，在乎我之自取也。

「天性，人也；人心，機也。立天之道，以定人也。」（陰符經上篇）

張洪陽注：「人爲萬化之靈，是乃天之所爲性也。機爲發動之始，是乃人之所爲心也。一念未萌，何物能撓？意動情移，邪正分歧。若能剛健中正，常伸不屈，豎立未發之時，念念不移，久久凝定，心通造化，人天一矣。」

人之趨向，以心爲主宰，故其禍福，亦取決乎吾心。人乃天之所生，本無偏失；惟人心有如機弩之發動，易失其正也。

「性有巧拙，可以伏藏；九竅之邪，在乎三要，可以動靜。」（陰符經上篇）

蒼厓氏黃帝陰符經註：「性有巧拙，巧者，固宜伏藏，則巧者益巧；拙者尤須伏藏，則拙者不拙。」

陰符經眞詮：「形體保神，各有儀則，其儀則有巧有拙。巧者才長，拙者才短，但無論性之爲巧爲拙，皆可以使之伏藏，而爲立天定人之始功也。」

九竅：兩目、兩鼻孔、兩耳孔、一口腔、前陰竅、後陰竅也。三要者，眼、耳、口也；一曰，口、目、陰也。陰符考異曰：「竅雖九，而要者三，知所以動靜，則三返而九竅可以無邪矣。」

在天性之中，雖伏有巧拙之因素，不發則不成巧拙；九竅之中，雖有偏邪之因素，不動亦不致失其方正，惟在其善守「三要」而已。三要不能守，九竅必偏邪。

「心生於物，死於物，機在目。」（陰符經下篇）

陰符經考異：「心因物而見，是生於物也；逐物而喪。人之接於物者，其竅有九，而要有三。而目又要中之要也。」

如是，欲守其心；當守其九竅；欲守其九竅，當保其三要；欲保其三要，當目不視邪；此戰勝物欲之道也。物欲既去，乃可言養生。

「故曰：『食其時，百骸理；動其機，萬化安。』」（陰符經中篇）

鬼谷子曰：「食者所以治百骸，失其時而害（原作生，於義不協，今改。）百骸。動者所以安萬物，失其機而傷萬物。故曰時之至間，不容瞬息，先之則太過，後之則不及。是以賢者守時，不肖者守命也。」（集註陰符經）

食、動能有節制，合於時、機；自然賊機全滅，樂而有餘矣。

「至樂性餘，至靜性廉。」（陰符經下篇）

陰符經眞詮：「殺賊之後，自在逍遙，形容之則曰樂曰餘。殺賊之後，專志精一，形容之則曰靜曰廉。……至樂性餘，感而遂通也；自靜性廉，寂然不動也。」

三、法天制物

宇宙之中，有天地，有萬物，有人類，此三者互相控制，亦互相應合。「天地萬物之盜，萬物人之盜，人萬物之盜。三盜既宜，三才既安。」（陰符經中篇）陰符經十眞集解劉玄英曰：「天地與萬物之生成，盜萬物以衰謝；萬物與人之服役，盜人以驕淫；人與萬物之工器，盜萬物以毀敗。」又許遜曰：「萬物盜天地而生成，不知天地反盜萬物而衰老；人盜萬物以資財，而充富貴，不知萬物反盜人以勞役，而致禍患。」陰符經眞詮：「三盜既彼此相宜，盜而非盜矣。列子天瑞：『知天地之德者，孰爲盜耶？孰爲不盜耶？』」

盜爲奪取之意，引申爲支配、控制；三者相盜，而得其宜，則三盜成爲三才，而相安矣。「天發殺機，移星易宿；地發殺機，龍蛇起陸；人發殺機，天地反覆；天人合發，萬化定基。」（陰符經上篇）張洪陽註：「天地以生生爲心，而其生處，又常在殺處，用以節制盈溢，而爲生息之根也。」此處之「殺機」，即是一種自然力量。自然之力量，能使星斗移轉，百物滋生；人能配合自然，萬化乃定基而不殆。用之於政治社會，則順天應人，如湯革夏命然。

張果註此章曰：「天有寒暄，德亦有寒暄。德刑整肅，君之張殺機也，故以下畏而服從。德失刑偏，君之弛殺機也，故姦雄悅而馳騁。位有尊卑，象乎天地。故曰，天發殺機，龍蛇起陸，寇亂所由作；人發殺機，天地反覆，尊卑由是革。」

蓋火藏於木，奸藏於國，得機發動，必亡其本也。

「火生於木，禍發必尅；姦生於國，時動必潰；知之修之，謂之聖人。」（陰符經上篇）

李荃曰：「火生於木，火發而木焚；奸生於國，奸成而國滅。木中藏火，火始於无形；國中藏奸，奸始於无象。非至聖不能修身練行，使奸火之不發。」（集註陰符經）

此言似在鼓動造反；然亦說明一種事實，並進而警戒人君愼施德刑，以免覆亡之殃。倘能觀天之道，而法天制物，則能取自然之力量以爲我用；然仍當戒愼恐懼，始能完全免除禍害也。

「瞽者善聽，聾者善視。絕利一源，用師十倍，三反晝夜，用師萬倍。」（陰符經下篇）

陰符經眞詮：「瞽者不用目矣，又偏聰於耳；聾者不用耳矣，又偏明於目。喻觀天之道，其力量比常人勝過十倍乃至萬倍也。」（大意）

「其盜機也，天下莫能見莫能知。君子得之固窮，小人得之輕命。」（陰符經中篇）

張洪陽註：「夫天地人物相盜，有生有死，我獨默察其機，而逆持其柄，是暗竊陰陽之氣以生我身，其術秘矣。誰見之誰知之哉？但得道易，守道難，防賊多凶，恃強必敗，君子得此，競競保守以固其窮；小人得此，妄作胡爲而輕其命。」

四、執天之行

自然乃眞正之主宰，其力量至大無極；然其運行之原則，亦甚爲簡單，無甚神奇之可言。「人知其神之神，不知不神之所以神。」（陰符經中篇）

陰符經眞詮：「人知其神之神」者，如列子所載游金石蹈水火之化人，亦神矣。「不知不神之所以神」者，如下文所云：日月有數，小大有定也。

「日月有數，小大有定，聖功生焉，神明出焉。」（陰符經中篇）

陰符經眞詮：「數，曆數；定界限也。不能度其大小者，準之以曆數，則神明出焉。可以測其大小者，定之限量，則聖功生焉。」

日月之運行，大小之變化，皆有一定之規律可言；倘能執此規律，則能推知其一切運轉變化，故聖功神明生焉。

推斷之憑藉，在奇器——八卦甲子。

「聖人知自然之道不可違，因而制之。至靜之道，律曆所不能契，爰有奇器，是生萬象。八卦甲子，神機鬼藏，陰陽相勝之術，昭昭乎進乎象矣。」（陰符經下篇）

諸葛亮曰：「奇器者，聖智也。天垂象，聖人則之。推甲子，畫八卦，考蓍龜，稽律曆，則鬼神

之情，陰陽之理，昭昭乎象無不盡矣。」（集註陰符經）

此種以卦象干支推斷萬物之演變，以今日視之，自然不合科學；然在當時，則認爲係屬一種眞正之學問，較諸博問彊記，逐外物以自多者，不知勝過幾千萬倍矣。故曰：

「愚人以天地文理聖，我以時物文理哲。」（陰符經下篇）

陰符經眞詮：「以天地文理聖者，逐外物以自多，如莊子天下篇，後人評惠子云，惠施多方，其書五車，逐物而不反，窮響其聲，形與影競走者是也。時物文理哲者，宇宙在乎手，萬化生乎身是也。六爻相雜，惟其時物。欲見此宇宙在手，萬化生身之聖哲乎？可於易之先後天象研究之。彼美人兮，固常在於先天大象中也。」

因爲唯有此種方法，始能掌握宇宙自然之變化，而與大道冥合，故曰：

「宇宙在乎手，萬化生乎身。」（陰符經上篇）

張果註：「見其機而執之，雖宇宙之大，不離乎掌握，況其小者乎？知其神而體之，雖萬物之衆，不能出其胸臆，況其寡者乎？自然造化之力，而我有之，不亦盛乎？不亦大乎？」

張洪陽註：「天地之大，我之所維；萬物之衆，我之所持；一切由心造也。豈非宇宙在手，萬化生身乎？」

綜論本書旨趣，在闡明一種自然之規律。此種規律，操生殺之柄，必須觀而知之，曉其如何則生，如何則死，方能知所趨避，而得福遠禍。其言時機，言應合，頗近於老子；言宇宙在手，萬化生身，近乎莊子，而言執、言制，又近乎兵家權謀之術矣。

第二節　列子

列子之書，近人多疑其僞。今細加考察，書非列子之自著，而爲後人之所輯錄，審矣；然而其中大部資料，實際上仍屬戰國以前，更且，列子書中之思想，亦別成一格，不能不加以注意。如今且就列子書中所表現之道家思想，加以論述。

一、天道觀念

列子書中，對於天道之觀念，與老莊大致相同。如謂道體生成萬物，而不受萬物一切成毀變化之影響，寂寥獨立，而無可象狀：

「有生不生，有化不化，不生者能生生，不化者能化化，生者不能不生，化者不能不化，故常生常化。常生常化者，無時不生，無時不化，陰陽爾，四時爾。不生者疑獨，不化者往復，其際不可終，疑獨，其道不可窮。」（列子天瑞篇）

南懷瑾列子大意述說：「有一個能生萬有，而不隨萬有之生生，雖生而不生的，同時也能變化萬有，而不隨萬有同化。唯其這一不生不化之能，才能生起萬有之生滅變化。由於不生不滅生起變化生滅之後，宇宙萬有，自能生生不已，自然變化無窮。這不生不滅不變不化之能，是絕對獨立常存，一

切生滅變化，由其生起作用，如旋環往復無端，無有終始，亦無邊際可窮盡的。」（中國世紀第二期）

道使萬物各具其本性，而道體本身之性質，則永遠隱而不顯，亦永不改變。

「故有生者，有生生者；有形者，有形形者；有聲者，有聲聲者；有色者，有色色者；有味者，有味味者。生之所生者死矣，而生生者未嘗終；形之所形者實矣，而形形者未嘗有；聲之所聲者聞矣，而聲聲者未嘗發；色之所色者彰矣，而色色者未嘗顯；味之所味者嘗矣，而味味者未嘗呈。」（列子天瑞篇）

南懷瑾列子大意述說：「宇宙萬有皆有各別各體之生元。但此生元，並非自然而生；是從不生不滅之道體本能而生。其他如形聲色味，也都從這道體本能生起作用。至於生、形、聲、色、味等，雖有生滅變化，而生起生、形、聲、色、味之本能，並不隨生、形、聲、色、味等之生滅變化而亡失。」（中國世紀第二期）

萬物生、化、形、色、智、力、消息之本能，亦由道所賦予；然道並不加以支配、宰割，唯完全順其本性之自然而已。

「故生物者不生，化物者不化，自生自化，自形自色，自智自力，自消自息，謂之生、化、形、色、智、力、消、息者，非也。」（列子天瑞篇）

南懷瑾列子大意述說：「宇宙萬有之生滅變化，形、色、智、力、消、息等等，一切作用，一切變化，各別並無另有自性，各位本位，不出這一不生不滅之道體本能中活動而已。」（中國世紀第二

期）

生而不有，爲而不恃，長而不宰。似無所知，無所能，然萬物藉之而化育，宇宙因之而秩然，又似無所不知，無所不能者。

「（至道）無知也，無能也；而無不知也，而無不能也。」（列子天瑞篇）

至道大公無私，不厚於人，亦不薄於物，故物類平等，無貴賤之可言。

「齊田氏祖於庭，食客千人，中坐，有獻魚雁者，田氏視之，乃歎曰：『天之於民厚矣，殖五穀，生魚鳥，以爲之用。』衆客和之，如響。鮑氏之子，年十二，預於次，進曰：『不如君言，天地萬物與我並生，類也；類無貴賤，徒以大小，智力而相制，迭相食，非相爲而生之。人取可食者而食之，豈天本爲人生之？且蚊蚋噆膚，虎狼食肉，非天本爲蚊蚋生人，虎狼生肉者哉？』」（列子說符篇）

此與陰符經：「天之至公，用之至私，禽之制在氣」，意義正同。

二、避世思想

列子之避世思想，近於莊子。不在求形骸之隱退，而在求精神之自由。至其達到此一境界之方法，乃在一「忘」字；而「忘」之根據，則在物性自足，物論齊一。

「雖然，形氣異也。性鈞已，無相易已，生皆全已，分皆足已，吾何以識其巨細，何以識其修短，何以識其同異哉？」（列子湯問篇）

物之形氣雖異，然皆得道之一體。就其同爲道之一體言之，自性全足，並無巨細、修短、同異之分，此爲齊物論思想。既如此，何必爭毀譽、得失、生死、貧富、人物、彼此……？

「龍叔謂文摯曰：『吾鄉譽不以爲榮，國毀不以爲辱，得而不喜，失而弗憂，視生如死，視富如貧，視人如豕，視吾如人。處吾之家，如逆旅之舍，觀吾之鄉，如戎蠻之國。凡此衆疾，爵賞不能勸，刑罰不能威，盛衰利害不能易，哀樂不能移，固不可事國君，交親友，御妻子，制僕隸，此奚疾哉？奚方能已之乎？』文摯乃命龍叔背明而立，文摯自後向明而望之。既而曰：『嘻，吾見子之心矣！方寸之地虛矣，幾聖人也，子心六孔流通，一孔不達，今以聖智爲疾者，或由此乎？非吾淺術所能已也。』」（列子仲尼篇）

然既生爲人，則不能不有人之觀念，所謂「物之不齊，物之情也」（孟子），雖欲一之，恐亦未必若是之易易也。故不得已，乃借助於「忘病」，借助於「迷罔」，借助於「夢」。

「曩吾忘也，蕩蕩然不覺天地之有無；今頓識既往數十年來存亡得失，哀樂好惡，擾擾萬緒起矣。吾恐將來之存亡得失哀樂好惡之亂吾心如此也，須臾之忘，可復得乎？」（列子周穆王篇）

此言忘之益，不覺天地之有無，亦免除存亡哀樂好惡之擾心。

「秦人逢氏有子，少而惠，及壯而有迷罔之疾。聞歌以爲哭，視白以爲黑，饗香以爲朽，嘗甘以爲苦，行非以爲是，意之所之，天地四方水火寒暑無不倒錯者焉。……老聃曰：『汝庸知汝子之迷乎？今天下之人，皆惑於是非，昏於利害，同疾者多，固莫有覺者。且一身之迷，……不足以傾天

下，天下盡迷，孰傾之哉？向使天下之人，其心盡如汝子，汝則反迷矣。哀樂、聲色、臭味、是非，孰能正之？』」（列子周穆王篇）

此言天下盡迷，則迷者反爲淸矣，淸者反爲迷矣。言外之意，天下混亂，旣不能救之，何若假裝糊塗，寄托於迷罔之疾。

「人生百年，晝夜各分，吾晝爲僕虜，苦則苦矣，夜爲人君，其樂無比，何所怨哉？」（列子周穆王篇）

現實不得滿足，乃寄托於夢境；此明爲逃避現實之一種方法，無可奈何之至也。夢中不但可以忘記許多現實之苦惱，且可做許多平時不能做到之事。故進一步則以爲在現實生活中，如能忘懷一切，卽可穿石入火，無所不能。

「趙襄子率徒十萬，狩於中山，藉仍燔林，扇赫百里。有一人從石壁中出，隨煙燼上下，衆謂鬼物。火過，徐行而出，若無所經涉者。襄子怪而留之，徐而察之，形色七竅，人也；氣息音聲，人也。問奚道而處石，奚道而入火？其人曰：『奚物爲石，奚物爲火？』襄子曰：『而嚮之所出者，石也；而嚮之所涉者，火也。』其人曰：『不知也。』」（列子黃帝篇）

此更明顯爲一種幻想，一種妄覺，所以流於玄虛也。

三、力命與生死

道爲統攝宇宙萬有之自然力量。此種力量，至大至剛，無可抗拒，其支配人類一切禍福成敗者，又稱之爲「命」。

另外又有一種力量，與「命」相對待者，謂之「力」；即人之意志、智慧、才幹、作爲……等之力量也。

此二種力量，不知何者爲大？力耶，抑命耶？設若人之努力可以改變天命，自當相信人力，而力行不懈；設若人力無法抗拒天命，則吾人之觀念，又當完全改變也。

「力謂命曰：『若之功奚若我哉？』命曰：『汝奚功於物，而欲比朕？』力曰：『壽夭窮達，貴賤貧富，我力之所能也。』命曰：『彭祖之智，不出堯舜之上，而壽八百；顏淵之才，不出衆人之下，而壽四八；仲尼之德，不出諸侯之下，而困於陳蔡；殷紂之行，不出三仁之上，而居君位；季札無爵於吳，田恒專有齊國，夷齊餓於首陽，季氏富於展禽，若是汝力之所能，奈何壽彼而夭此，窮聖而達逆，賤賢而貴愚，貧善而富惡邪？』力曰：『若如若言，我固無功於物，而物若此邪，此則若之所制邪？』命曰：『旣謂之命，奈何有制之者邪？朕直而推之，曲而任之，自壽自夭，自窮自達，自貴自賤，自富自貧，朕豈能識之哉？朕豈能識之哉？』」（列子力命篇）

由此觀之，命之力量，似大過於力矣；然「命」之爲物，乃順物性之自然，非於物體之外，另有一所謂「命」者，制奪於其間也。故命之爲命，亦取決於力，謂一切全由命運主宰，似又並不盡然也。

此說與莊子小異。在莊子思想中，天命控制一切，人力毫無作爲，力命之間界限森嚴；而列子則調和「力」、「命」之間，打破「力」「命」之界限，認爲命之爲命，亦由力而定。如必欲較量二者力量之大小，則可分爲兩種情形：一爲力大於命，則力克命；一爲命大於力，則力不能克命；故處事當量力而行。

「夸父不量力，欲追日影，逐之於隅谷之際；渴欲得飲，赴飲河渭，河渭不足，將走北，飲大澤，未至道，渴而死。」（列子湯問篇）

夸父逐日飲澤，是不量力；不量力則功不成而身受其殃。反之，好謀而成，凡事如能量力而行，無論何等大之困難，亦可以克服。

「太形王屋二山，方七百里，高萬仞。本在冀州之南，河陽之北。北山愚公者，年且九十，面山而居，懲山北之塞，出入之迂也，聚室而謀曰：『吾與汝畢力平險，指通豫南，達於漢陰，可乎？』雜然相許。其妻獻疑曰：『以君之力，曾不能損魁父之丘，如太行王屋何？且焉置土石？』雜曰：『投諸渤海之尾，隱土之北。』遂率子孫荷擔者三夫，叩石墾壤，箕畚運於渤海之尾。鄰人京城氏之孀妻，有遺男，始齔，跳往助之，寒暑易節，始一反焉。河曲智叟笑而止之，曰：『甚矣，汝之不惠！以殘年餘力，曾不能毀山之一毛，其如土石何？』北山愚公長息曰：『汝心之固，固不可徹，曾不若孀妻弱子！雖我之死，有子存焉，子又生孫，孫又生子，子又有子，子又有孫，子子孫孫，無窮匱也，而山不加增，何苦而不平？』河曲智叟亡以應。操蛇之神聞之，懼其不已也，告之於帝。帝感其

誠，命夸娥氏二子負二山，一厝朔東，一厝雍南，自此冀之南，漢之陰，無隴斷焉。」（列子湯問篇）

愚公非眞愚也，彼豈不知移山之難耶？然彼事前曾經考量，而知山有必平之理，（子子孫孫，無窮匱焉，而山不加增，何苦而不平？）故決心苦幹，終能感動司命（上帝），克服困難，此力能克命之證也。

（成秋按：愚公移山故事，與道家順天安命無爲自然之精神甚相逕庭，思索者三，故爲解說如上，以合於列子思想系統。不然，此項資料亦可以捨棄也。）

另外，有力之不能克服者，生死是也。

「然而生生死死，非物非我，皆命也，智之所無奈何，故曰：『窈然無際，天道自會，漠然無分，天道自運，天地不能犯，聖智不能干，鬼魅不能欺，自然者，默之成之，平之寧之，將之迎之。』」（列子力命篇）

生死乃自然之演變，人力所不能抗拒，聖智者亦無可奈何。此時也，逆天抗命不足以收效，適足以增憂；反不如樂天安命之爲愈也。

「死之與生，一往一反，故死於是者，安知不生於彼？故吾知其不相若矣。吾又安知營營而求生非惑乎？亦又安知吾今之死不愈昔之生乎？」（列子天瑞篇）

「大哉死乎！君子息焉，小人伏焉。」（列子天瑞篇）

「人胥知生之樂，未知生之苦；知老之憊，不知老之佚；知死之惡，未知死之息也。」（列子天

瑞篇）

「死也者，德之徼也。古者謂死人爲歸人，夫言死人爲歸人，則生人爲行人矣。行而不知歸，失家者也。一人失家，一世非之，天下失家，莫知非焉。」（列子天瑞篇）

魏人有東門吳者，其子死而不憂，其相室曰：「公之愛子，天下無有，今子死不憂，何也？」東門吳曰：「吾常無子，無子之時不憂，今子死，乃與嚮無子同，臣奚憂焉？農赴時，商趣利，工追術，勢使然也。然農有水旱，商有得失，工有成敗，仕有遇否，命使然也。」（列子力命篇）

列子認爲生死爲循環之變化，不必執着；生爲勞碌，死爲休息；生未嘗不苦，死未嘗不樂；生如寄，死如歸；一切得失，皆命中注定，不必存憂喜於其間。此與莊子安命樂道之見，完全相同。

「孔子遊於太山，見榮啓期行乎郕之野，鹿裘帶索，鼓琴而歌，孔子問曰：『先生所以樂，何也？』對曰：『吾樂甚多。天生萬物，唯人爲貴，而吾得爲人，是一樂也；男女之別，男尊女卑，故以男爲貴，吾既得爲男矣，是二樂也；人生有不見日月，不見襁褓者，吾既已行年九十矣，是三樂也。貧者士之常也，死者人之終也，處常得終，當何憂哉？』孔子曰：『善乎！能自寬者也。』」（列子天瑞篇）

人生苦樂，無不自己求之者也。以悲觀之態度臨之，則天下萬事無不痛苦；以樂觀之態度臨之，則天下萬事無不可樂。榮啓期老而且貧，然能安於天命，善自寬解，反覺其樂無窮矣。

四、處世術

列子論處世術，大體近於老子。其術在於居下、持後、守柔、取劣、藏能、應機……等等。

「爵高者人妒之，官大者主惡之，祿厚者怨逮之。」「吾爵益高，吾志益下；吾官益大，吾心益小；吾祿益厚，吾施益博；以是免於三怨，可乎？」（列子說符篇）

此言居下之意，與老子卅八章：「知其榮，守其辱，爲天下谷，常德乃足」之旨正同。

子列子學於壺丘子林，壺丘子林曰：「子知持後，則可言持身矣。」列子曰：「願聞持後。」曰：「顧若影，則知之。」列子顧而觀影，形枉則影曲，形直則影正。然則枉直隨形而不在影，屈申任物而不在我，此之謂持後而處先。（列子說符篇）

此言持後之意，與老子：「人皆取先，己獨取後，曰：受天下之垢」（莊子天下篇引），「不敢爲天下先，則能成器長。」（六十七章）之旨正同。

「天下有常勝之道，有不常道之道。常勝之道曰柔，常不勝之道曰彊。二者易知而人未之知。故上古之言，彊先不己若者，柔先出於己者。先不己若者，至於若己，則殆矣；先出於己者，亡所殆矣。以此勝一身若徒，以此任天下若徒，謂不勝而自勝，不任而自任也。」（列子黃帝篇）

此言守柔之旨，正釋老子「守柔曰強」（五十二章），「天下之至柔，馳騁天下之至堅」（四十三章），「堅強者死之徒，柔弱者生之徒」（七十六章）之意也。

孫叔敖疾將死，戒其子曰：「王亟封我矣，吾不受也。爲我死，王則封汝，汝必無受利地。楚越之間，有寢丘者，此地不利，而名甚惡，楚人鬼而越人機，可長有者唯此也。」孫叔敖死，王果以美地封其子，子辭而不受，請寢丘與之，至今不失。（列子說符篇）

此言取劣之旨，可與老子，「欲不欲，不貴難得之貨」（六十四章），「處衆人之所惡，故幾於道」（八章）之意相參。

「夫憂者所以爲昌也，喜者所以爲亡也，勝非其難者也，持之其難者也……孔子之勁，能拓國門之關，而不肯以力聞，墨子爲守攻，公輸般服，而不肯以兵知，故善持勝者，以強爲弱。」（列子說符篇）

此言守成之難，與老子：「持而盈之，不如其已，揣而銳之，不可長保，金玉滿堂，自遺其咎」（第九章），正同；言藏能不用之意，與老子：「不欲見賢」（七十七章），「不自見故明」（廿二章），「大音希聲，大象無形，道隱無名」（四十一章）之意正同。

蓋「弱者道之用，反者道之動。」上下、先後、剛柔、優劣，皆變動不居，下者不必常下，後者不必常後，柔者不必常柔，劣者不必常劣，居下、持後、守柔、取劣，皆欲因道之變動，而得上、得前、得剛、得優也。至於退藏之術，其意亦在於自我保全。

其次，由於大道運動，一切禍福興衰變動不居，而欲識其時機，以應合掌握之，鄣得其大利，此種主張，又近於陰符經思想矣。

施氏曰：「凡得時者昌，失時者亡。子道與吾同，而功與吾異，失時者也，非行之謬也。且天下理無常是，事無常非，先日所用，今或棄之；今之所棄，後或用之。此用與不用，無定是非也。投隙抵時，應事無方，屬乎智，智苟不足，使君博如孔丘，術如呂尙，焉往而不窮哉？」（列子說符篇）

五、政治論

爲政之道，在求根本之途。所謂根本之途者，不在乎事後解決問題，而在乎事前防範問題，使問題不致發生。

邯鄲之民，以正月之旦獻鳩於簡子，簡子大悅，厚賞之。客問其故，簡子曰：「正旦放生，亦有恩也。」客曰：「民知君欲放之，競而捕之，死者衆矣。君若欲生之，不若禁民勿捕，捕而放之，恩過不相補矣。」簡子曰：「善！」（列子說符篇）

捕而釋之，不若根本不捕；此爲防範未然，以取消問題爲解決問題之辦法也。施之於政治，則在於無爲。

「西方之人，有聖者焉，不治而不亂，不言而自信，不化而自行，蕩蕩乎民無能名焉。」（列子仲尼篇）

不治則不亂，一切順乎自然；不言不化，則民自信自行，此即「太上，下不知有之」之境界也。（參老子十七章）反之，治而益亂，民益不信不行，非爲治之道也。

自然已盡其完美，不必加以人工；是故聖人以道化天下，而不恃智巧。

宋人有爲其君以玉爲楮葉者，三年而成，鋒殺莖柯，毫芒繁澤，亂之楮葉中，而不可別也，此人遂以巧食宋國。子列子聞之曰：「使天地生物，三年而成一葉，則物之有葉者寡矣，故聖人恃道化而不恃智巧。」（列子說符篇）

無爲而治之理想，列子亦有一烏托邦——終北之國：

「濱北海之北，不知距齊州幾十萬里，其國名曰終北，不知際畔之所齊限，無風雨霜露，不生鳥獸蟲魚草木之類，四方悉平，周以喬陟。當國之中，有山，山名壺領，狀若甔甀；頂有口，狀若員環，名曰滋穴，有水湧出，名曰神瀵。臭過蘭椒，味過醪醴。一源分爲四埒，注於山下，經營一國，無不悉徧。土氣和，亡札厲，人性婉而從物，不競不爭；柔心而弱骨，不驕不忌；長幼儕居，不君不臣；男女雜游，不媒不聘；緣水而居，不耕不稼；土氣溫適，不織不衣；百年而死，不夭不病；其民孳阜亡數，有喜樂，亡衰老哀苦。其俗好聲，相攜而迭謠，終日不輟音。飢惓則飲神瀵，力志和平，過則醉，經旬乃醒。沐浴神瀵，膚色脂澤，香氣經旬乃歇。」（列子湯問篇）

任何政治學說，均應有其理想境界，以懸爲吾人追求之目標。然此處之理想，則較老莊更爲玄虛。

在此理想國中，不憂衣食，不需工作，無疾病、痛苦、爭競、驕忌、及一切人文禮儀，可謂至樂之境矣；然而有可疑者，卽其國中不生鳥獸蟲魚草木之類。夫草木鳥獸種種，乃自然之產物，自然主義之道家，竟不欲其生有，此與天地萬物與我並生之意，豈不大為刺謬乎？或列子反而厭惡於此，抑懼其為吾人之禍害耶？

第三節　楊　朱

楊子無書，然其學說在戰國時却傾動一時。故孟子取之與墨子之說並論，以謂楊朱墨翟之言盈天下，天下之言，不歸楊，則歸墨，是邪說誣民，無父無君，亦足見其於當時思想界之影響矣。

「聖王不作，諸侯放恣，處士橫議。楊朱墨翟之言盈天下。天下之言，不歸楊，則歸墨。楊氏為我，是無君也，墨氏兼愛，是無父也，無父無君，是禽獸也。」（孟子滕文公篇）

楊朱學說之影響，既如此深遠，則雖無書留傳，亦有討論研究之必要。未論其學說之前，先述各家對楊朱之批評：

孟子曰：「楊子取為我，拔一毛而利天下，不為也；墨子兼愛，摩頂放踵，利天下而為之。」（孟子盡心篇）

「楊朱貴己。」（尸子廣澤篇）「陽生貴己。」（呂氏春秋不二篇）

「今有人於此，義不入危城，不處軍旅，不以天下易其脛一毛，世主必從而禮之，貴其智而高其行，以為輕物重生之士也。」（韓非子顯學）

「夫弦歌鼓舞以為樂，盤旋揖讓以修禮，厚葬久喪以送死，孔子之所立也，而墨子非之。兼愛、

尙賢、右鬼、非命，墨子之所立也，而楊子非之。全生保眞，不以物累形，楊子之所立也，而孟子非之。」（淮南子氾論訓）

以上所言，「爲我」與「貴己」意近；「全生保眞，不以物累形」，與「輕物重生」意近。而「我」之所以存在，在我有生；如我無生，「我」亦無從存在。則「爲我」與「重生」之意，又可互相聯貫矣。

今日探討楊朱學說，當以列子楊朱篇爲主要資料。一般人或疑楊朱篇爲後人所僞造；關於此點，門啓明先生辯之已詳，其認爲楊朱篇係先秦楊朱思想之史料，理由有三：

一、本篇與其他七篇完全不同：

劉向序：「力命篇一推分命，楊子之篇唯貴放逸，二義乖背，不似一家之言。」

張湛序：「至江南，僅有存者，列子唯餘楊朱、說符、目錄三卷。」

本篇獨具之特點：(1)全篇組織嚴密；(2)思想透闢；(3)其主張言論，並不襲其他諸子各書；(4)文字體裁異於列子中其他各篇。

二、找不到文字上襲取他書之僞證。

三、天瑞、仲尼、湯問等篇，所引多老莊墨三子書中之言，可見其中材料，正蒐集和保存了不少先秦兩漢以來的逸說和原文；如此，則楊朱一篇，又誰敢保證其中絕無先秦楊子之遺說被採入其中？（見楊朱篇和楊子之比較，古史辨第四冊）

吾以楊朱篇與孟子、尸子、呂氏春秋、淮南子、韓非子對楊朱之批評相對照，亦覺完全脗合；是以在未見到有力之反對證據前，討論楊朱思想，仍以此篇爲主。

一、輕外物

楊朱思想，重在放縱情欲；既然放縱情慾，又何能輕外物？此豈不大爲矛盾乎？是以輓近學者，多以爲楊朱篇之主縱欲部份，不能代表楊朱思想；而將此類思想，歸之於魏晉之間。吾意並不以此爲然，吾以爲縱慾思想之境界甚低，無論何種時代，均有產生之可能，不能謂魏晉以前，絕無此種思想也。況史證昭然，不容一概抹煞！至於認爲縱欲與輕物重生思想違背，乃因對於楊朱思想之全體，認識不清所致。

蓋楊朱所輕之「物」，固爲「外物」，但其範圍則與老莊有異。吾論老子思想時，曾謂人之欲望有四類；卽食欲，性欲，財富欲，權勢欲是已。食欲性欲爲基本欲望，財富欲權勢欲爲駕乎基本欲望之上者。有欲望則必取外物以滿足之，故相與追逐食物、異性、金錢、地位。然在楊朱之觀念中，基本欲望（食色，感官之滿足）乃與生俱來，爲人之本性，當循順，不當壓抑；超乎基本欲望之上者，始爲外物，不足重視也。故其所輕之外物，僅爲名、位、壽、貨四種。

楊朱曰：「生民之不得休息，爲四事故。一爲壽，二爲名，三爲位，四爲貨。有此四者，畏鬼畏人，畏威畏刑，此之謂遁人也。可殺可活，制命在外。不逆命，何羨壽？不矜貴，何羨名？不要勢，

何羨位？不貪富，何羨貨？此之謂順民也。」（列子楊朱篇）

（按名可包含於位中；壽雖與食、色有關，但其主宰在天，非己可以隨意求得者，故亦屬於外物。）

生民爲此四者，勞碌奔走，畏鬼忌人，竟得何益？「死生有命，富貴在天」，倘不能順性適意，又何求於壽，何羨於物，何貴於位？至於有名無實，徒擁虛名，更屬無用；吾人所求者，在「實際」之好處。

「實無名，名無實，名者僞而已矣。昔者堯舜僞以天下讓許由善卷，而不失天下，享祚百年；伯夷叔齊實以孤竹君讓，而終亡其國，餓死於首陽之山，實僞之辯，如此其省也。」（列子楊朱篇）

堯讓天下於許由善卷，爲求名（此可與莊子逍遙遊所載堯讓天下於許由事相參），有名必無實，有名有實，災及其身者也。其故在於：

「凡爲名者必廉，廉斯貧；爲名者必讓，讓斯賤。」（列子楊朱篇）

故違背自己之情欲，以求虛無飄渺之美名，旣復可憐，又復可笑。

楊朱曰：「伯夷非亡欲，矜淸之郵，以放餓死，展季非亡情，矜貞之郵，以放寡宗，淸貞之誤善之若此。」（列子楊朱篇）

伯夷展禽，皆有情有欲，與常人同，然而爲求「淸高」、「貞潔」之美名，竟違反天性，以至於餓食絕嗣，此又何苦來哉？

「矜一時之毀譽，以焦苦其神形，要死後數百年中餘名，豈足潤枯骨，何生之樂哉？」（列子楊朱篇）

「凡彼四聖者，生無一日之歡，死有萬世之名，名者，固非實之所取也。雖稱之弗知，雖賞之不知，與株塊無以異矣。」（列子楊朱篇）

生時有知覺，不求享受適意，而徒博死後萬世之美名；夫死後知覺全無，又何補於實際？故財貨、年壽、地位、名譽，皆無所可貴，既無補實際於生前，又不能暢懷快意於死後。

二、縱情欲

楊朱主張放縱情欲，其最大理由在乎人生短暫，死歸虛空；在短暫之人生當中，不求順情適欲，則人生毫無意義：

「凡生之難遇，而死之易及，以難遇之生，俟易及之死，可孰念哉？而欲尊禮義以夸人，矯情性以招名，吾以此爲弗若死矣。爲欲盡一生之觀，窮當年之樂，唯患腹溢而不得恣口之飲，力憊而不得肆情於色，不遑憂名聲之醜，性命之危也。」（列子楊朱篇）

「百年壽之大齊，得百年者，千無一焉。設有一者，孩抱以逮昏老，幾居其半矣。夜眠之所弭，晝覺之所遺，又幾居其半矣。痛疾哀苦，亡失憂懼，又幾居其半矣。量十數年之中，逌然而自得，亡介焉之慮者，亦無一時之中爾，則人之生也奚爲哉？奚樂哉？爲美厚爾，爲聲色爾。而美厚復不可常猒足，聲色不可常翫聞，乃復爲刑賞之所禁勸，名法之所進退，遑遑爾競一時之虛譽，規死後之餘榮，偊偊爾愼耳目之觀聽，惜身意之是非，徒失當年之至樂，不能自肆於一時，重囚纍梏，何以異哉？」（列子楊朱篇）

「太古之人，知生之暫來，知死之暫往，故從心而動，不違自然所好，當身之娛，非所去也，故不爲名所勸；從性而遊，不逆萬物所好，死後之名，非所取也，故不爲刑所及。名譽先後，年命多少，非所量也。」（列子楊朱篇）

此言生死變化之迅速，均在忽然之間，則人生之過程實極短暫；而在此短暫之過程中，可供吾人快然享樂之部份，更爲微小。故應把握此一難得之機會，享盡美厚之食，聲色之樂，不必違反本性，受禮義名法之拘束，以自尋苦惱也。

「萬物所異者生也，所同者死也。生則有賢愚貴賤，是所異也；死則有臭腐消滅，是所同也。雖然，賢愚貴賤，非所能也，臭腐消滅，亦非所能也。故生非所生，死非所死，賢非所賢，愚非所愚，貴非所貴，賤非所賤。然而萬物齊生齊死，齊賢齊愚，齊貴齊賤。十年亦死，百年亦死，仁聖亦死，凶愚亦死。生則堯舜，死則腐骨，生則桀紂，死則腐骨。腐骨一矣，孰知其異？且趣當生，奚遑死後？」（列子楊朱篇）

「死」爲萬物之終局，爲一切賢愚貴賤之共同歸宿。故生雖有異，死則皆同。且生異不能改變死同，惟死同能以結束生異。如此，則生死、賢愚、貴賤、可謂毫無分別矣。（此點頗近乎齊物論思想。）彼追逐名位賢聖之人，違背天性，至終仍歸虛無，遠不如快意當生之無憂無慮也。是故吾人嘗：

「恣耳之所欲聽，恣目之所欲視，恣鼻之所欲向，恣口之所欲言，恣體之所欲安，恣意之所欲行。夫耳之所欲聞者音聲，而不得聽，謂之閼聰；目之所欲見者美色，而不得視，謂之閼明；鼻之所欲向者椒蘭，而不得嗅，謂之閼顫；口之所欲道者是非，而不得言，謂之閼智；體之所欲安者美厚，而不得從，謂之閼適；意之所欲爲者放逸，而不得行，謂之閼往。凡此諸閼，廢虐之主；去廢虐之主，熙熙然以俟死，一日一月，一年十年，吾所謂養。」（列子楊朱篇）

此種感官上之滿足，卽爲楊朱縱欲人生之目的；不能達此目的，卽違反人之本性，亦失去其所以爲人生之意義矣。故其理想中之典型人物，爲放縱酒色之公孫朝、公孫勝兄弟：

「朝之室也，聚酒千鍾，積麴成封，望門百步，糟漿之氣逆於人鼻。方其荒於酒也，不知世道之安危，人理之悔吝，室內之有亡，九族之親疏，存亡之哀樂也。雖水火兵刃交於前，弗知也。穆之後庭比房數十，皆擇稚齒婑媠者以盈之。方其耽於色也，屏親昵，絕交遊，逃於後庭，以晝足夜。三月一出，意猶未愜，鄉有處子之娥姣者，必賄而招之，媒而挑之，弗獲而後已。」（列子楊朱篇）

所當注意者，其言酒色之樂，並不著眼於酒色之本身，而另有形容語。如謂朝之荒於酒，「不知世道之安危，人理之悔吝，室內之有亡。九族之親疏，存亡之哀樂也；雖水火兵刃交於前，弗知也」，謂穆之耽於色，「屏親昵，絕交遊，逃於後庭，（注意此一逃字。）」據此，吾以爲楊朱之縱欲思想，實爲逃避現實，莫可奈何之一種辦法，希望藉此忘懷一切之痛苦、紛擾，並非純粹之「墮落」；其與莊周之寄托於「無何有之鄉，廣漠之野」之玄想，心境正同。

三、生死觀

至於楊朱之生死觀，亦在不迎不將，順其自然。不臨危蹈險以尋死，亦不岌岌努力而求壽。孟孫陽問楊子曰：「有人於此，貴生愛身，以蘄不死，可乎？」曰：「理無不死，以蘄久生，可乎？」曰：「理無久生，生非貴之所能存，身非愛之所能厚。且久生奚爲？五情好惡，古猶今也；變易治亂，古猶今也。既聞之矣，既見之矣，既更之矣，百年猶厭其多，況久生之苦也乎？」孟孫陽曰：「若然，速亡愈於久生，則踐鋒刃，入湯火，得所志矣。」楊子曰：「不然，既生則廢而任之，究其所欲，以俟於死；將死則廢而任之，究其所之，以放於盡，無不廢，無不任，何遽遲速於其間乎？」（列子楊朱篇）

有生之年，當順性情之所需而善養之：

「相憐之道，非唯情也。勤能使逸，飢能使飽，寒能使溫，窮能使達也。」（列子楊朱篇）

死後既無知覺，則無論如何處置，均不在意矣：

「既死，豈在我哉？焚之亦可，沉之亦可，瘞之亦可，露之亦可，衣薪而棄諸溝壑亦可，袞衣繡裳而納諸石椁亦可，唯所遇焉。」（列子楊朱篇）

此種順乎自然，達觀任化之思想，又與莊子爲近矣。

四、爲無爲

道家思想崇尙無爲，以爲天下之亂，在於有爲，愈爲而愈亂，反不如無爲任化之妙也。楊朱亦有此思想：

楊朱曰：「利出者實及，怨往者害來，發於此而應於外者唯請。是故賢者愼所出。」（列子說符篇）

：「行善不以爲名，而名從之，名不與利期，而利歸之，利不與爭期，而爭及之，故君子必愼爲善。」（列子說符篇）

此言有爲（爲善利物）之麻煩，且因果相推，反致相爭，相爭則自害，故不取有爲。

「夫善治外者，物未必治，而身交苦；善治內者，物未必亂，而性交逸……以我之治內，可推之於天下，君臣之道息矣。」（列子楊朱篇）

「治外」即「有爲」，「治內」即「順性」。無爲使君臣道息，使天下永無戰爭。

禽子問於楊朱曰：「去子體之一毛，以濟一世，汝爲之乎？」楊子曰：「世固非一毛之所濟。」禽子曰：「假濟，爲之乎？」楊子弗應。禽子出，語孟孫陽，孟孫陽曰：「子不達夫子之心，吾請言之。有侵若肌膚獲金者，若爲之乎？」曰：「爲之。」曰：「有斷若一節得一國，子爲之乎？」禽子默然有間。孟孫陽曰：「一毛微於肌膚，肌膚微於一節，省矣。然則積一毛以成肌膚，積肌膚以成一節，一毛固一體萬分中之一物，奈何輕之乎？」（列子楊朱篇）

此種一毛不拔之思想，乃徹底之無爲主義。其根據則在於貴身——貴己之身。蓋身既可貴，則身之任何一部份，均不可損；倘不顧惜一毛，則積少成多，身亦終必隨之亡矣。

楊朱曰：「伯成子高不以一毫利物，舍國而隱耕，大禹不以一身自利，一體偏枯。古之人，損一毫利天下，不與也；悉天下奉一身，不取也。人人不損一毫，人人不利天下，天下治矣。」（列子楊朱篇）

「悉天下奉一身，不取也」，與「爲我」思想，並不牴觸，此處特應注意。蓋據以上所論，楊子之爲我主義，僅係求得感官情欲之滿足，而不及其他；「國」雖好，與基本欲望之滿足無干，要來何用？楊朱之意，蓋正如許由所謂「鷦鷯巢於深林，不過一枝；偃鼠飲水，不過滿腹。歸休乎！君子無所用天下爲！」（見莊子逍遙遊篇）是故

楊朱曰：「豐屋、美服、厚味、姣色，有此四者，何求於外？有此而求外者，無猒之性，無猒之性，陰陽之蠹也。忠不足以安君，適足以危身，義不足以利物，適足以害生。安上不由於忠，而忠名滅焉；利物不由於義，而義名絕焉。君臣皆安，物我兼利，古之道也。」（列子楊朱篇）

此種議論，吾恐僅能對在位之時君而發；豐屋、美服、厚味、姣色，一般百姓，正求之而不得也，豈敢復有他望也耶？至云忠義不足以安君利物，適足以危身害生，亦「無爲」之義也。

第四節 關尹、黃帝、鬻子

一、關尹子

關尹子，史記稱老子曾爲之著五千言，言道德之意。莊子天下篇，亦關尹、老聃並舉，想與老子並時，當無疑問。

呂氏春秋審己篇，莊子達生篇皆有子列子師關尹之言，似乎可信。

關尹之學，莊子天下篇論之甚詳，而今傳關尹子，雜有佛教道教色彩，且文體又絕不類，可疑者多，可信者少，只能作爲輔助材料。

天下篇論關尹之學，與老子相同者爲：

「以本爲精，以物爲粗，以有積爲不足，澹然獨與神明居……建之以常無有，主之以太一。以濡弱謙下爲表，以空虛不毀萬物爲實。」（莊子天下篇）

又引關尹之言曰：

「在己無居，形物自著，其動若水，其靜若鏡，其應若響。芴乎若亡，寂乎若淸。同焉者和，得焉者失，未嘗先人，而常隨人。」（莊子天下篇引，亦見今本關尹子極篇）

綜上所論，其學術指歸，可約略析爲數項：(1)道爲精，物爲粗，與道同居。(2)無心應物，隨附衆人。(3)恬淡不毀萬物，有積反致不足。（或有積因不知足。）(4)大公之人得人同情，自私自利失人之望。(5)柔弱謙下。

在關尹之心目中，道爲宇宙萬有之原因，而道卽萬有。

「一灼之火，能燒萬物，物亡而火何存？一息之道，能冥萬物，物亡而道何在？」（關尹子宇篇）

人心虛靜，則與道契合。

「惟聖人不離本情，而登大道。心旣未萌，道亦假之。」（關尹子宇篇）

不存成見，靜如鏡，應若響，則能應萬物理天下而不窮。

「聖人之治天下，不我賢愚，故因人之賢而賢之，因人之愚而愚之。不我是非，故因事之是而是之，因事之非而非之。知古今之大同，故或先古，或先今；知內外之大同，故或先內，或先外。」（關尹子極篇）

不與物爭，則物亦不能我傷，故主謙虛柔弱：

「天下之物，無得以累之，故本之以謙；天下之物，無得以外之，故含之以虛；天下之物，無得以難之，故行之以易；天下之物，無得以窒之，故變之以權。」（關尹子極篇）

「不可非世是己，不可卑人尊己，不可輕忽道己，不可訕謗德己，不可鄙猥才己。」（關尹子藥篇）

不求獨特，與衆人玄同無別，則能與衆人相和。

「聖人之於衆人，飮食衣服同也，屋宇舟車同也，富貴貧賤同也，衆人每同聖人，聖人每同衆人。」（關尹子極篇）

而爭奪私利，反不能得，且將失去衆人之同情，而導致失敗。

「利害心愈明，則親不睦；賢愚心愈明，則友不交；是非心愈明，則事不成。」（關尹子極篇）

大略言之，關尹思想與老聃無甚差異，惟無心應物，萬有卽道，則近乎莊子。

二、黃帝

黃帝爲道家之僞托人物，此乃不爭之事實。然道家思想僞托黃帝，不自漢代始，戰國時已有僞托黃帝書。漢志所列黃帝四經、黃帝銘、黃帝君臣、雜黃帝是也。今其書雖已不存，吾人可就各書所引，作一概略之說明。

黃帝書認道無始無終，而萬有生自虛無。

黃帝書曰：「形動不生形而生影，影動不生聲而生響，無動不生無而生有。形必終者也，天地終乎，與我偕終，終進乎不知也。道終乎本無始，進乎本不久。」（列子天瑞篇引）

得道之人，一念不生，行動全出無心。塊然獨處，絲毫不受外界之影響。

黃帝之書云：「至人居若死，動若械，亦不知所以居，亦不知所以不居，亦不知所以動，亦不知所以不動，亦不以衆人之觀易其情貌，亦不謂衆人之觀不易其情貌，獨往獨來，獨出獨入，孰能礙

之？」（列子力命篇引）

故惚恍不明，糊塗不淸，乃爲處世之原則。

「黃帝亡其玄珠，使離朱捷劉索之，而弗能得之也，於是使忽怳，而後能得之。」（淮南子人間訓）

其意略近乎老子之大智若愚。

心與神明相通，則道德充實，而外乎形骸。

嫫母執乎黃帝，黃帝曰：「厲女德而弗忘，與女正而弗衰，雖惡奚傷？」（呂氏春秋遇合）

人由生而壯，由壯而老，由老而死，乃自然之變化。生自虛無，亦反於虛無，故不必再有我執。

黃帝曰：「精神入其門，骨骸反其根，我尙何存？人自生至終，大化有四，嬰孩也，少壯也，老耄也，死亡也。其在嬰孩，氣專志一，和之至也，物不傷焉，德莫加焉。其在少壯，則血氣飄溢，欲利充起，物所攻焉，德故衰焉。其在老耄，則欲利柔焉，體將休焉，物莫先焉，雖未及嬰孩之全，方於少壯，間矣。其在死亡也，則之於息焉，反其極矣。」（列子天瑞篇引）

欲望泛濫，失吾之眞性，故凡聲色衣服，香味居室，均應有所節制。

黃帝言曰：「聲禁重，色禁重，衣禁重，香禁重，味禁重，室禁重。」（呂氏春秋去私）

惟食爲養生之所必需，民以食爲天，亦爲人之基本欲望，故糧食之生產，亦不可忽略。

黃帝曰：「四時之不正也，正五穀而已矣。」（呂氏春秋審時論）

為政之道，在法天地。

黃帝曰：「芒芒昧昧，因天之威，與元同氣。」（呂氏春秋應同）

嘗得黃帝之所以誨顓頊矣；「爰有大圜在上，大矩在下；汝能法之，為民父母。」（呂氏春秋序意）

天道無為而自化，故為政之道，亦當無為。

「黃帝……憂天下之不治，竭聰明，盡智力，營百姓，焦然肌色皯黣，昏然五情爽惑。黃帝乃喟然讚曰，朕之過淫矣……於是放萬機，舍宮寢，去直侍，徹鐘縣，減厨膳，退而閒居大庭之館，齋心服形，三月不親政事，晝寢而夢，遊於華胥氏之國。」（列子黃帝篇）

竭盡一己之私智，努力求治，反而達不到治平之目的。而修養道德，淸靜無為，社會乃趨於安定。

荀子書中有金人銘，王應麟認為蓋黃帝銘六篇之一，頗多可與今本老子相參之處。或謂卽係老子之所本，未敢遽下斷語。

荀子：「孔子觀周，入后稷之廟，右陛之前，有金人焉，參緘其口，而銘其背。曰：『古之愼言人也。戒之哉，戒之哉，無多言，多言多敗。無多事，多事多患。安樂必戒，無行所悔。勿謂何傷，其禍將長。勿謂何害，其禍將大。勿謂何殘，其禍將然。勿謂不聞，神將伺人。焰焰不絕，炎炎若何？涓涓不壅，終為江河。綿綿不絕，或為網羅。毫末不札，將尋斧柯。誠能愼之，福之根也。曰是何傷，禍之門也。彊梁者不得其死，好勝者必遇其敵。盜憎主人，民怨其上。君子知天下之不可上也，故下之；知衆人之不可先也，故後之。溫恭慎德，使人慕之，執雌守下，人莫踰之。人皆趨彼，我獨守此。人皆惑之，我爲不徙。內藏我智，不示人技。我雖尊高，人弗我害，誰能於此。江海雖左，長於百川，以其卑也。天道無親，常與善人。戒之哉！』孔子既讀斯文，顧謂弟子曰：『小子識之，此言實而中，情而信。』」

何孟春曰：「銘詞中如『綿綿不絕，或成網羅，毫末不札，將尋斧柯』四語，則汲冢周書亦有之。『盜憎主人，民怨其上』，則左傳伯宗之妻亦述之，可見其爲古語矣。至其大旨，則與老子書合。如云：『誠能愼之，福之根，謂是何傷，禍之門』者，卽老子所謂『禍兮福所倚，福兮禍所伏』也；其云『彊梁者不得其死』，卽老子所謂『堅強者死之徒也』；其云『知天下之不可上，故下之；知衆人之不可先，故後之』者，卽老子所謂『欲上民，必以言下之，欲先民，必以身後之』也。然老子欲上欲先之心，則視此爲私矣。其云『執雌守下，人莫踰之』者，卽老子所謂『後其身而身先，外其身而身存』；其云『人皆趨彼，我獨守此』者，卽老子所謂『知其雄，守其雌，知其榮，守其辱』也；其云『人皆惑之，我獨不徙』者，卽老子所謂『處衆人之所惡』，『衆人皆有餘，而我獨若遺』也；其云『內藏我智，不示人技』者，卽老子所謂『和其光，同其塵』，『衆人昭昭，我獨昏昏，衆人察察，我獨悶悶』也；其曰：『江海雖左，長於百川，以其卑也』，卽老子所謂：『江海所以爲百谷王者，以其善下之，故能爲百谷王；故君子居則貴左』也。其云『天道無親，常與善人』者，則老子亦有是語也。可見周柱史之書，不為無本，而黃老並稱之由，亦可以此徵其源流矣。」

三、鬻子

今本鬻子，近乎雜家，其言甚少道家氣味，然亦有一二可與漆園柱下相參者；至於列子所引數條，則完全道家之言。姑據以上資料，作一綜合之敍述。

大道運行，無聲無息，而生死興衰，損益成毁，現象界之變化無窮，道體却不因此而消滅，其故在於互相變化，損於彼者盈於此。

粥熊曰：「運轉亡已，天地密移，疇覺之哉？故物損於彼者盈於此，成於此者虧於彼，損盈成虧，隨世隨死，往來相接，閒不可省，疇覺之哉？凡一氣不頓進，一形不頓虧，亦不覺其成，不覺其虧。亦如人自世自老，貌色智態，亡日不異，皮膚爪髮，隨世隨落，非嬰孩時有停而不易也，閒不可覺，俟至後知。」（列子天瑞篇）

而宇宙變化之最大力量，即在乎生殺；此種生殺變化之力量，實非吾人所可左右。

「無不能生而無殺也，唯天地之所以殺，人不能生。」（鬻子湯政）

既如此，吾人當順應自然，不可自力求其改變。

鬻熊語文王曰：「自長非所增，自短非所損，算之所亡若何。」（列子力命篇）

此種理論，用之於做人，則為一種「自然本色」。無論自以謂如何，本色不變；故不必偽飾其言辭。

「不肖者不自謂不肖也，而不肖見於行；雖自謂賢，人猶謂之不肖也。愚者不自謂愚，而愚見於言，雖自謂智，人猶謂之愚。」（鬻子道符）

柔弱則生，剛強者亡，而柔弱能勝剛強：

粥子曰：「欲剛必以柔守之，欲彊必以弱保之。積於柔必剛，積於弱必彊。觀其所積，以知禍福之鄉。彊勝不若己，至於若己者剛。柔勝出於己者，其力不可量。」（列子黃帝篇）

此與老子之觀念完全一致。

爲政在乎得賢者之輔弼，而委制焉：

「禹之治天下也，得皋陶，得杜子業，得既子，得施子黯，得季子寧，得然子堪，得輕子玉，得七大夫以佐其身，以治天下，天下治。」（鬻子禹政）

順乎民之所欲，隨乎民之所唱，則無不行矣。

「民者積愚也，雖愚，明主撰吏焉，必使民興焉。士民與之，明上舉之；士居苦之，明上去之。故王者取吏不忘，必使民唱然後和。」（鬻子撰吏）

至賈誼新書所引三條，則近乎儒家。

「和可以守而嚴；可以守而嚴，不若和之固也。和可以攻而嚴；可以攻而嚴，不若和之德也。和可以戰而嚴；可以戰而嚴，不若和之勝也。則惟由和而可也。」（鬻子，賈誼新書引）

「治國之道，上忠於主，而中敬其士，而下愛其民。故上忠其主者，非以道義，則無以入忠也。而中敬其士，非以禮節，則無以諭敬也。下愛其民，非以忠信，則無以行愛也。」（鬻子，賈誼新書引）

「聖人在上位，則天下不死軍兵之事，民免於一死而得一生矣。聖王在上位，而民無凍餒，民免於二死而得二生矣。聖王在上位，民無夭閼之誅，民免三死而得三生矣。聖王在位，則民無厲疾，民免四死而得四生矣。」（鬻子，賈誼新書引）

第二條言忠、言信、言道義、言禮節，完全儒家口氣，可不待言。

第一條言和。中庸云：「喜怒哀樂之未發謂之中，發而皆中節謂之和。」故「和」乃儒家之所注重；但老子云：「萬物負陰而抱陽，冲氣以爲和。」（四十二章）似乎又爲道家之所言。其實儒家講心思、情感，以及人與人間關係之和諧，道家講究宇宙萬有以至於人事政治之自然和諧，二者仍有區別。

第三條可以視爲儒家之仁政，又可視爲道家無爲政治之理想。均以資料不全，簡篇殘缺，難下斷語。

第五節　魏牟、它嚻、詹何、子莫、田駢、愼到、蒙彭、陳仲、史鰌

一、魏牟、它嚻

魏牟、它囂，荀子非十二子篇列爲一派，且爲之評曰：

「縱情性，安恣睢，禽獸行，不足以合文通治。然而其持之有故，其言之成理，足以欺惑愚衆，是它囂魏牟也。」（荀子非十二子篇）

此種不受禮法拘束，任性情之所之，放肆自由之思想，頗近乎道家楊朱之一派。它囂無書，其事已不可考；魏牟乃魏之公子，作書四篇。魏伐得中山，以邑子牟，因號曰中山公子牟也。（見呂氏春秋高誘註）

公子牟與公孫龍辯論，折其堅白同異之說，聲勢之盛，使其口呿而不合，舌舉而不下，在莊子秋水篇中記之甚詳。其言曰：

「知不知是非之竟，而猶欲觀莊子之言，是猶使蚉負山，商蚷馳河也，必不勝任矣。且夫知不知論極妙之言，而自適一時之利者，是非埳井之鼃與？」（莊子秋水篇）

由此可知，魏牟不但自己有一套主張，並且對莊子之學說，亦有極深刻之了解。

其對政治之主張，認爲人君不應把持執著，當因性之所宜，而任諸賢臣。

「建信君貴於趙，公子牟過趙，趙王迎之，顧及至，坐前有尺帛，且令工人以爲冠，工見客來也，因避。趙王曰：『公子乃驅後車，幸以臨寡人，願聞所以爲天下。』魏牟曰：『王能重王之國，若此尺帛，則王之國治矣。』趙王不說，形於顏色。曰：『先生不知寡人不肖，使奉社稷，豈敢輕國若此？』魏牟曰：『王無怒，請爲王說之。』曰：『王有此尺帛，何不令前郎中以爲冠？』王曰：『郎中不知爲冠。』魏牟曰：『爲冠而敗之，奚虧於王之國？而王必待工而後乃使之。今爲天下之工，或非也，社稷爲虛戾，先王不血食，而王不以予工，乃與幼艾。且王之先帝，駕犀首而驂馬服，以與秦角逐。秦當時避其鋒，今王憧憧，乃輦建信，以與強秦角逐，臣恐秦折王之輢也。』」（戰國策趙策。太平御覽卷六百八十四，北堂書鈔卷一百廿七，所引與此稍異。）

至於立身處世，不逐外物，以全其生，又極近於楊朱。

魏公子牟東行，穰侯送之，曰：「先生將去冉之山東矣，獨無一言以教冉乎？」魏公子牟曰：「微君之言，牟幾忘語吾君。君知夫官不與勢期，而勢自至乎？勢不與富期，而富自至乎？富不與貴期，而貴自至乎？貴不與驕期，而驕自至乎？驕不與罪期，而罪自至乎？罪不與死期，而死自至乎？」穰侯曰：「善！敬受明教。」（劉向說苑敬愼篇）

二、詹何、子莫

詹何亦爲輕物重生之士。然其對欲望之態度，既不主張禁制，又不主張放縱，惟順其自然而已。

「中山公子牟謂詹子曰：『身在江海之上，心居乎魏闕之下，奈何？』詹子曰：『重生。重生則輕利。』中山公子牟曰：『雖知之，猶不能自勝也。』詹子曰：『不能自勝則縱之，縱之，神無惡乎？不能自勝而強不縱者，此之謂重傷。重傷之人，無壽類矣。』」（呂氏春秋審爲篇，淮南子道應訓引。莊子讓王文同，「詹子」作「瞻子」。）

中山公子牟自言心居魏闕，不能自勝，與前段所論「絕棄禮法，放縱情性」之言，頗相逕庭。以余之見，心懷利祿，似非道家之所當有。此派人物，最初蓋求精神之自由，嗣後放縱欲望，而不能自爲收束，發展至極，反受欲念之纏累，與始初追求自由之原意相矛盾，而去道家益遠矣。

呂氏春秋另有一段關於詹何之言論及評語：

「楚王問爲國於詹子，詹子對曰：『何聞爲身，不聞爲國。』詹子豈以國可無爲哉？以爲國之本在於身，身爲而家爲，家爲而國爲，國爲而天下爲。」（呂氏春秋執一篇）

後半部之說明，爲呂氏春秋之作者所加，頗近於儒家修齊治平之旨。其實詹子之意，或以爲各人自管各人之事，互不干涉，則社會國家自然不亂，未必有由己身，而推之國家，以至於天下之政治意味也。

假定呂覽後半段所加之言，爲詹子之本意，則就整體而言，詹何對欲望既不放縱，又不禁制，對社會既不偏楊，又不偏墨，乃近乎儒家之「中和」理論。主張調和楊墨思想者，尙有子莫。孟子趙岐注：「子莫，魯之賢人也。」其著作已不可見，惟孟子對其思想有所批評，其言曰：

「楊子取爲我，拔一毛而利天下，不爲也。墨子兼愛，摩頂放踵，利天下爲之。子莫執中，執中爲近之，執中無權，猶執一也。所惡執一者，爲其賊道也，舉一而廢百也。」（孟子盡心）

孟子之意，以爲執中近道，惟不知以禮爲之節制，而隨時、隨地、隨人有所變通，是爲遺憾者也。

三、田駢、愼到、彭蒙

彭蒙、田駢、愼到，莊子天下篇列爲一家，且論其學曰：

「公而不黨，易而無私，決然无主，趣物而不兩。不顧於慮，不謀於知，於物無擇，與之俱往。古之道術，有在於是者。彭蒙、田駢、愼到，聞其風而說之。齊萬物以爲首，曰：『天能覆之，而不能載之，地能載之，而不能覆之，大道能包之，而不能辯之。』知萬物皆有所可，有所不可，故曰：『選則不徧，敎則不至，道則無遺矣。』」（莊子天下篇）

史記孟荀列傳：愼到，趙人；田子，齊人。皆學黃老道德之術。漢志田子列道家，愼子列法家，惟無彭蒙書。據莊子，田駢學於彭蒙，則三子者，乃由道而流爲法者也。其共同之主張：一、公平無私，不存己見。二、不用思慮智謀，順乎自然。三、萬物齊一，包容而不選擇。

若依荀子非十二子篇之批評，則愼到田駢均屬法家，其言曰：

「尚法而無法，不循而好作，上則取聽於上，下則取從於俗。（王念孫曰：取聽取從，言能使上下皆聽從也。）終日言成文典，反紃察之，則偶然無所歸宿，（楊倞注云：紃與循同。偶然，疏遠貌；宿，止也。）不可以經國定分。然而其持之有故，其言之成理，足以欺惑愚衆，是愼到田駢也。」

於此亦可見法家與道家關係之密切矣。

田子之學，尸子、呂氏春秋均有批評：

尸子廣澤篇：「田子貴均。」呂氏春秋不二篇：「陳駢貴齊。」高誘注：「齊死生，等古今也。」

按：陳田古同姓，陳駢卽田駢也。田子論大道之形容，與老莊無異。

「變化應求，而皆有章，因性任物，而莫不宜當。彭祖以壽，三代以昌……六合之內，可陶冶而變化也。……此老聃之所謂無狀之狀，無物之象者也。」（淮南子道應訓，呂氏春秋執一篇引）

而主張公平，主張利民，則又近於法家：

「志必不公，不能立功，好得惡予，國雖大，不爲王，禍災日至。」（呂氏春秋士容篇）

愼到之學，荀子天論篇謂其有見於先，無見於後；韓非子難勢篇所引愼子之言，則爲法家重勢派之倡，主張國君須有威勢，方能驅使臣下。

至於愼子佚文，則甚富道家氣息。

「鳥飛於空，魚游於淵，非術也。故爲鳥爲魚者，亦不自知其能飛能游。苟知之，立心以爲之，則必墮必溺。猶人之足馳手捉，耳聽目視，當其馳捉聽視之際，應機自至，又不待思而施之也。苟須思之而後可施之，則疲矣。是以任自然者久，得其常者濟。」（守山閣叢書本愼子佚文）

主張順乎自然，應機而動，不用知謀思慮，則精不散而神不疲。

莊子天下篇關於愼子部份，有言：

「是故愼到，棄知去己，而緣不得已，冷汏於物，以爲道理。曰：『知不知，將薄知而後鄰傷之也。』謑髁无任，而笑天下之尙賢也。縱脫无行，而非天下之大聖。椎拍輐斷，與物宛轉，舍是與非，苟可以免。不師知慮，不知前後，魏然而已矣。推而後行，曳而後往，若飄風之還，若羽之旋，若磨石之隧，全而无非。動靜无過，未嘗有罪，是何故？夫无知之物，无建己之患，无用知之累，動靜不離於理，是以終身无譽。故曰：『至於若无知之物而已。无用賢聖，夫塊不失道。』豪桀相與笑曰：『愼到之道，非生人之行，而至死人之理，適得怪焉。』」（莊子天下篇）

主張棄知去己，隨物而動，與前所述者相同；而非賢非聖，不論是非，更與莊子爲近。然其最高之修養，欲至乎无知之物，如土塊然。（此一知字，爲知覺之本能，非同絕聖棄知之知。）故莊子譏之曰：「非生人之行，而至死人之理」也。

四、陳仲、史鰌

荀子非十二子篇論陳仲、史鰌之學曰：

「忍情性，綦谿利跂，苟以異人爲高，不足以合大衆，明大分。然而其持之有故，其言之成理，足以欺惑愚衆，是陳仲、史鰌也。」（荀子非十二子）

王先謙曰：「綦谿猶言極深，利與離同，離世獨立，故曰利跂。」

陳仲子，亡於齊，匡章稱其廉；史鰌即史魚，孔子稱其直。（見孟子滕文公下，及論語衞靈公篇）

此派學者，主張禁制欲望，離世獨立，不同於衆人，以自保其淸高，蓋墨道相兼之學也。

第六節　伊尹、辛甲、老萊子、黔婁子、鄭長者

一、伊　尹

伊尹名摯，字阿衡，力牧之後，曾爲湯之賢相。孟子稱其爲聖之任者，又於孟子書中，載其放太甲之事。故伊尹本人，乃滿腹匡時濟世熱誠之聖賢，實非道家之類。漢志有伊尹書，蓋僞托也。僞托之伊尹思想，注重嗇其精神，通乎大道，以盡其天年。

「湯問伊尹曰：『壽可爲耶？』伊尹曰：『王欲之則可爲，弗欲則不可爲也。』」（尸子）

「凡事之本，必先治身，嗇其大寶；用其新，棄其陳，腠理遂通，精氣日新，邪氣盡去，及其天年，此之謂眞人。」（呂氏春秋先己篇引）

欲求天下之美物，不追逐美物之本身，但能成爲天子，則美物自至，此所謂不爭之爭也。

「江浦之橘，雲夢之柚，漢上石耳，所以致之，馬之美者，靑龍之匹，遺風之乘，非先爲天子，不可得而具。」（呂氏春秋本味篇引）

欲爲天子，在乎明道。而爲政之道，則以己爲本。成己所以成人，故修身爲治天下之要著。

「天子不可彊爲，必先知道，道者，止彼在己，己成而天子成……故審近所以知遠也，成己所以成人也，聖王之要也，豈越越多業哉？」（呂氏春秋本味篇引）

「昔者先王，成其身而天下成，治其身而天下治。故善響者，不於響於聲，善影者，不於影於形，爲天下者，不於天下於身。」（呂氏春秋先己篇引）

欲求主逸澤流，無爲而治，在乎任賢能以爲股肱輔弼：

「夫王者得賢材以自輔，然後治也，雖有堯舜之明，而股肱不備，則主恩不流，化澤不行。故明君在上，愼於擇士，務於求賢，設四佐以自輔，有英俊以治官，尊其爵，重其祿，賢者進以顯榮，罷者退而勞力，是以主無遺憂，下無邪慝，百官能治，臣下樂職，恩流羣生，潤澤草木。昔者虞舜，左禹右臯陶，不下堂而天下治，此使能之效也。」（劉向說苑君道篇引）

賢者之事，重乎道德仁義。

「湯問伊尹曰：『三公九卿，大夫列士，其相去何如？』伊尹對曰：『三公者，知通於大道，應變而不窮，辨於萬物之情，通於天道者也。其言足以調陰陽，節風雨，如是者，舉以爲三公。故三公之事，常在於道也。九卿者，不失四時，通於溝渠，修堤防，樹五穀……如此者，舉以爲九卿。故九卿之事，常在於德也。大夫者，出入與民同衆，去取與民同利，通於人事……如此者，舉以爲大夫。故大夫之事，常在於仁也。列士者，知義而不失其心，事功而不獨專其賞……如是者，舉以爲列士。故列士之事，常在於義也。故道德仁義定，而天下正。』」（說苑臣術篇引）

其「道」「德」二字，屬乎自然；而「仁」「義」二字，則繫於人類社會。實乃介乎儒家、道家之間的一種說法。

選擇賢能，欲得其眞才，必須公平合理。而欲避免偏見，必須根據一種標準、法度，不可但憑直覺。

「昔者堯見人而知，舜任人然後知，禹以成功舉之。夫三君之舉賢，皆異道而成功，然尚有失者；況無法度而任己直意，用人必大失矣。」（劉向說苑君道篇引）

而以爲禍福與吾人行爲之善惡有關，則又近於迷信。

「妖者禍之先，祥者福之先，見妖而爲善，則禍不至，見祥而爲不善，則福不臻。」（韓詩外傳卷三引）

二、辛　甲

辛甲書已不存，惟輯得遺說兩條而已。其一爲韓非子所引：

「周公旦已勝殷，將攻商蓋。辛公甲曰：『大難攻，小易服，不如服衆小以刼大。乃攻九夷，而商蓋服。』」（韓非子說林引）

此種謀略之運用，近乎老子之「圖難於易，爲大於細。天下難事，必作於易；天下大事，必作於細。是以聖人終不爲大，故能成其大。」（老子六十三章）

其二爲左傳所引虞人之箴：

「芒芒禹迹，畫爲九州，經啓九道，民有寢廟，獸有茂草，各有攸處，德用不擾。在帝夷羿，冒

于原獸，亡其國恤，而思其麀牝。武不可重用，不恢于夏家。獸臣司原，敢告僕夫。」（春秋左傳襄四年引）

馬國翰稱虞人之箴頗似太公金匱陰謀所載武王諸銘；金匱陰謀未見，詳情待查。

此銘所立，在於物性自足，各有攸處，不必相互干擾，相互侵犯；政事爲國君之所守，更不必棄其所守，而別有所思（思麀牝）也。

三、老　萊　子

老萊子，楚人，與孔子同時。劉向別錄云：「老萊子，古之壽者。」著書十五篇，言道家之用。（據史記，漢書藝文志作十六篇。）

關於老萊子之事跡，吾人所熟知者，爲綵衣娛親故事。

「老萊子，孝養二親，行年七十，作嬰兒自娛。著五采褊爛衣裳，取漿上堂，跌仆，因臥地爲小兒啼，或弄鶵鳥於親側。」（後漢書注引列女傳）

另於大戴禮記及皇甫謐高士傳中，亦有老萊子事跡之記載或批評：

孔子曰：「德恭而行信，終日言不在尤之內，在尤之外。國無道，處賤不悶，貧而能樂，蓋老萊子之行也。」（大戴禮記）

「老萊子者，楚公室亂，逃世，耕于蒙山之陽。蓬蒿爲室，枝杖於床，飲水食菽，墾山播種。人或言於楚王，王於是駕至萊子之門，萊子方織畚。王曰：『守國之政，孤願煩先生。』老萊子曰：『諾。』王去，其妻樵還，曰：『子許之乎？』老萊子曰：『然。』妻曰：『妾聞之，可食以酒肉者，可隨而鞭棰；可擬以官祿者，可隨而鈇鉞，妾不能爲人所制者。』妻投其畚而去，老萊子亦隨其妻至於河南，人莫知其所終也。」（皇甫謐高士傳）

綜合以上資料，吾人可以斷言，老萊子爲德高壽考，安貧樂道之隱者，蓋無疑問。

莊子外物篇記老萊子與孔子之言：

「老萊子之弟子，出薪，遇仲尼，反以告曰：『有人於彼，脩上而趨下，末僂而後耳視，若營四海，不知誰氏之子？』老萊子曰：『是丘也，召而來。』仲尼至。曰：『丘，去汝躬矜與汝容知，斯爲君子矣。』仲尼揖而退，蹙然改容而問曰：『業可得而進乎？』老萊子曰：『夫不忍一世之傷，而驁萬世之患，抑固窶邪，亡其略有弗及耶？惠以歡而驁，終身之醜，中民之行進焉耳，相引以名，相結以隱，與其譽堯而非桀，不若兩忘而閉其所譽，反無傷也。動無非邪也，聖人躊躇以興事，以每成功，奈何哉？其載焉終矜爾。』」（莊子外物篇）

其意亦在淡泊名利，戒除驕矜，悠遊自然而無爲，忘懷善惡而棄却禮義之羈縻。

「子思見老萊子，老萊子聞穆公將相子思，老萊子曰：『若子事君，將何以爲乎？』子思曰：『順吾性情，以道輔之，無死亡焉。』老萊子曰：『不可順子之性也。子性剛而傲不肖，又且無所死亡，非人臣也。』子思曰：『不肖固人之所傲也。事君道行言聽，何所死亡？道不行，言不聽，則亦不能

事君，所謂無死亡也。』」老萊子曰：『齒堅易蔽，舌柔常存。』子思曰：『吾不能爲舌，故不能事君。』」（孔叢子抗志篇）

舌柔齒堅之譬，亦爲吾人所習知者。惟諸書記載不一，若戰國策所引，則爲老萊子教孔子。而淮南子繆稱訓爲商容教老子，說苑敬愼篇作常樅教老子語。文子上德篇亦作常樅教老子，惟道原篇引齒堅舌柔之言，又作老子語，頗難斷定其是非。此或係當時流行之比喻，故互相引用，不知其所自出矣。

尸子引老萊子一段，言生如寄，死如歸。

「人生天地之間，寄也。寄者，同歸也。古者謂死人爲歸人，其生也存，其死也亡。」（尸子引老萊子）

老萊子退隱、恬淡、柔弱、安命之旨，均爲純粹道家思想之產物。

四、黔婁子

黔婁子亦隱者，皇甫謐高士傳曰：「黔婁先生者，齊人也，修身清節，不求進，諸侯魯恭公聞其賢，使致禮，賜粟三十鍾，欲以爲相，辭不受，又禮之，以黃金百斤，聘以爲卿，又不受，著書四篇，號黔婁子，終身不屈，以壽終。」又曰：「黔婁，春秋時齊之高士。修身清節，不求仕進。貧甚，及卒，衾不蔽體。曾西曰：邪其被則斂矣。其妻曰：邪之有餘，不若正之不足。先生生而不邪，死而邪之，非其志矣。」（皇甫謐高士傳）

陶淵明五柳先生傳亦引黔婁之言曰：「不戚戚於貧賤，不汲汲於富貴。」

又曹庭棟逸語及韓詩外傳等載其逸說逸事：

子曰：「言之善者，在所日聞，行之善者，在所能爲。」（曹庭棟逸語引黔婁子）

「原憲居陋巷，子貢方相於衞，結駟聯鑣，訪憲焉。憲攝敝衣，子貢曰：『夫子病邪？』憲曰：『憲聞德義不修謂之病；無財謂之貧也，非病也。』子貢恥其言，終身不敢復見憲。」（韓詩外傳卷一，劉向新序卷七，史記仲尼弟子列傳等皆引之）

由此觀之，黔婁之所重者，在乎德義修身，近乎儒者之業；然不求仕進，輕棄外物，平實而不求新奇，又純爲道家之所立矣。

五、鄭長者

鄭長者之書，亦已不存，惟韓非子外儲說引其遺言一條。

「田子方問唐易鞠曰：『弋者何愼？』對曰：『鳥以數百目視子，子以二目御之，子謹周子廩。』田子方曰：『善！子加之弋，我加之國。』鄭長者聞之曰：『田子方欲知廩，而未得所以爲廩。夫虛無無見者，廩也。』」（韓非子外儲說）

其「虛無無見，乃所以爲廩。」似近於莊子之「心齋」、「坐忘」；以書簡殘缺，未敢遽下斷語。

第七節　子華子、鶡冠子

子華子漢志不錄，而呂氏春秋引錄其言；鶡冠子見於漢志，僅一篇，而今所見者有十九篇。二書均摻有他家思想，非屬純粹道家，可信之成分極少。余惟取其合於先秦道家思想者，約略言之而已。

一、子華子

子華子有見於人生由出生而少壯，而衰老，而死亡之變遷為不可避免，故主全生以保其眞。子華子曰：「全生爲上，虧生次之，死次之，迫生爲下。」（呂氏春秋貴生篇引）

「夫人之大常，生而少壯，長而爲衰老，轉而爲死亡，聖凡之所共也，上知之所弗幸免焉者也。」（子華子陽成渠問）

關於全生虧生之解釋，呂氏春秋之作者有所說明。

「所謂尊生者，全生之謂。所謂全生者，六欲皆得其宜也。所謂虧生者，六欲分得其宜也。……所謂死者，氣有所以知復其未全也。所謂迫生者，六欲莫得其宜也，服是也，辱是也。辱莫大於不義，故不義迫生也，而迫生非獨不義也。故曰，迫生不若死。」（呂氏春秋貴生）

全生在六欲皆得其宜。宜之一字，其意爲適當，無過與不及之病。蓋養得其當，乃能長生而全性。而虧生者，六欲未能完全得其所宜，故次於全生。至於迫生之徒，六欲完全受到壓制，莫得申張，反不若死。蓋死則生氣反歸於太虛，無所謂宜與不宜也。

無知則欲念不起，而歸於純樸，故可以永年：

「伏羲神農之世，其民童蒙，瞑瞑瞋瞋，不知所以然而然，是以永年。黃帝堯舜之世，其民樸以有立，職職植植，而弗鄙弗夭，是以難老。」（子華子神氣篇）

保愛精神，則德充乎內，然後神宇泰定，而應物無窮。

「夫儉，在內不在外也。儉在我不在物也。心居中，虛以治五官，精氣動薄，神化回濇，嗇其所以出，而謹節其所受，然後神宇泰定而精不搖。其格物也明，其遇事也剛，此之謂儉，而聖人之所寶也。所以御世之具也，三皇五帝之所留察也。」（子華子晏子問黨篇）

蓋身貴於萬物，故不逐物以耗神傷身也。

「韓魏相與爭侵地。子華子見昭釐侯，昭釐侯有憂色。子華子曰：『今使天下書銘於君之前。書之曰：「左手攫之則右手廢，右手攫之則左手廢，然而攫之者必有天下」，君將攫之乎，亡其不與？』昭釐侯曰：『寡人不攫也。』子華子曰：『甚善。自是觀之，兩臂重於天下也，身又重於兩臂。韓之輕於天下遠，今之所爭者，其輕於韓又遠。君固愁身傷生以憂之，戚不得也。』昭釐侯曰：『善！』」

（呂氏春秋審爲篇）

道本虛無，名之曰空洞。空故無不備，洞故無不容。既無不備，又無不容，故天地立，萬物成。

「子華子曰：『大道有源，其源甚眞，名曰空洞。空洞無有，是生三元，三元之功，同立於玄：

……一之所成，萬紀以生，一之所綱，萬有以藏。是故空者，無不備之謂也；洞者，無不容之謂也。大道之源，其源甚眞，無物不稟，無物不受，無物不度，廣盡於無畛，細淪於無間。」（子華子大道篇）

萬事萬物皆屬相對者，故有窮；至於道體，則超乎一切相對事物之上，而絕待獨立。無名、無數、亦無形體，故能無成、無毀、而永遠存在。

「子華子曰：『生者死之對，有者無之反。庳者隆之因，虧者成之漸。大道無形，無數，無名，無體。以無體，故無有生死；以無名，故無有無；以無數，故無有隆庳；以無形，故無有成虧。既已域於四象者矣，完不能無毀也。是以韋革雖柔，擴之則裂；礦石雖堅，攻之則碎。剛柔重輕，大小長短，雖不同也，同於一盡。』」（子華子執中篇）

修道之人，與道合一，故無入而不自得。

「子華子曰：『古之至人，探機而鈎深，與天通心；淸明在躬，與帝同功。是以進爲而在上，則至精之感，流通而無礙。以上行而際浮，以下行而極幽，以旁行而塞於四表，不言而從化，不召而效證，以其所以感之者，內也。』」（子華子神氣篇）

專氣凝神，一方消極的築壘以防邪，一方積極的疏源以毓眞，則物莫能傷而得以長生。

「古之知道者，築壘以防邪，疏源以毓眞，深居靜處，不爲物攖，動息出入，而與神氣俱。魂魄戒，謹窒其兌；專一不分，眞氣乃存；上下灌注，氣乃流通。如水之流，如日月之行而不休，陰營其藏，陽固其府，源流泏泏，滿而不溢，冲而不盈，夫是之謂久生。」（子華子大道篇）

人生而純樸，故原始之世，人無知無欲亦無爭奪；及至善惡之念起，則欲善違惡之心生，反而失其純眞，而大亂亦由斯而起矣。

「禍之所自起，亂之所由生，皆存乎欲善而違惡。今天下老師先生端弁帶而說，乃以是召亂也。學者相與熏沐其中扃，而亦唯此之事，是事禍也。父以是故不慈，子以是故不孝，兄以是故不友，弟以是故不共，夫以是故不帥，婦以是故不從，君以是故不仁，臣以是故不忠，大倫盡敗，人紀消亡，結轍以趨之，而猶恐其弗及也，悲夫！」（子華子北宮子仕篇）

倘若吾人能反還純樸，而無機心，則誠信生；誠信生，則父慈、子孝、兄友、弟恭、婦貞、君信、臣忠，不求而自至。

「夫人之中虛也，不得其所欲則疑，得其所不欲則惑。疑惑載於中虛，則荊棘生矣。父不疑其子，子必孝；兄不疑其弟，弟必共；夫不疑其婦，婦必貞；君不疑其臣，臣必忠。是還至而效者也。」（子華子北宮子仕篇）

故爲政之方，不在於有爲有治；惟在因其自然而推之，則萬變萬化皆能各得其所，而亂亦莫由生矣。

「臣聞之，萬物之變也，萬事之化也，不可爲也，不可究也，因其然而推之，則無不得其要矣。」（子華子虎會問篇）

「國不足爲也，事不足治也，有意於爲則狹矣，有意於治則陋矣。夫有國者，大物也，所以持之

者大矣，狹且陋者果不足以有爲也。」（子華子虛會問篇）

由此可知，子華子無論修養抑或爲政，皆本乎一「返」字。返歸純樸，合於大道也。

二、鶡冠子

鶡冠子以天地萬物生於「元氣」，元氣即大道。

「天地成於元氣，萬物乘於天地。」（鶡冠子泰錄篇）

聖人法天地，象萬物，與道相和合，以爲內修外化之基。

「天者萬物所以得立也，地者萬物所以得安也。故天定之，地處之，時發之，物受之，聖人象之。」（鶡冠子道端篇）

虛靜凝神，通乎至道，故能超脫世俗，絕待而獨立。

「觀乎孰莫，聽乎無罔，極乎無係，論乎窈冥，湛不亂紛，故能絕塵埃而立乎太清。往無與俱，來無與偕，希備寡屬，孤而不伴，所以無疵，保然獨至。」（鶡冠子能天篇）

推道之理，以知天地之終始；順道之動，以應天地之變化；如此者，謂之神聖之人。

「神聖之人，后天地而尊者也。後天地生，然知天地之始；先天地亡，然知天地之終。道包之，故能知度之；尊重焉，故能改動之；敏明焉，故能制斷之。」（鶡冠子泰錄篇）

自然之變化，能生能殺；捐物從理，以減低欲望，則能趨吉避凶，而不受其害。

「生殺，法也，循度以斷，天之節也。」（鶡冠子天則篇）

「至得無私，泛泛乎若不繫之舟。能者以濟，不能者以覆。天不可與謀，地不可與慮，聖人捐物，從理與舍；衆人域域，迫於嗜欲。小知立趨，好惡自懼。」（鶡冠子世兵篇）

保愛精神，則外物不能入，而生死盛衰，亦不足以攖其懷矣。

「水激則旱，矢激則遠，精神回薄，振蕩相轉。遲速有命，必中三五，合散消息，孰識其時？至人遺物，獨與道俱，縱軀委命，與時往來，盛衰死生，孰識其期？儼然至湛，孰知其尤？」（鶡冠子世兵篇）

爲君之道，在端正神明，任用賢者。

「君也者，端神明者也；神明者，以人爲本者也；人者，以賢聖爲本者也；賢聖者，以博選爲本者也。」（鶡冠子博選篇）

「夫寒溫之變，非一精之所化也；天下之事，非一人之所能獨知也；海水廣大，非獨仰一川之流也。是以明主之治世也，急於求人，弗獨爲也。」（鶡冠子道端篇）

蓋端正神明，則與道相應；任用賢者，則主逸而身不勞。故爲政本乎無爲，不須有所創作；惟以道德化民，則下民自然相從。

「不創不作，與天地合德，節璽相信，如月應日，此聖人之所以宜世也。」（鶡冠子天則篇）

「未令而知其爲，未使而知其往，上不加務，而民自盡，此化之期也。使而不往，禁而不止，上

下乖謬者，其道不相得也。」（鶡冠子天則篇）

反之，以智巧治民，則民益亂，非所以爲政之道也。

「自知慧出，使玉化爲環玦者，是政反爲滑也。」（鶡冠子天則篇）

夫防患於未然，一勞而永逸，善之善者，亦根本之道也。而救患於已然之後，頭痛醫頭，脚痛醫脚，勞苦而難成，此未知根本者也。

「魏文王問扁鵲曰：『子昆弟三人，其孰最善爲醫？』扁鵲曰：『長兄最善，中兄次之，扁鵲最下。』魏文侯曰：『可得聞耶？』扁鵲曰：『長兄於病，視神未有形而除之，故名不出於家；中兄治病，其在毫毛，故名不出於閭；若扁鵲者，鑱血脈，投毒藥，副肌膚，而名出，聞於諸侯。』」（鶡冠子世賢篇）

推之於政事，能棄知巧而反自然，使永無變亂，既能防患於未然，又能一勞永逸，實所謂根本之道也。

能執根本之道，則能以近知遠，以一度萬。

「凡問之要，欲近知而遠見，以一度萬也。」（鶡冠子度萬篇）

凡物，大莫不生於小，多莫不生於少，顯莫不出於隱。

「遠之近，顯乎隱，大乎小，衆乎少，莫不從微始。故得之所成，不可勝形；失之所敗，不可勝名。」（鶡冠子度萬篇）

察微知著，以觀其本，其本厚而末乃不至於亂。

「見日月者不爲明，聞雷霆者不爲聰，事至而議者，不能使變無生。故善度變者觀本，本足則盡，不足則德必薄，兵必老。其孰能以偏材爲褒德博義者哉？其文巧武果而姦不止者，生於本不足也。」（鶡冠子度萬篇）

然而何爲「本」耶？道德爲一切之根本。萬事萬物之生成變化，莫不以道德爲根據，故惟深厚於道德者爲能執此根本也。

第八章　法家雜家書中之道家思想

先秦諸子中，以法家思想與道家思想最爲接近。何則？法家思想專言道家之用，原爲道家流派之一，以附庸而蔚爲大國，其精神乃屬一貫。故法家書，如韓非子管子（管子漢志列道家，亦足見道法兩派學說關係之密切矣）之中，均保有甚爲豐富之道家思想。

至於雜家，乃融合儒、道、墨、法、陰陽、刑名……諸家思想，而別成一格，以其不專主一家，故謂之雜家。

雜家書中以淮南子，呂氏春秋所包道家思想，最爲豐富，故淮南要略曰：

「夫作爲書論者，所以紀綱道德，經緯人事，上考之天，下揆之地，中通諸理，雖未能抽引玄妙之中材，繁然足以觀終始矣。」（淮南子要略）

呂氏春秋高誘序亦云：

「然此書所尙，以道德爲標的，以無爲爲綱紀，以忠義爲品式，以公方爲檢格，與孟軻、孫卿、淮南、揚雄，相表裏也。」（呂氏春秋高序）

他如尸子、晏子春秋之中，亦有部份道家思想，故一併予以提出討論。

第一節　管子中之道家思想

管子漢志列道家，然就其學說內容言之，實爲法家。以其所討論者，多置重於富國強兵之道也。夫法家思想，乃道家之用，如必欲劃歸道家，亦無不可；蓋廣義之道家，實可包括法家於其範圍之內。漢志之分，自亦有其理由。如今專門研究書中所包含之道家思想，故其他與本題無關各節，姑棄而不談。

一、道之意義

道爲宇宙萬有之成因，然無形體可資接觸。

「凡道，無根無莖，無葉無榮，萬物以生，萬物以成，命之曰道。」（管子內業篇）

虛無飄渺，至大至剛，流行於萬物。

「天之道，虛其無形。虛則不屈，無形則無所位赶，無所位赶故徧流萬物而不變。」（管子心術上）

道可大可小，變化無窮，無所不包，亦無所不在。

「道在天地之間也，其大無內，其小無外。」（管子心術上）

自然無爲，化萬物於無聲無息之中。

「道也者，動不見其形，施不見其德，萬物皆以得，然莫知其極。」（管子心術上）

道之舍於人者爲德，人秉道之精而生。

「德者道之舍，物得以生，生知得以職道之精，故德者得也；得也者，其謂所得以然也。」（管子心術上）

物欲迷惑，故離道日遠；虛其心志，則道德日充。

「虛其欲，神將入舍；掃除不潔，神乃留處。」（管子心術上）

二、體　道

如欲體道，當專意一心，除去主觀之思慮作用，如莊子所謂「心齋」「坐忘」者然。

「專於意，一於心，耳目端，知遠之證。能專乎？能一乎？能毋卜筮而知凶吉乎？」（管子心術下）

去喜怒憂患，則外物不足以擾其平正，而反歸其性之自然。

「平正擅匈，論治在心，此以長壽。忿怒之失度，乃爲之圖。節其五欲，去其二凶。不喜不怒，平正擅匈。凡人之生也，必以平正，所以失之，必以喜怒憂患。是故止怒莫若詩，去憂莫若樂，節樂莫若禮，守禮莫若靜，內靜外敬，能反其性。」（管子內業篇）

無好惡智欲，則物莫能傷：

「人之可殺，以其惡死也；其可不利，以其好利也；是以君子不休乎好，不迫乎惡，恬愉無爲，去智與故。其應也，非所設也；其動也，非所取也。過在自用，罪在變化。是故有道之君，其處也若

無知，其應物也若偶之。」（管子心術上）

因物變化，不恃已能，以順乎自然。

「君子恬愉無爲，去智與故（故疑當作欲），言虛素也。其應非所設也，其動非所取也，此言因也。因也者，舍己而以物爲法者也。感而後應，非所設也；緣理而動，非所取也。過在自用，罪在變化。自用則不虛，不虛則仵於物矣。變化則爲生，爲生則亂矣。故道貴因，因者，因其能者，言所用也。」（管子心術上）

心與道通，則孔竅皆虛，百慮自亡。

「君子之處也，若無知，言至虛也；其應物也，若偶之，言時適也。若影之象形，響之應聲也。故物至則應，過則舍矣。舍矣者，言復所於虛也。」（管子心術上）

故外物雖紛，而我心虛無，則莫能攖其寧靜。

「豈無利事哉？我無利心；豈無安處哉？我無安心；心之中又有心。……是故內聚以爲原泉之不竭，表裏遂通，泉之不涸，四支堅固。」（管子心術下）

守道不移，怡然自樂，與天地冥合，是乃得道之徵。

「大心而取，寬氣而廣，其形安而不移，能守一而弃萬苛，見利不誘，見害不懼，獨樂其身，是謂雲氣，意行似天。」（管子內業篇）

至大至剛，威迫利誘不能動，又有近乎孟子之善養吾浩然之氣矣。

三、修　養

道理往復，故自然界之一切現象，如日之升落，月之盈虛，皆循環變化，永無休止。

「日極則仄，月滿則虧，極之徙仄，滿之徙虧，巨之徙滅，孰能無已乎？效夫天地之紀。」（管子白心篇）

吾人體會此種因盛滿而致消衰之至理，故持身處世，戒之在盈。

「持而盈之，乃其殆也。名滿天下，不若其已也。名進而身退，天之道也。」（管子白心篇）

驕傲乃敗亡之因，卑弱爲受福之道。故驕傲之人，滿盛之國，不可以交接居處。

「滿盛之國，不可以仕任，滿盛之家，不可以嫁子；驕倨傲暴之人，不可與交。」（管子白心篇）

「強而驕者損其強，弱而驕者亟死亡。強而卑義信其強，弱而卑義免於罪。是故驕之餘卑，卑之餘驕。」（管子白心篇）

養生之道，莫善於寡欲，莫重乎節制。

「心之在體，君之位也；九竅之有職，官之分也。心處其道，九竅循理；嗜欲充益，目不見色，耳不聞聲。」（管子心術上）

「管仲對曰：滋味動靜，生之養也，好惡喜怒哀樂，生之變也，聰明當物，生之德也。是故聖人齊滋味而時動靜，御正六氣之變，禁止聲色之淫，邪行亡乎體，違言不存口，靜無定生，聖也。」

（管子戒篇）

「凡食之道，大充，傷而形不臧，大攝，骨枯而血沍；充攝之間，此謂和成。精之所舍，而知之所生，飢飽失度，乃爲之圖。飽則疾動，飢則廣思，老則長慮。飽不疾動，氣不通於四末；飢不廣思，飽而不廢；老不長慮，困乃遬竭。」（管子內業篇）

「起居時，飲食節，寒暑適，則身利而壽命益。起居不時，飲食不節，寒暑不適，則形體累而壽命損。人惰而侈則貧，力而儉則富。夫物莫虛至，必有以也。故曰：『富貴壽夭，無從歸也。』」（管子形勢解）

蓋物之所忌者，在一「過」字。凡過飽，過飢，過喜，過怒，過哀，過樂，過寒，過暑，過逸，過勞……均足以害生而傷性。是故老子曰：「聖人去甚，去奢，去泰。」（廿九章）即此意也。

四、政術

爲政之道，本乎無爲。

「故必知言無爲之事，然後知道之紀。」（管子心術上）

以道德感物，使物自化而歸於大道。

「不言之聲，疾於雷鼓；心氣之形，明於日月，察於父母。賞不足以勸善，刑不足以懲過，氣意得而天下服。」（管子內業篇）

尹知章註云：「謂全心以德感物者也。德者不疾而速，不崇朝而遍天下，故疾於雷鼓也。全心之氣，發形於外，則無不耀，無不知，若明於日月，察於父母也。慕賞乃善，非本爲善，畏刑懲過，非本無過。若不慕賞，不畏刑，意氣內得，此誠善也，故天下服。」

任用諸臣，使其盡力於下，而不干涉其作爲：

「故曰：『上離其道，下失其事。』毋代馬走，使盡其力；毋代鳥飛，使弊其羽翼；毋先物動，以觀其則。動則失位，靜乃自得，道不遠而難極也。」（管子心術上）

立乎不測之地，則民畏其威。

「虎豹，獸之猛者也。居深林廣澤之中，則人畏其威而載之。人主，天下之有勢者也，深居則人畏其勢。故虎豹去其幽而近於人，則人得之，而易其威；人主去其門而迫於民，則民輕之，而傲其勢。故曰：『虎豹托幽，而威可載也。』」（管子形勢解）

此亦老子：「聖人終日行不離輕重」，「國之利器，不可以示人」（廿六章、卅六章）之意也。人君安居上位，虛靜以自處。蓋卽老子：「重爲輕根，靜爲躁君……輕則失根，躁則失君」（見廿六章）之發揮。

「靜則得之，躁則失之，靈氣在心，一來一逝……能執靜，道將自定，得道之人，理丞而屯泄，匈中無敗，節欲之道，萬物不害。」（管子內業篇）

「人主立於陰，陰者靜，故曰動則失位；陰則能制陽矣，靜則能制動矣，故曰靜乃自得。」（管子

心術上）

物來則因其情實而應之。

「無爲之道，因也；因也者，無益無損也。以其形，因爲之名，此因之之術也。」（管子心術上）

當賞則賞，當罰則罰，一本諸成法。

「法者，所以同出不得不然者也。故殺僇禁誅以一之也。故事督乎法，法出乎權，權出乎道。」（管子心術上）

公平無私，而天下服。

「天不爲一物枉其時，明君聖人，亦不爲一人枉其法。」（管子白心篇）

「聖人若天然，無私覆也；若地然，無私載也。私者，亂天下者也。凡物載名而來，聖人因而財之，而天下治。實不傷，不亂於天下，而天下治。」（管子心術下）

施政方針，在因民之所欲，順民之所利，以獲取百姓之歸心。

「臣聞之，消息盈虛，與百姓詘信，然後能以國寧。」（管子戒篇）

「政之所興，在順民心，政之所廢，在逆民心。民惡憂勞，我佚樂之；民惡貧賤，我富貴之；民惡危墜，我存安之；民惡滅絕，我生育之。」（管子牧民篇）

民心歸附，則使之也易；較諸純任嚴刑峻法者遠勝多多矣。

「能富貴之，則民爲之貧賤；能存安之，則民爲之危墜；能生育之，則民爲之滅絕；故刑罰不足

以畏其意，殺戮不足以服其心。」（管子牧民篇）

第二節　晏子春秋中之道家思想

晏子春秋亦雜家書，然其思想，則與儒墨兩家爲近。儒墨而外，中間亦有少許法家、道家思想，不過成分甚微，而純粹道家思想，尤爲鮮少。略爲釋之如下：

彼認國君施政，爲求無爲而身佚，必須將國事委制於臣下；任其施展所能，而不加干涉。然此非謂人君可以放蕩無度，擅離重位也。

「（景公從畋十八日不返國，晏子諫。）公曰『何哉？吾謂夫獄訟之不正乎？則泰士子牛存矣；爲社稷宗廟之不享乎？則泰祝子游存矣；爲諸侯賓客莫之應乎？則行人子羽存矣；爲田野之不辟，倉庫之不實乎？則申田存矣；爲國家之有餘不足聘乎？則吾子存矣。寡人之有五子，猶心之有四支。心有四支，故心得佚焉。今寡人有五子，故寡人得佚焉，豈不可哉？』晏子對曰『嬰聞之與君言異。若乃心之有四支而心得佚焉則可；令四支無心，十有八日，不亦久乎？』公於是罷畋而歸。」（晏子春秋內篇諫上）

蓋國君可以無爲，而邦不可以無君，此亦「無用之用」之意乎？

國君之智、力，不必勝臣，惟能執禮以御之，則臣爲之用。

「夫臣勇，則弒其君，子力多，則弒其長，然而不敢者，維禮之畏也。禮者，所以御民也；轡

者，所以御馬也，無禮而能治國家者，嬰未之聞也。」（晏子春秋內篇諫下）

此處之禮，實已近乎法之作用矣。

權在於君，能在於臣，則臣爲君用，而君不爲臣所制。

「君彊臣弱，政之本也；君唱臣和，敎之隆也；刑罰在君，民之紀也。」（晏子春秋外篇）

夫爲大臣者，可以助君，亦可以制君；可以明君，亦可以蔽君；可以進賢，亦可以壅賢；此在人主，不可以不察也。

「夫社束木而塗之，鼠因往託焉。熏之則恐燒其木，灌之則恐敗其塗，此鼠所以不可得殺者，以社故也。夫國亦有社鼠，人主左右是也。內則蔽善惡於君上，外則賣權重於百姓，不誅之則爲亂，誅之則爲人主所案，據腹而有之，此亦國之社鼠也。宋人有酤酒者，爲器甚潔淸，置表甚長，而酒酸不售，問之里人其故，里人曰：『公之狗猛，人挈器而入，且酤公酒，狗迎而噬之，此酒所以酸而不售也。』夫國亦有猛狗，用事者是也。有道術之士，欲干萬乘之主，而用事者迎而齕之。此亦國之猛狗也。」（晏子春秋內篇問上）

施政以利民爲本，利民之道，在節制欲望，減少奢侈浪費，聽斷公平，順乎民心之所嚮往。

「景公問晏子曰：『富民安衆，難乎？』晏子對曰：『易，節欲則民富，中聽則民安，行此兩者而已矣。』」（晏子春秋內篇問下）

以上言爲政之道，在乎委制、任法、尊君、順民四事。

晏子另有一種觀念，近乎莊子之順天安命；彼以爲生死、禍福、得失……均爲循環互變者，故不必存喜憂好惡於其間。

「得者無失，則虞夏常存矣。」（晏子春秋外篇）

「使賢者常守之，則太公桓公將常守之矣；使勇者常守之，則靈公莊公將常守之矣。數君者將守之，則吾君安得此位而立焉？以其迭處之，迭去之，至於君也，而獨爲之流涕，是不仁也。」（晏子春秋內篇諫上）

「景公出遊於公阜，北面望，睹齊國，曰：『嗚呼，使古而無死，何如？』晏子曰：『昔者上帝以人之死爲善，仁者息焉，不仁者伏焉，若使古而無死，太公丁公將有齊國，桓襄文武將皆相之，君將戴笠、衣褐、執銚耨，以蹲行畎畝之中，孰暇患死？』」（晏子春秋內篇諫上）

彼失則我得，我失則人得；人死則我生，我死則自有繼我而生者；吾人又何必既得而不肯復棄，既生而不欲再死，以破壞自然運行之趨勢乎？

第三節　韓非子中之道家思想

韓非子所發揮之道家思想，以君道——帝王學爲主。帝王施無爲之政，握其根本，必須執要（重點中心）：

「權不欲見，素無爲也。事在四方，要在中央，聖人執要，四方來效，虛而待之，彼自以之。」

（韓非子揚權篇）

所謂執要，亦即「虛靜」之意。

「故虛靜以待命，令名自命也，令事自定也。虛則知實之情，靜則知動者正。」（韓非子主道篇）

「虛」者，不必有成見存於其間，故能知實之情；「靜」者，不必有所勞碌操持，故能知動之正。

蓋設官分職，用人各因其材之所宜：

「夫物者有所宜，材者有所施，各處其宜，故上下無爲。使雞司夜，令狸執鼠，皆用其能，上乃無事。上有所長，事乃不方，矜而好能，下之所欺。」（韓非子揚權篇）

「明君無爲於上，羣臣竦懼乎下。明君之道，使智者盡其慮，而君因以斷事，故君不窮於智；賢者敕其材，君因而任之，故君不窮於能。有功則君有其賢，有過則臣任其罪；故君不窮於名，是故不賢而爲賢者師，不智而爲智者正，臣有其勞，君有其成功，此之謂賢主之經營也。」（韓非子主道篇）

國君只需循名以責實，執法而御下，當賞則賞，當罰則罰，不必參以己意，則臣下自然盡其智力以事上矣。

「人主之道，靜退以爲寶，不自操事，而知拙與巧，不自計慮，而知福與咎，是以不言而善應，不約而善增，言已應則執其契，事已增則操其符。符契之所合，賞罰之所生也。」（韓非子主道篇）

國君之地位，最爲崇高，亦爲衆人之所覬覦者。在上者既不能失羣臣之輔弼，又不能予羣臣以篡奪之機。故上下之間，乃處於一種互相控制之態勢。

「下匿其私，用試其上，上操度量，以割其下。故度量之立，主之寶也。黨與之具，臣之寶也。臣之所不弑其君者，黨與不具也。故上失扶寸，下得尋常。」（韓非子揚權篇）

爲人君者，如何始能控制自如耶？其一爲依法度，其次爲立於不測，其三爲散其黨與。

國君控制臣下，所依持者爲威勢：

「勢者君之馬也，威者君之輪也。勢固則輿安，威定則策勁，臣從則馬良，民和則輪利，爲國有失於此，覆輿奔馬折策敗輪矣。輿覆馬奔，策折輪敗，載者安得不失？」（藝文類聚卷五十二引）

威勢之作用，有賴乎執法與施刑。

「主施其法，大虎將怯，主施其刑，大虎自寧。法刑苟信，虎化爲人，復反其眞。」（韓非子揚權篇）

法刑信張，則大虎（權臣）畏服。

其次，人君當立於不測之地，無使天下窺其端倪，以啓奸詐之機。蓋大道虛無，爲萬物之始，人君法道，亦玄奧而不可知也。

「道者萬物之始，是非之紀也。」（韓非子主道篇）

「道在不可見，用在不可知。」（韓非子主道篇）

如何始能使臣下不能測度？在隱藏其意欲、好惡，絕棄其知能，技巧：

「去喜去惡，虛心爲道舍。」（韓非子揚權篇）

「君無見其所欲，君見所欲，臣將自雕琢。君無見其意，臣將自表異。」（韓非子主道篇）

「去其智，絕其能，下不能意，保吾所以往而稽同之，謹執其柄而固握之。」（韓非子主道篇）

「謹修所事，待命於天，毋失其要，乃爲聖人。聖人之道，去智與巧，智巧不去，難以爲常。」（韓非子楊權篇）

蓋「木鐸以聲自毀，膏燭以明自鑠」（太平御覽卷四百五十九引）隱藏其知巧技能，乃所以自全之術也。

爲君之道，當使權勢集中，倘臣下結其黨與，則成尾大不掉之勢，控制使令均感困難。且臣下權大，亦將上弑其主矣。

「腓大於股，難以趣走，主失其神，虎隨其後，主上不知，虎將爲狗；主不蚤止，狗益無已，虎成其羣，以弑其母，爲主而無臣，奚國之有？」（韓非子楊權篇）

故爲人君者，當謹愼從事，妥爲防止，散其黨與，無使滋蔓。

「不謹其閉，不固其門，虎乃將存；不愼其事，不掩其情，賊乃將生；弑其主，代其所，人莫不與，故謂之虎。處其主之側，爲姦臣，聞其主之忒，故謂之賊。散其黨，收其餘，閉其門，奪其輔，國乃無虎。」（韓非子主道篇）

「爲人君者，數披其木，毋使木枝扶疏。木枝扶疏，將塞公閭，私門將實，公庭將虛，主將壅圍。數披其木，無使木枝外拒，木枝外拒，將逼主處。數披其木，毋使枝大本小，枝大本小，將不勝春風，不勝春風，枝將害心。公子旣衆，宗室憂吟，止之之道，數披其木，毋使枝茂。木數披，黨與乃離，掘其根本，木乃不神。」（韓非子楊權篇）

蓋君爲國本，臣爲枝葉，枝重本輕，焉得不覆？披散其木，強固其本，此則保全萬世之計也。

此外，另有合於道家思想者三條：

(1)節　欲

「天有大命，人有大命。夫香美脆味，厚酒肥肉，甘口而病形；曼理皓齒，說情而損精。故去甚，去泰，身乃無害。」（韓非子楊權篇）

此條可與老子：「五色令人目盲，五味令人口爽」（十二章）之言相參。

(2)反　性

「願恕反性則貴矣，適情知足則富矣，明生死之分則壽矣。」（太平御覽卷四百五十九引）

此條言反性、知足、明生死之分，合於道家之恬淡人生。

(3)不爭利

「公儀休相魯，其妻織布。休曰：『汝豈與市人爭利哉？』遂燔其機。」（太平御覽卷八百二十引）

此條近乎「夫惟不爭，故無尤」，「以其不爭，則天下莫能與之爭」（老子八、六十六章）之義。

第四節 尸子中之道家思想

尸子中之道家思想，亦重於政治方面。

彼主張聖人爲政，當師法天道。天道自然，其功在於冥冥之中；故聖人爲政，亦當行不干涉主義，使下不知有之。

「天地之道，莫見其所以長物，而物長；莫見其所以亡，而物亡。聖人之道，亦然：其興福也，人莫之見，而福（本作禍，今以意改。）興矣；其除禍也，人莫之知，而禍除矣。故曰，神人。」（尸子貴言篇）

天道無私，聖人爲政，亦當無私。

「天無私於物，地無私於物，襲此行者，謂之天子。」（尸子治天下篇）

順天下之所欲，而得天下之歸心：

「務成昭之教舜曰：『避天下之逆，從天下之順，天下不足取也；避天下之順，從天下之逆，天下不足失也。』」（尸子卷下）

「無爲」乃最理想之政治制度，其方在於守要、用賢、正名：

「舜無爲也，而天下以爲父母。」（尸子仁意篇）

「明王之治民也，事少而功立，身逸而國治，言寡而令行。事少而功立，守要也，身逸而國治，

用賢也，言寡而令行，正名也。……賞罰隨名，民莫不敬。」（尸子分篇）

守要者何？執虛靜之道，事至而應之，不任乎智巧也。

「執一之道，去智與巧。」（尸子分篇）

「明君不用長耳目，不行間諜，不強閗見。形至而觀，聲至而聽，事至而應。近者不過，則遠者治矣；明者不失，則微者敬矣。」（尸子發蒙篇）

欲求身逸國治，必須不私天下，而委制於賢臣：

「有醫竘者，秦之良醫也，爲宣王割痤，爲惠王治痔，皆愈。張子之背腫，命竘治之，謂竘曰：『背非吾背也，任子制焉。』治之遂愈。竘誠善治疾也，張子委制焉。夫身與國，亦猶此也，必有所委制，然後治矣。」（尸子卷下）

欲得賢臣，必須下士，老子所謂「江海所以能爲百谷王者，以其善下之」（六十六章）是也。

「故曰：『下士者得賢，下敵者得友，下衆者得譽。』故度於往古，觀於先王，非求賢務士，而能立功於天下，成名於後世者，未之嘗有也。」（尸子明堂篇）

能用賢，則身逸而國治。

「夫用賢，身樂而名附，事少而功多，國治而能逸。凡治之道，莫如因智，智之道，莫如因賢，譬之猶相馬而借伯樂也。」（尸子治天下篇）

蓋君臣名分既定，百官各有專司，國君唯須循名責實，則居下位者，自不敢不盡其力矣。

此外尚有合於道家之精神者三條：

（一）勇而能怯

「趙襄子脅於智伯，而以顏爲愧，其卒桓公臣魯君，句踐滅吳，襄子以智伯爲戮，此謂勇而能怯者也。」（尸子卷下）

雖勇而故示怯懦，以免摧折，而保存實力，是卽老子：『弱勝強，柔勝剛』，（見七十八章）與「善戰者不怒」（六十八章）之運用。

（二）資於困辱

「湯復於商丘，文王幽於牖里，武王羈於玉門，越王役於會稽，秦穆公敗於殽塞，齊桓公遇賊，晉文公出走，故三王資於辱，而五伯得於困也。」（尸子卷下）

屈辱於一時，終能大申張於後日，此卽「知其強，守其辱」，「禍兮福之所倚」（老子廿八、五十八章）之證據。

（三）天下無損益於已

「舜受天下，顏色不變；堯以天下與舜，顏色不變；知天下無能損益於己也。」（尸子卷下）

身外之物，得失無常，不必存喜憂於其間。此卽莊子不以外物擾其靈府之修養也。

第五節　呂氏春秋中之道家思想

一、養生全性

道家思想重在全其天「性」，順乎自然。及至發展爲楊朱一派，則一變而爲重已貴「生」。然則在道家之觀念中，生與性之關係爲若何耶？呂氏春秋中有詳細之說明。簡單言之，性者，乃生之自然也。

「性者，萬物之本也，不可長，不可短，因其固然而然之，此天地之數也。」（貴當篇）以年壽而論，設若某人之壽數，當爲八十，則無論延之使長，或截之使短，皆違反天性之自然，故有道者不爲也。

然而外物攖人，使人逐物早夭，而不得全其壽命，是乃以性養物，輕重顚倒，違反自然者也。「人之性壽，物者扫之，故不得壽；物也者，所以養性也，非所以性養也。今世之人，惑者多以性養物，則不知輕重也。」（呂氏春秋本生篇）

不欲違背天性之自然，故必須重生。重生故貴身，貴身故貴己，貴己故爲我，此楊子之所立也。呂氏春秋崇尚自然，故亦主張重生貴身，但並不似楊子之主張爲我而放縱情慾。何則？蓋有鑒於縱慾之傷生害身，產生相反之結果，故也。

「凡聖人之動作也，必察其所以之，與其所以爲。今有人於此，以隨侯之珠，彈千仞之雀，世必笑之，是何也？所用重，所要輕也。夫生豈特隨侯珠之重也哉？」（呂氏春秋貴生篇）

此言重生之理：生重於物，故不損生以殉物。

「身者所爲也，天下者所以爲也。審所以爲，而輕重得矣。今有人於此，斷首以易冠，殺身以易衣，世必惑之，是何也？冠所以飾首也，衣所以飾身也，殺所飾要所以飾，則不知所爲矣。世之走利，有似於此。」（審爲篇）

此言貴身之理：利者所以爲身，身者非所以爲利。故身者所爲者也，利者所以爲者也，所爲貴於所以爲，是以不殺身以逐利。

欲求全生長命，必講求節制之道。

「世之人主貴人，無賢不肖，莫不欲長生久視，而日逆其生，欲之何益？凡生之長也，順之也，使生不順者，欲也，故聖人必先適欲。室大多則多陰，臺高則多陽。多陰則蹷，多陽則痿，此陰陽不適之患也。是故先王不處大室，不爲高臺，味不衆珍，衣不燀熱，燀熱則理塞，理塞則氣不達。味衆則胃充，胃充則中大鞔，中大鞔而氣不達，以此長生可得乎？」（呂氏春秋重己篇）

「今有聲於此，耳聽之必慊已，聽之，則使人聾，必弗聽；有色於此，目視之必慊已，視之，則使人盲，必弗視；有味於此，口食之必慊已，食之，則使人瘖，必弗食。是故聖人之於聲色滋味也，利於性則取之，害於性則舍之，此全性之道也。」（呂氏春秋本生篇）

不求過大，不求過小，不求多陽，不求太陰，守其中道，防其滿溢，三要（耳、目、口）所受，皆得其宜。

所養得宜，故精神安定，而畢其壽數。

「天生陰陽寒暑燥濕四時之化，萬物之變，莫不爲利，莫不爲害，聖人察陰陽之宜，辨萬物之利，以便生，故精神安平形，而年壽得長焉。長也者，非短而續之也，畢其數也。畢數之務，在乎去害。」（呂氏春秋盡數篇）

能畢其壽數，則生之自然得保，而本性之純眞得全矣。

二、政治思想

得民者昌，失民者亡，此萬古不易之準則也。是以爲人君者，首在取得民心之歸向。

「先王順民心，故功名成。夫以德得民心，以立大功名者，上世多有之矣。失民心而立功名者，未之曾有也。……取民之所說，而民取矣。」（呂氏春秋順民篇）

「三代所寶莫如因，因則無敵。禹通三江五湖，決伊闕，注之東海，因水之力也；舜一徙成邑，再徙成都，三徙成國；而堯授之禪位，因人之心也。湯武以千乘制夏商，因民之欲也。」（呂氏春秋貴因篇）

得民心之道，在因民之欲；故凡一切有利於民者，皆當努力以赴。

「民寒則欲火，暑則欲冰，燥則欲濕，濕則欲燥。寒暑燥濕相反，其於利民一也。利民豈一道哉？當其時而已矣。」（愛類篇）

利民之道不一，是以明君隨機應變，不主一端；此蓋雜家之所以博採衆說之故也。

民有所欲，自亦有所惡。有欲有惡，故賞罰可用焉。

「爲民紀綱者何也？欲也，惡也。何欲何惡？欲榮利，惡辱害。辱害所以爲罰充也，榮利所以爲賞實也。賞罰皆有充實，則民無不用矣。」（用民篇）

「使民無欲，上雖賢猶不能用。夫無欲者，其視爲天子也，與爲輿隸同；其視有天下也，與無立錐之地同；其視爲彭祖也，與爲殤子同……誠無欲，則三者（貴、富、壽）不足以勸……三者（賤、貧、夭）不足以禁。」（爲欲篇）

因其欲而爲賞，因其惡而爲罰，此已近於法家之理論。在老莊思想中，既不用賞罰，亦取消主觀之欲惡。

賞罰之目的，在興天下之利，除天下之害。（除害亦爲消極之興利，故其一切措施，均以利民爲依歸。）而天下爲公，故善則賞之，惡則罰之，當一本諸公平，不可阿私，或者有所偏頗。

「天下非一人之天下也，天下之天下也。陰陽之和，不長一類，甘露時雨，不和一物，萬民之主，不阿一人。」（呂氏春秋貴公篇）

「昔先聖王之治天下也，必先公，公則天下平矣。平得於公。嘗試觀於上志，有得天下者，衆矣

其得之以公，其失之必以偏。」（呂氏春秋貴公篇）

兵戎為罰之大者，亦不可廢，然其運用，則應本乎公義之原則，不可為片面之非攻救守。

「夫無道者之恣行，幸矣。故世之患，不在救守，而在於不肖者之幸也。救守之說出，則不肖者益幸也，賢者益疑矣。故大亂天下者，在於不論其義，而疾取救守。」（禁塞篇）

三、為君之道

人主欲求邦國之強盛，當任用賢能，使人人各盡其才能而不受阻礙。

「絕江者託於船，致遠者託於驥，霸王者託於賢。」（知度篇）

「故賢主之於賢者也，物莫之妨，戚爱習故，不以害之，故賢者聚焉。賢者所聚，天地不壞，鬼神不害，人事不謀，此五常之本事也。」（求人篇）

賢臣之任務，在為人君之輔弼；其作用，則似國君與人民間之橋樑。上則宣達人民之欲望，下則散布主君之德澤。

「主德不通，民欲不達，此國之鬱也。國鬱處久，則百惡並起，而萬災叢至矣。上下之相忍也，由此出矣。故聖王之貴豪士與忠臣也，為其敢直言而決鬱塞也。」（達鬱篇）

欲求賢人之為我用，則必禮賢下士。

「有道之士，固驕人主，人主之不肖者，亦驕有道之士，日以相驕，奚時相得……賢主則不然，

士雖驕之，而己愈禮之，士安得不歸之？士所歸，天下從之帝。帝也者，天下之適也；王也者，天下之往也。」（呂氏春秋下賢篇）

而驕傲之主，任其私智，乃敗亡之徵。

「亡國之主，必自驕，必自智，必輕物。自驕則簡士，自智則專獨，輕物則無備。無備召禍，專獨位危，簡士壅塞，欲無壅塞必禮士，欲位無危必得衆，欲無召禍必完備。三者，人君之大經也。」（驕恣篇）

故明哲之君，雖身處強大，猶然戒愼恐懼。不使其成功之基礎中，萌生失敗之因素。此即長治久安持盈保泰之道也。

「賢主愈大愈懼，愈彊愈恐。凡大者小鄰國也，彊者勝其敵也。勝其敵則多怨，小鄰國則多患，多患多怨，國雖彊大，惡得不懼，惡得不恐？故賢主於安思危，於達思窮，於得思喪。」（呂氏春秋愼大覽）

爲人君者，當無智、無能、無爲；爲人臣者，當有智、有能、有爲。以無智御有智，以無能御有能，以無爲御有爲，故君臣相得。

「夫君也者，處虛素服而無智，故能使衆智也；智反無能，故能使衆能也；能執無爲，故能使衆爲也。人主之所惑者則不然，以其智彊智，以其能彊能，以其爲彊爲，此處人臣之職也。處人臣之職，而欲無壅塞，雖舜不能爲。」（分職篇）

此其故何耶？蓋天下之大，非一人之智所能任，故當藉衆智以治之，此人臣之不可以無知無能也。而爲主君者，用人者也。用人者與治事者不同，在乎道德之內充，與夫權術之運用，不在乎智能。倘與人較智量能，則必不能包容，而人亦不爲我所用；此必敗之道也。

「人主自智而愚人，自巧而拙人，若此則愚拙者請矣，巧智者詔矣。詔多則請者愈多矣，請者愈多且無不請也。主雖巧智，未無不知也；以未無不知，應無不請，其道固窮，其患又將反以自多，是之謂重塞之主，無存國矣。」（呂氏春秋知度篇）

故用非其有，如己之有；己雖無能無智，正所以運用能智，發揮其功能之憑藉也。

靜爲動之基礎，無爲爲有爲之準備，故靜以制動。

「有鳥止於南方之阜，其三年不動，將以定志意也，其不飛，將以長羽翼也，其不鳴，將以覽民則也。是鳥雖無飛，飛將冲天，雖無鳴，鳴將駭人。」（呂氏春秋重言篇）

察民之情，順民之欲，不爲人先，而隨人後，據此而出號令，則民之從之也輕。

「人主出聲應容，不可不審，凡主有識，言不欲先。人唱我和，人先我隨，以其出爲之入，以其言爲之名。取其實以責其名，則說者不敢妄言，而人主之所執要矣。」（呂氏春秋審應覽）

四、對於道之順應

以上論人君之道，共有四端：首曰任賢，次曰下士，次曰無爲，次曰虛靜。

呂氏春秋中亦言自然之道，其爲道之形容曰：

「莫知其原，莫知其端，莫知其始，莫知其終，而萬物以爲宗。」（呂氏春秋圜道篇）

由生而死，由盛而衰，循環不已，乃自然之變化。

「物動則萌，萌而生，生而長，長而大，大而成，成乃衰，衰乃殺，殺乃藏，圜道也。」（呂氏春秋圜道篇）

明乎自然之變化，無可抗拒，則能樂天安命，偶遇困難挫折，亦不致感私傷神，氣餒不振矣。

「凡人物者，陰陽之化也。陰陽者，造乎天而成者也。天固有衰嗛廢伏，有盛盈坌息，人亦有困窮屈匱，有充實達遂，此皆天之容物，理也，而不得不然之數也。古聖人不以感私傷神，愈然而以待耳。」（知分篇）

自然之道，反覆變化，而萬事萬物，亦隨之轉動；聖人明乎其變化運動之軌跡，故能察微知者，洞燭機先。

「聖人之所以過人，以先知，先知必審徵表。無徵表而欲先知，堯舜與衆人同等。」（觀表篇）

既能知其變化於事件發生之前，則能早爲之備，以應合時機。

「聖人之於事，似緩而急，似遲而速，以待時。」（呂氏春秋首時篇）

「事之難易，不在大小，務在知時。」（呂氏春秋首時篇）

故呂氏春秋對於道之順應，既含有莊子之順從，又包括老子之應合，實乃調和二種主張而成者。

此在明眼人一看便知，不需多論矣。

第六節　淮南子中之道家思想

淮南子乃雜家書，以發揮道家（老莊）學說爲宗旨，不過其中夾有甚多儒、法、墨及陰陽家之思想，故謂之雜家。雜家者，綜合各家而成者也。

「若劉氏之書……理萬物，應變化，通殊類，非循一迹之路，守一隅之指，拘繫牽連之物，而不與世推移也。故置之尋常而不塞，布之天下而不窕。」（淮南子要略）

其「非循一迹之途，守一隅之指」，卽指其學說不拘於一家之思想，而兼取衆長。

此書旣論道德之體，又言道德之用。

「言道而不言事，則無以與世浮沈；言事而不言道，則無以與化游息。」（淮南子要略）

天人兼顧，不偏於天道，亦不偏於人事。彼乃欲連絡人事與天道之間，以上達天理，下通人事。人事之途，非止一端，故融會各家之說以敍述之。

「天之與人，有以相同也，故國危亡而天文變，世惑亂而虹蜺見，萬物有以相連，精祲有以相蕩也。」（淮南子泰族訓）

依道家之說，宇宙萬物，實爲一體，故各部相感，亦復相通。人隨天變，天隨人變，又近於陰陽家之言矣。

一、對於道之觀念

淮南子對道之觀念，完全同於老莊，而更加以舖敍藻飾。其原道訓覽冥訓等篇，討論甚爲詳盡，然而揆其要指，仍在老莊範圍之內也。不遑贅述，擇要言之：

「夫道者，覆天載地，廓八方，柝八極，高不可際，深不可測，包裹天地，稟授無形，原流泉浡，沖而徐盈，混混滑滑，濁而徐淸，故植之而塞於天地，橫之而彌於四海，抱之無窮，而無所朝夕，舒之幎於六合，卷之不盈於一握，約而能張，幽而能明，弱而能強，柔而能剛，橫四維而含陰陽，紘宇宙而章三光。甚淖而㴋，甚纖而微，山以之高，淵以之深，獸以之走，鳥以之飛，日月以之明，星曆以之行。」（淮南子原道訓）

此言道之性質：道爲萬物之原因，物性之所以然，渺冥深微而不可見；道之大爲無限，道乃充滿萬有。

道乃至公，無所偏私，順之者吉，逆之者凶：

「夫道者，無私就也，無私去也，能者有餘，拙者不足，順之者利，逆之者凶。」（淮南子覽冥訓）

而道之本體，乃爲虛無：

「魄問於魂曰：『道何以爲體？』曰：『以無有爲體。』魄曰：『無有有形乎？』魂曰：『無有何得而聞也？』魂曰：『吾直有所遇之耳，視之無形，聽之無聲，謂之幽冥。幽冥者，所以喩道而非道也。』魄曰：『吾聞得之矣，乃內視而自反也。』」（淮南子說山訓）

有生於無；大道無形無聲，惟虛心自省者，乃能體會。

「聽有音之音者聾，聽無音之音者聰，不聾不聰，與神明通。」（淮南子說林訓）

二、養生之道

養生之道，在愛惜精神，不可使其過份消耗。

「夫天地之道，至紘以大，尙猶節其章光，愛其神明，人之耳目，曷能久熏勞而不息乎？精神何能久馳騁而不既乎？」（淮南子覽冥訓）

倘追逐外物，則聰明爲所遮蔽，而精神虛竭。

「所重者在外，則內爲之掘。逐獸者目不見太山，嗜慾在外，則明所蔽矣。」（淮南子說山訓）

喜怒、憂悲、好憎、嗜欲、驚怖……皆引動精神者，故善養生者，當戒除之。

「夫喜怒者，道之邪也；憂悲者，德之失也；好憎者，心之過也；嗜欲者，性之累也；人大怒破陰，大喜墜陽，薄氣發瘖，驚怖爲狂，憂悲多恚，病乃成積，好憎繁多，禍乃相隨。故心不憂樂，德之至也；通而不變，靜之至也；嗜欲不載，虛之至也；無所好憎，平之至也；不與物散，粹之至也。」（淮南子原道訓）

此論養生之道，即老子：「治人事天莫若嗇」之旨也。

三、處世避患

世事紛紜，禍患萬端，求其全生遠害之術，當以退身隱藏爲最妙：

「患禍之所由來者，萬端無方，是故聖人深居以避辱，靜安以待時。小人不知禍福之門戶，妄動絓羅網，雖曲爲之備，何足以全其身……夫墻之壞也於隙，劍之折必有齧，聖人見之密，故萬物莫能傷也。」（淮南子人間訓）

與造化自然相和合，故精神自由，無思無慮，逍遙而自得矣。

「是故大丈夫恬然無思，澹然無慮，以天爲蓋，以地爲輿，四時爲馬，陰陽爲御，乘雲陵霄，與造化者俱。」（淮南子原道訓）

自然順性，不迎不將，而其樂無窮。

「鶴壽千歲，以極其游，蜉蝣朝生而暮死，而盡其樂。」（淮南子說林訓）

爲學之道，則在於復性之自然，以遊心於玄虛。

「夫世之所以喪性命，有衰漸以然，所由來者久矣。是故聖人之學也，欲以反性於初，而游心於虛也。」（淮南子俶眞訓）

柔弱者生之徒，剛強者死之徒，故處世當守以柔弱。

「是故欲剛者，必以柔守之，欲強者，必以弱保之。積於柔則剛，積於弱則強，觀其所積，以知禍福之鄉。」（淮南子原道訓）

然一味柔弱，而不知變通，亦不能完全生遠禍；故柔弱之中，當輔以剛強之因素，剛強之中，亦當以柔弱爲表顯，此則中和之道也。如此始能以一應萬，變化無窮。

「天地之氣，莫大於和。和者陰陽調，日夜分，而生物。春分而生，秋分而成，必得和之精。故聖人之道，寬而栗，嚴而溫，柔而直，猛而仁。太剛則折，太柔則卷，聖人正在剛柔之間，乃得道之本。積陰則沈，積陽則飛，陰陽相接，乃能成和。」（淮南子氾論訓）

中和之道，又近乎儒家之所談。

四、無爲政治

世之所以致亂，在大道淪喪；大道淪喪，雖有仁義，不能救已。

「是故道散而爲德，德溢而爲仁義，仁義立而道德廢矣。」（淮南子俶眞訓）

故欲天下之平治，當反而復之於大道。

「夫釋大道而任小數，無以異於使蟹捕鼠，蟾蠩捕蚤，不足以禁姦塞邪，亂乃逾滋……故體道者逸而不窮，任數者勞而無功。」（淮南子原道訓）

大道自然，聖人治天下，亦當本乎自然。自然之道無爲，故治天下之道，亦當本乎無爲。

「是故春風至則甘雨降，生育萬物，羽者嫗伏，毛者孕育，草木繁華，鳥獸卵胎，莫見其爲者，而功既成矣。……由此觀之，萬物因以自然，聖人又何事焉！」（淮南子原道訓）

「是故天下之事，不可爲也，因其自然而推之；萬物之變，不可究也，秉其要歸之趣。」（淮南子原道訓）

無爲之術，不在積極的「有作爲」，而在消極的「去其害民者」。

「輔佐有能，黜讒佞之端，息巧辯之說，除刻削之法，去煩苛之事，屏流言之迹，塞朋黨之門，消知能，修太常，隳肢體，絀聰明，大通混冥，解意釋神，漠然若無魂魄，使萬物各復歸其根」。（淮南子覽冥訓）

夫民無作惡之心，則不致有過惡之行。有知則有欲，有欲則有爭，故爲治之術在乎「制心」。

「夫使天下畏刑而不敢盜，豈若能使無有盜心哉？越人得髯蛇，以爲上肴，中國得而棄之無用。故知其無所用，貪者能辭之；不知其無所用，廉者不能讓也。」（淮南子精神訓）

混同是非，泯除貴賤，則反歸於眞樸。

「不知世之所謂是非者，不知孰是孰非？」（淮南子齊俗訓）

「物無貴賤；因其所貴而貴之，物無不貴也，因其所賤而賤之，物無不賤也。」（淮南子齊俗訓）

夫民有知則德衰：

「故民知書而德衰，知數而厚衰，知劵契而信衰，知機械而實衰也。巧詐藏於胸中，則純白不

備。」（淮南子泰族訓）

聖人深察機微，防患於未然，而早爲之備，故能使問題消滅於無形。

「聖人敬小愼微，動不失時，百射重戒，禍乃不滋。計福勿及，慮禍過之。同日被霜，蔽者不傷，愚者有備，與知者同功。夫爝火在縹煙之中也，一指所能息也；唐漏若鼷穴，一墣之所能塞也。及至火之燔孟諸而炎雲臺，水決九江而漸荆州，雖起三軍之衆，弗能救也。」（淮南子人間訓）

此卽無爲政治之精義也。

五、無爲政治近乎法家之發揮

道家之政治思想，一「無爲」而已。然淮南之書，兼綜各家之說，故其「無爲」之發揮，於義亦有所不同。

法家「無爲」之理想乃是：

「聖主在上，廓然無形，寂然無聲，官府若無事，朝庭若無人。無隱士，無軼民，無勞役，無寃刑。四海之內，莫不仰上之德，象主之指，夷狄之國，重譯而至，非戶辯而家說之也。推其誠心，施之天下而已矣。」（淮南子泰族訓）

注意其「官府若無事，朝庭若無人」。非眞無事也，非眞無人也，「若」之而已。故其所謂「無爲」者，乃是一種完美之和諧，所謂「天衣無縫」是也。欲達到此種和諧之境地，當推其誠心。所謂誠心者，即內外如一，不虛僞，不掩飾之意。

「夫事之所以難知者，以其竄端匿迹，立私於公，倚邪於正，而以勝惑人之心者也。若使人之所懷於內者，與所見於外者，若符合節，則天下無亡國敗家矣。」（淮南子人間訓）

國君能以誠心感人，臣民亦必以誠心應之，精誠則胡越爲一體，而天下治矣。

「故至精之所動，若春氣之生，秋氣之殺也。雖馳傳騖置，不若此其亟。故人君者，其猶射者乎！於此毫末，於彼尋常矣，故愼所以感之也。………縣法設賞，而不能移風易俗者，其誠心弗施也。」（淮南子主術訓）

此心精誠，則無物不感，能執其本根，則事無不治。

「發一端，散無竟，周八極，總一筦謂之心，見本而知末，觀指而睹歸，執一而應萬，握要而治詳，謂之術。」（淮南子人間訓）

國君無爲，在乎任人而不自任。

「夫乘衆人之智，則無不任也，用衆人之力，則無不勝也。」（淮南子主術訓）

用人之道，以權勢、爵祿爲依憑。

「權勢者，人主之車輿；爵祿者，人臣之轡銜也。是故人主處權勢之要，而持爵祿之柄；審緩急之度，而適取予之節；是以天下盡力而不倦。」（淮南子主術訓）

蓋無權勢爵祿，則不足以發號令，出賞罰，要衆心，以控制臣下也。

賞罰不憑私心，而據法度，故能至公平而無偏頗；人主亦可以休息其心於法度，而快然無爲矣。

「法者天下之度量，而人主之準繩也。縣法者，法不法也。設賞者，賞當賞也。法定之後，中程者賞，缺繩者誅。尊貴者不輕其罰，而卑賤者不重其刑。」（淮南子主術訓）

蓋法令既行，國君但當與民一體守法，爲民表率，即能令行於天下。

「無諸己不求諸人，所立於下者，不廢於上，所禁於民者，不行於身。……是故人主之立法，先自爲檢式儀法，故令行於天下。」（淮南子主術訓）

恕己以求人，此亦精誠感物之指也。故國君正，則臣民無不正矣。

「君，根本也；臣，枝葉也。根本不美，枝葉茂盛者，未之聞也。」（淮南子繆稱訓）

國君爲一國之根本，雖不必有所作爲，但當誠心感物，執法用人，使各盡厥職，則一國上下，無不和諧矣。

六、無爲政治近乎儒家之發揮

儒家認爲無爲並非毫無作爲之意，故曰：

「或曰，無爲者，寂然無聲，漠然不動，引之不來，推之不往，如此者，乃得道之象。吾以爲不然，嘗試問之矣，若夫神農堯舜禹湯，可謂聖人乎？有論者必不能廢。以五聖觀之，則莫得無爲明矣。（鋪敍五聖利民治民之事）此五聖者，天下之盛主，勞形盡力，爲民興利除害而不懈……而稱以無爲，豈不悖哉？」（淮南子脩務訓）

「蓋聞傳書曰：『神農憔悴，堯瘦臞，舜黴黑，禹胼胝。』由此觀之，則聖人之憂勞百姓甚矣，故自天子以下，至於庶人，四肢不動，思慮不用，事治求澹者，未之有也。」（淮南子脩務訓）

蓋在儒家之觀念中，事無有不勞而獲者。逃避問題，絕不能解決問題，欲求天下之治平，必須費精神，竭思慮，勞四肢，以努力爭取。此與道家之無爲精神，可謂完全背道而馳。

然則如何能與『無爲』之精神相通？夫儒家之講無爲，重順其本性而勿拂，倘能順性，是亦無爲也。

「因其性，則天下聽從，拂其性，則法懸而不用。」（淮南子泰族訓）

「聖人之治天下，非易民性也，拊循其所有，而滌蕩之，故因則大，化則細。」（淮南子泰族訓）

人性喜清靜恬愉，故順其性而爲之儀表規矩：

「清淨恬愉，人之性也；儀表規矩，事之制也。知人之性，其自養不勃，其事之制，其舉錯不惑。」（淮南子人間訓）

禮之節文，亦順人之性而予以裁成。

「故先王之制法也，因民之所好而爲之節文者也。因其好色而制婚姻之禮，故男女有別；因其喜音而正雅頌之聲，故風俗不流；因其寧家室，樂妻子，敎之以順，故父子有親；因其喜朋友而敎之以悌，故長幼有序。然後脩朝聘以明貴賤，饗飲習射以明長幼，時搜振旅以習用兵也。入學庠序，以脩人倫，此皆人之所有於性，而聖人之所匠成也。」（淮南子泰族訓）

然禮儀法度，自外而來之作用也，猶非根本之道。惟啓發其好善惡惡之良知，使其自知廉恥，而奮發向上，乃爲最有效之方法。而此種好善惡惡之良知，亦由天性而來。（本孟子及王陽明之說）

「民無廉恥，不可治也；非修禮義，廉恥不立。民不知禮義，法弗能正也；非崇善廢醜，不向禮義。無法不可以爲治也，不知禮義，不可以行法。法能殺不孝者，而不能使人爲孔曾之行；法能刑竊盜者，而不能使人爲伯夷之廉。」（淮南子泰族訓）

夫民懾於飢寒，則本心震盪而不易發揚，故爲政之道，首在民生。

「夫民飢寒竝至，能不犯法干誅者，古今之未聞也……夫民有餘卽讓，不足則爭……物豐則欲省，求澹則爭止。」（淮南子齊俗訓）

此與「富之敎之」（見論語）之意正同。亦孟子：「無恒產而無恒心」之旨也。

「衣食足而後知榮辱」，生活安定之後，再啓發其仁義之道。

仁義爲做人施政之根本，有仁義則無競爭，有仁義則無戰亂，修身齊家治國平天下，一皆本諸仁義之修養。

「義者人之大本也，雖有戰勝存亡之功，不如行義之隆。……故仁者不以欲傷生，知者不以利害義。聖人之思脩，愚人之思叕，忠臣者務崇君之德，諂臣者務廣君之地。」（淮南子人間訓）

七、權　變

「權」之一字，孔子曾一道及。論語子罕篇，子曰：「可與立，未可與權。」然則權者何義耶？

漢儒稱「反經合道」爲權，孟子謂「執一無權」，是權乃變通之意。蓋宇宙萬物，無一成不變者，吾人亦當視其實際之情況，而爲適當之處置，以應合之。

「孝子之事親，和顏卑體，奉帶運履。至其溺也，則捽其髮而拯；非敢驕侮，以救其死也。故溺則捽父，祝則名君，勢不得不然也。」（淮南子氾論訓）

事親以禮，救溺則不能顧禮矣。此與孟子嫂溺而援之以手意同。

「故禮者，實之華而僞之文也。方於卒迫窮遽之中也，則無所用矣。」（淮南子氾論訓）

故一切制度，亦當視時代之需要，而爲適當之損益，不可拘泥執一。

「滅亡削殘，暴亂之所致也，而四君獨以仁義儒墨而亡者，遭時之務異也。非仁義儒墨不行，非其世而用之，則爲之禽矣。」（淮南子人間訓）

「先王之制，不宜則廢之，末世之事，善則著之。是故禮樂未始有常也。故聖人制禮樂，而不制於禮樂。治國有常，而利民爲本；政教有經，而令行爲上。苟利於民，不必法古；苟用於事，不必循舊。」（淮南子氾論訓）

倘不能從權應變，食古不化，則猶越人之學遠射然。

「越人學遠射，參天而發，適在五步之內，不易儀也。世已變矣，而守其故，譬猶越人之射也。」（淮南子說山訓）

夫百家之學，莫不在求救世；而時世不同，其所應世之術亦將隨之改變；此卽淮南之所以不主一家之說之所立也。

下編　餘論

第一章　先秦道家思想之流變

在本論各章之中，吾人已將先秦道家諸子之思想，作一概略之析論。然而先秦以後，道家思想之演變情形如何？則猶未加以說明，對道家思想之全盤了解，仍不無美中不足之感。職是之故，關於道家思想之流變，實亦有討論之必要。

先秦道家思想流變之樞機，在於老子。以老子思想，所包甚廣，可爲道家思想之總綱；且老子以機制天人，申韓孫吳均得而托焉，更有助於思想之轉化，故也。本師林景伊先生論老子學術畢，更論其流別曰：

「要其學術旨歸，蓋由於甚明歷史之故實，而欲矯當世之大弊，故其立論，皆基于『忍』之一道。『忍』之流別不同，於是得其『忍耐』之途者，遂成爲老莊之學；得其『隱忍』之方者，乃流爲黃老一派；得其『殘忍』之變者，遂有韓非之法術。」（中國學術思想大綱）

此論道家之流變，共分三途：其一爲老莊，其次爲黃老，其三爲法術。此種分法，本學術上之定論，無庸置疑；不過後世之道教，亦常以道家爲依托，敍述道家思想之流變，亦應一提及之。爰分四支，概述如下：

第一節　法　家

一、法家之產生

戰國之時，羣雄割據，封建制度已不復存在，而諸國之間，此爭彼奪，棄仁義而不講，惟武力而是尚，故當時之國君，無不講求富國強兵之道。復以當時各國之政治情況而論，由於貴族政治漸趨破壞，一方面國君之權漸重，故各國舊君，或一二貴族，漸集政權於一國之中央；一方面人民逐漸獨立自由，國家社會之組織日趨複雜，人與人之關係，亦日趨疏遠。更以經濟方面言，由於生產方式之進步，生活複雜，使一般人之私心大起，而詐僞日滋。在此情形之下，以前之「德治」、「人治」，已不合時代之需要，必需有嚴格確定之法度，以強制約束百姓，始能達到政治體制之鞏固，與夫富國強兵之要求。此種情形，自然促使法家思想之勃興。

二、法家之派別

一般言法家派別，皆分法、術、勢三派，然三派之前，尚有實利派，三派之後，又有韓非子集其大成。倘合此兩派觀之，則法家共有五派可言矣。

(1)**實利派**：以齊之管仲，魏之李悝爲代表，主張振興實業，富國裕民。管仲相齊桓公，霸諸侯，尊王攘夷，一匡天下。通貨積財以富國，作內政寄軍令以強兵。李悝卽李克，撰次諸國之法而著法經。

彼乃法律家兼農業經濟家，訂立法典，提倡盡地利，實行平糴法。

(2)**重法派**：以商鞅爲代表。商君，姓公孫，名鞅，其祖本姬姓也。少好刑名之學，事秦孝公，爲左庶長。定變法之令，開阡陌，盡地利，以農富國，以戰強兵。行之十年，秦民大悅，道不拾遺，山無盜賊，家給人足，民勇於公戰，怯於私利。主張以法治國，所謂「憲令著於官府，刑罰必於民心，賞存於愼法，而罰加乎姦佞者也。」（韓非子定法篇）

(3)**重術派**：以韓之申不害爲代表。申不害之學，本於黃老，而主刑名。以爲治亂國需用重典，而尤注重任術。術者，統御之技術也。其道維何？簡言之，「因任而授官，循名而責實，操生殺之柄，課羣臣之能者也。」（韓非子定法篇）主君如能任術而令臣，則主逸臣勞，無爲而治。

(4)**重勢派**：以趙人愼到爲代表，主張秉權之威，令行禁止，實乃極權主義，獨裁主義。其言曰：「堯爲匹夫，不能治三人，而桀爲天子，能亂天下，吾以此知勢位之足恃，而賢智之不足慕也。」（韓非子難勢篇）

(5)**大成派**：韓非子主張法術並重，勢利兼顧，執一以靜，集其大成。蓋以勢、法、術三者，皆爲人主之具，不可偏廢，能並用兼施，其國乃可治也。

三、法家思想之精神

(1)**性惡**：韓非爲荀卿弟子，荀子主性惡，故欲以禮防範之。韓非則更進一步，認爲禮尙不足以止惡，而欲以法禁制之，說雖不同，然其性惡之主張則屬一貫也。韓非子六反篇云：「且父母之於子也，產男則相賀，產女則殺之。此俱出父母之懷衽，然男子受賀，女子殺之者，慮其後便，計之長利也。故父母於子，猶用計算之心以相待也，而況無父子之澤乎？」又管子樞言篇：「人故相憎也，人之心悍，故爲之法。」

(2)**正名**：法家之術，又稱刑名之學。刑卽形也，刑名者，論名實間之關係也。蓋法家主張循名責實，以爲治道，故韓非子曰：「人主將欲禁姦，則審合刑名者，言與事也。爲人臣者陳而言，君以其言授之事，專以其事責其功。功當其事，事當其言，則賞；功不當其事，事不當其言，則罰。」（二柄篇）又曰：「用一之道，以名爲首，名正物定，名倚物徙……君操其名，臣效其形，形名參同，上下和調也。」（揚權篇）

(3)**平等**：在法家之觀念中，主君與平民，均應一體受法律之約束。管子任法篇曰：「君臣上下貴賤皆從法，此謂爲大治。」淮南子主術訓亦云：「法定之後，中程者賞，缺繩者誅，尊貴者不輕其罰，而卑賤者不重其刑。」此卽「法律之前，人人平等」之觀念也。

(4)**客觀**：法家反對「人治」、「心治」，認其具有主觀之成分，不足以服人。愼子曰：「君舍法，以心裁輕重，則同功殊賞，同罪殊罰矣，怨之所由生也。」彼主張以法爲治，乃拋棄人的標準，而擇取物的標準。管子心術上：「因也者，舍已而以物爲法也。」如此乃能「無建已之患，用知之累」，（莊子天下篇論愼子）而達到絕對客觀之要求，使人人心服意滿。故愼子又曰：「夫投鉤以分財，投策以分馬，非鈎策爲均也，使得美者不知所以美，得惡者不知所以惡，此所以塞願望也。」

(5)**無爲**：法家認爲君主當任羣臣之自爲，而自執二柄（賞罰），根據法律，循其名實，以責其效；此即以一馭萬，以靜制動之道也。韓非子揚權篇曰：「事在四方，要在中央，聖人執要，四方來效。虛而待之，彼自以之……夫物者有所宜，材者有所司。各處其宜，故上下無爲。使鷄司夜，令狸執鼠，皆用其能，上乃無事。上有所長，事乃不方。矜而好能，下之所欺。辯惠好生，下因其材。上下易用，國故不治。」國君能用賢臣，而不加干涉，則主逸臣勞，天下治矣。此乃法家之無爲思想也。

四、由道家至法家

法家思想之成熟，爲時甚晚，約當戰國之末期。其思想乃儒道墨三家之末流嬗變滙合而成者。三家之中，法家與道家之關係爲尤近，故特取出而單獨討論之。

(1)由道家嬗變爲法家，有兩條路線；其一爲經由儒家。夫道家之順乎自然，並無道德之意義；逮乎儒家孔子，始由對自然之順從，變爲對仁義之順從，此則開始含有道德之意義；及至荀子，則更進一步，認爲仁義道德不足以約束人之行爲，於是而主張隆禮；及至荀卿弟子韓非，則完全主張以法爲治矣。此爲其第一條路線。第二條路線爲直接由道家轉化而來。道家崇尚「自然法」，然自然法爲希夷而不可見聞，進一步要求具體之表現，即爲「人爲法」，而爲法家之所尚矣。

(2)自然法與人爲法之比較：凡所謂法者，皆有強制約束之作用，惟其強制約束之力量，來源有所不同而已。自然法之約束力量，來自自然，而人爲法之約束力量，則來自社會全體。其公平、必然、客觀、利害（人爲法爲賞罰）之性質，則完全相同。又法家「法與時轉」之觀念，亦可認爲直接承自道家「變動的宇宙觀」。

(3)道家從君主之觀點論政治（例如老子），法家亦然；道家講究秉要執本，行不離輜重，法家亦主執其二柄，斂拔其木；道家講究國之利器，不可以示人，法家反對人治心治，不使下民揣摸其主君之好惡；道家講去私去已，法家講無知無能。凡此皆爲道法二家相關之處也。

(4)道家之理想政治爲自然和諧，與法家相同。道家之政治主張爲任物自爲，以達乎無爲而無不爲之境；法家則任法而治，不師知能，故主逸臣勞，最終亦趨於無爲。

(5)然道家與法家根本不同之點，爲法家主驅策束縛，而不謀所以教化，道家主放任，而注意精神之感召，此所以道自道，法自法，而終異其歸趨矣。

第二節　黃　老

一、黃老政術之時代及歷史背景

戰國之亂極矣，至於末期，乃成爲七雄對峙之局。七雄之中，秦處西陲，無論學術文化，皆不逮中原遠甚。但自獻公之時，連敗魏師而躋身強國之列；傳至孝公，復重用法家名臣公孫鞅，實施變法，遂成爲軍國主義之梟雄。此後又有張儀、范雎、甘茂、公孫衍、呂不韋、尉繚、韓非、李斯等客卿，非屬法家之學者，卽爲縱橫家兵家陰謀之徒，爲之輔翼。或遠交近攻，離散六國之縱，或派遣辯士，以金玉遊說諸侯之名士，順者厚遺之以財，否則以利劍刺殺之，而以良將重兵躡其後；遂能蠶食諸侯，一統天下。

秦始皇統一之後，專任刑罰，造成「赭衣塞路，囹圄成市」之局面。而徭役繁興，人民不堪負荷。築路、開河、巡行之外，復大修宮闕、陵墓，徵用七十餘萬人，均自備食糧；木材多來自蜀、楚，採伐運輸之人佚更不知若干。北伐匈奴，南征百越，修建長城，徙民戍邊，自不可盡非。然塞北酷寒荒蕪，大軍三十萬之給養，全賴「天下飛芻輓粟」，一石糧食運抵前方，轉輸所耗幾近二十倍。被徵築長城之工人，死者十之六七，被迫移至邊地之民戶，達二十餘萬家，無異流放。嶺南暑濕煙瘴，士卒五十萬衆，亦須內地轉餉，至終竟使全軍覆沒。再度進征，損耗更大。據謂秦時之力役，三十倍於古，賦稅收去人民歲入之泰半，「男子力耕，不足糧饟，女子紡績，不足衣服」，「病者不得養，死者不得葬」，於是海內愁怨，潰而叛之。

自陳勝吳廣起兵，以至於楚漢相爭，終至於項羽烏江自刎，劉邦取得天下，建立漢朝，前後又復八年。此段時期，諸國競起，與戰國時之混亂，如出一轍。項羽所謂「丁壯苦軍旅，老弱疲轉漕」，不啻爲最佳之寫照也。

綜計戰國暴秦以至於劉漢之統一，前後動亂達數百年之久。人民之困苦，至於極點，而社會變動，戰爭頻興，其影響之最顯著者，厥爲生靈塗炭，戶口耗減，及經濟困竭，元氣喪盡。（錢穆秦漢史）漢興，當秦暴政動亂之餘，人心思靜，求所以自慰之道；社會一般學者，亦採取一種冷靜之意態；而漢庭君臣，崛起草野，粗樸之風未脫，謹厚之氣尚在，亦願使民休養生息，不欲擾其安寧，故黃老政術，乃盛極於一時。

二、黃老政術之理論與實際

「黃」指黃帝，「老」指老子。黃老政術，乃合道家法家之理論，綜合運用於政治上之一種結果。本師林景伊先生曰：「黃老之術，蓋漢初道家之言，以清靜無爲爲主，以刑名法術爲用，故兼黃帝老子而並言之。」（中國學術思想大綱）蓋以戰國時所傳黃帝四經，太公謀等陰謀之術，有近於老子「柔弱勝剛強」，「後其身而身先」，「將欲歙之，必固張之，將欲弱之，必固強之」之道。又以刑名之學，決然無主，土塊之道，亦有近於無爲之治，故黃老並稱，而兼及法家，以爲道家入世之用也。

原始道家，主張任萬物之自爲，而順乎自然；推之於政治方面，則認帝王應端拱於上，而任人民之自爲。所謂「无爲而尊者，天道也，有爲而累者，人道也。主者，天道也，臣者，人道也。」（莊子在宥篇）然人民若各自爲，果皆能相調和，而不致有衝突耶？一部份之道家，理想化天然，以爲荀任人性之自然，自無所不可。此莊學正宗之見解，荀子所謂「蔽於天而不知人」者也。一部份之道家，謂若使人皆無知寡欲，亦自能相安於淳樸，此老學之見解也。一部份之道家，知「物者，莫足爲也，而不可不爲」，故亦主張「分守」「形名」，使民「齊於法而不亂。」（節自馮著中國哲學史）法家思想，專門發揮第三部份道家之意見，而主張以法律爲約束限制。發展至極，則變爲慘刻寡恩，反失道德之根本，啓機詐之端倪，而助長軍國主義侵略主義之勃興。故淮南子評之曰：

「亂世之法，高爲量而罪不及，重爲任而罰不勝，危爲禁而誅不敢。民困於三責，則飾智而詐上，犯邪而干免。故雖峭法嚴刑，不能禁其姦。何者？力不足也。故諺曰：『鳥窮則啁，獸窮則觸，人窮則詐』，此之謂也。」（淮南子齊俗訓）

至於漢代黃老之政，則反歸第一派第二派道家之主張，而以寬厚自然，清靜無爲爲治，予百姓以休養生息之機。以辯證法言之，則老莊之無爲思想爲「正」，法家任法以至於殘忍刻削爲「反」，漢代黃老政術則爲道家無爲政術之「合」矣。

以下繼續討論黃老政治之施行情形：漢高祖爲一平民出身之帝王，其所以得天下，一爲豁然大度，知人善任，甘於與人同利共害；一爲老於世故，鬪智而不鬪力，皆爲道家思想之運用也。及其初定關中，與父老約法三章：「殺人者死，傷人及盜，抵罪。」悉除秦法之苛細，深獲民心，更得老子：「法令滋彰，盜賊多有」（五十七章）之三昧。

高祖在位八年而卒，其子惠帝繼立。蕭何爲丞相，「謹守管籥，因民之疾，奉法順流，與之更始。」（史記蕭相國世家）及何卒，曹參繼之。曹參初爲齊相，盡召長老諸生，問所以安集百姓，諸儒以百數，言人人殊，參未知所定。聞膠西有蓋公，善治黃老言，使人厚幣請之。旣見蓋公，蓋公爲言「治貴淸靜，而民自定」，推此類具言之。參於是避正堂舍蓋公焉。其治要用黃老術，故相齊九年，齊國安集，大稱賢相。及參代何爲漢相國，舉事無所變更，一遵蕭何約束。擇羣國吏木詘於文辭，重厚長者，卽召除丞相吏，吏之言文刻深，欲務聲名者，輒斥去之。日夜飲醇酒，卿大夫巳下，吏及賓客，見參不事事，來者皆欲有言。至者，參輒飮以醇酒，間之，欲有所言，復食之。醉而後去，終莫得開說，以爲常。參見人之有細過，專掩匿覆蓋之，府中無事。惠帝怪相國不治事，以爲豈少朕與？參免冠謝曰：「陛下自察聖武孰與高帝？」上曰：「朕乃安敢望先帝乎？」曰：「陛下觀臣孰與蕭何賢？」上曰：「君似不及也。」參曰：「陛下言之是也！且高帝與蕭何定天下，法令旣明，今陛下垂拱，參等守職，遵而勿失，不亦可乎？」惠帝曰：「善，君休矣。」參爲漢相國，出入三年，百姓歌之曰：「蕭何爲法，顜若畫一，曹參代之，守而勿失。載其淸淨，民以寧一。」（節自史記曹相國世家）此卽有名之「蕭規曹隨」故事。夫以秦皇之精明，配以李斯之強幹，不足以治鼎盛之帝國；而以中資之惠帝，配以武夫之曹參，竟能使瘡夷滿目之漢初政治，步入昇平之途，亦可見黃老政術之功效矣。

及至文帝卽位，仁孝恭儉，與丞相陳平，皇后竇氏，俱好黃老之術。文帝爲政，務在寬厚。免田租，輕賦役，養老者。廢除肉刑，及收孥相坐等酷法。而行已端嚴，以身作式，從不作過份享受。竇后對黃老尤有宗教般之熱忱。漢書儒林傳：「竇太后好老子書，召問博士轅固生。固曰：此家人言耳。太后怒曰，安得司空城旦書乎？乃使固入圈擊豚。」

文帝之子景帝，幼受父母教育之薰陶，亦能節儉愛民，崇尚無爲，但已漸趨嚴緊。綜文景二帝，在位之四十年間（西元前一七九——一四一），爲西漢治世，史稱「文景之治」。

「上有好者，下必有甚焉。」漢初帝王，既好黃老，故諸臣亦咸以此爲急功之途，迎君王之好，切當世之用，上行下效，蔚成風氣。甚至武帝以後，雖稱罷黜百家，獨尊儒術，仍然爲一種陽儒陰老之政治，其勢力之大，可以想見。

三、黃老政術之效果

漢自高惠呂后，與民休息，迄於文景，仍遵簡儉之治，皆黃老政術之施行也。此段時期，共達七十年之久，遂使漢庭財富盈溢，物阜民康，而成全盛之局面。如史記平準書所言：

「七十年間，國家無事，非遇水旱，則民人給家足。都鄙廩庾皆滿，而府庫餘財，京師之錢，累百鉅萬，貫朽而不可校。太倉之粟，陳陳相因。充溢露積於外，腐敗不可食。衆庶街巷有馬，阡陌之間成羣，乘牸牝者，擯而不得會聚。守閭閻者食粱肉，爲吏者長子孫，居官者以爲姓號，故人人自愛而重犯法，先行誼而後絀恥辱焉，於是網疏而民富，役財交溢，或至幷兼。」

第三節　老　莊

老莊之時代背景：東漢三公，僅有其位，政權移於內庭，天子親攬庶政。自章帝以後，帝王均係幼年嗣位，由母后臨朝聽政，任用外戚。桓帝靈帝，尤屬昏暗愚昧，政治腐敗至於極點。太尉陳蕃，司隸校尉李膺等，乃率太學生數百人，論議朝政，遭外戚宦官之忌，遂有所謂「黨錮之禍」。第一次被牽連者二百餘人，或死或逃；第二次罹禍者達六七百人，其後株連逾廣，太學生被捕者一千餘人，黨人之門生、故吏、父子、兄弟、族人，亦一律禁錮。由於朝綱解紐，導致社會不安，叛亂相尋，鉅鹿人張角，遂得假宗教迷信，從而煽動，乃有太平道與黃巾之亂。其後魏蜀吳三分天下，戰禍益烈；司馬氏統一未久，又有八王之亂。晉勢轉弱，招致五胡亂華，形成南北朝之分裂。

由於長期戰亂之影響，使人轉求清靜之效。在此情形下，道家思想遂得以復活，而玄談之風盛極一時。所謂老莊，蓋即魏晉南北朝之玄學也。本師林景伊先生曰：「老莊者，道家之說而偏於莊周之言也。故玄虛曠達，以自然爲主。」（中國學術思想大綱）今論老莊之派別，可略分爲三，曰名理，曰玄論，曰曠達，分述於后：

一、名理派

名理派者，蓋以刑名爲據，而歸本於道德之意。其內容以論說人物爲重心，然捨近取遠，避實就虛，是以流於淸談。

名理派以刑名爲依據。刑名之學，乃爲先秦由道入法之學，主張任人而不自任，因才授官，循名責實，以求主逸臣勞，無爲而治。此宗對人才之任用，既如此重視，則對人才之選擇，亦不能不加以留意。然在當時，並未有何種精微之理論，僅止於「任用賢能」，「因才授官」之一言而已。

至於兩漢之世，人才之錄用，大抵由於徵辟與選舉。而徵辟與選舉，則一以鄉黨之淸議爲標準。桓靈之世，論議及於朝政，發生「黨錮之禍」，乃復轉爲鄉黨人物之鑒別與評判，所謂「汝南月旦」，即其例也。此可謂有論說人物之實際，而評判人物之理論，則猶未建立，稱之爲名理派之先導可也。

魏晉玄學之名理一派，繼承淸議之餘風，亦以品評人物爲主。然魏武帝殘忍狠戾，刑政峻烈，魏明帝專尙法術，禁止浮華，才能之士，彷徨顧忌，非但不敢論議朝政，且不願評論當時人物。故捨近取遠，免怨恨之相連，避實就虛，遂成分析人才之理論。由對具體人物之評論，一變而爲抽象才性之分析，此淸談之所以終於有別於淸議也。此派學者，以劉劭、傅嘏、鍾會爲代表，皆以名家之學，而成玄談之用也。

劉劭字孔才，廣平邯鄲人，其所著人物志，爲魏晉間人物論獨存於今日之書，凡十二篇。立論本諸名家，主旨在於辨明人性與才能，提示鑒別人才及任用人才之方法。其論人之本性，則依陰陽之理，大別爲二類；依五行之說，細分爲五質，更以五常五德與之相配。凡兼有五質五常五德者，謂之「中庸」之材，是爲最高；凡偏有一質一常一德者，謂之「偏至」之材，則爲較低；最下間雜無恒之材，流派極多（見九徵篇）。論人才之效用，則歸本於人性之差別。以爲性有不同，故材有所宜（見材能篇）。於是分析才能爲十二種，而徵以遠世之人物，以爲識別。其論人主之材幹，則主聰明平淡，總達衆材而不以事自任（見流業篇）。

傅嘏字蘭石，北地泥陽人（今屬甘肅）。三國志魏書傅嘏傳注云：「嘏既達治好正，而有清理識要，好論才性，原本精微，尠能及之。」

鍾會字士季，潁川長社人。少敏慧夙成，及壯，有才數技藝而博學，精研名理，以夜讀書，作四本之論。四本者，言才性同，才性異，才性合，才性離也。

二、玄論派

玄論派者，崇奉老莊，而以玄談爲宗者也。或則以道家之學說，解釋儒家之經典；或則直接發明老莊之奧義，以何晏王弼爲代表。

何晏字平叔，三國魏南陽宛人（今河南省境），嘗爲吏部尙書，精研老子，好淸談，家中賓客滿座。作論語集解，六朝以來，風行於世。其書乃集漢儒解釋論語之說，而所補充者，則多爲道家思想。就全書而論，仍不脫漢人之見解。晏又作道德論，發揮老子「天地萬物生於有，有生於無」之說，以爲道之所以無所不在，實因其非具體之「有」，故不落一偏；道既爲「無」，而又無所不在，故萬有之中，皆有「無」在焉。此道無名，所以能偏天下之名而名之也。張湛注列子天瑞篇引其言曰：「有之爲有，恃無以生，事而爲事，由無以成。夫道之而無語，名之而無名，視之而無形，聽之而無聲，則道之全焉。故能昭音響而出氣物，色形神而彰光影，玄以之墨，素以之白，矩以之方，規以之圜，圜方得形而此無形，黑白得名而此無名也。」

王弼字輔嗣，三國魏山陽高平人，（今河南省境。）思想敏銳異常，自幼喜好老子。不僅善於理解，亦且多所發明。其所註周易，以老莊道家之說，發天地間自然之眞理。以易爲變化之總名，故對「易之象」、「易之變」，特別加以發揮。頗能矯正漢儒象數易學符瑞災異之弊，拯易經於迷信卜筮之中，成爲玄談之經典；對魏晉思想，可謂爲一大貢獻。弼又作老子注，精微開展，曾使何晏卻步。此書之優點，在將老子思想融會貫通之後，再採合一己之見解而加以闡述，故能一反章句之訓詁，而爲思想之溯源。其解說雖分別附麗於不同章句之下，卻並非支離破碎，而能自成體系。在此體系之中，王弼發揮「天地雖大，以無爲心」之理論，而主張「聖王雖大，以虛爲主」。主張「滅其私而無其身」，「明物之性，因之而已。」彼認老子以「有爲」爲目的，以「無爲」爲手段之辨法，尙非最高境界，乃欲以「無」爲體，駕乎老子之上。其言曰：「聖人體無，無又不可以訓，故不說也；老子是有者也，故恒言無，所不足。」（三國志魏書鍾會傳引）

三、曠達派

曠達派者，實已脫離哲理之討論，而成爲一種人生態度。彼等崇尚玄言，不拘禮法，放浪形骸，離世異俗，蓋崇尚老莊之說，而篤行其言者也。代表人物，爲竹林七賢。七賢之名，據晉書嵇康傳，除康外，尙有陳留阮籍，河內山濤，河內向秀，沛國劉伶，籍兄子咸，瑯邪王戎等六人，其言行事蹟皆以怪特名世。

阮籍，字嗣宗，陳留尉氏人也。容貌瓌傑，志氣宏放，傲然獨得，任性不羈，而喜怒不形於色。或閉戶視書，累月不出；或登臨山水，經日忘歸。博覽羣籍，尤好莊老。嗜酒能嘯，善彈琴，當其得意，忽忘形骸，時人多謂之癡。魏晉之際，天下多故，名士少有全者。籍由是不與世事，遂酣飲爲常。文帝初欲爲武帝求婚於籍，籍醉六十日，不得言而止。鍾會數以時事問之，欲因其可否而致之罪，皆以酣醉獲免。籍嘗聞步兵廚營人善釀，有貯酒三百斛，乃求爲步兵校尉，遺落世事。又能爲青白眼，見禮俗之士，以白眼對之。嵇康齎酒挾琴造焉，籍大悅，乃見青眼。籍嫂嘗歸寧，籍相見與別，或譏之。籍曰：禮豈爲我輩設邪？鄰家少婦有美色，當壚沽酒，籍嘗詣飲，醉便臥其側。籍既不自嫌，其夫察之，亦不疑也。兵家女有才色，未嫁而死，籍不識其父兄，徑往哭之，盡哀而還。時率意獨駕，不由徑路，車迹所窮，輒慟哭而反。（見晉書阮籍傳）

嵇康，字叔夜，譙國銍人也。其放情逸志，在其與山巨源絕交書中，嘗自述之。其言曰：「少加孤露，母兄見驕，不涉經學，性復疏嬾，筋駑肉緩。頭常一月十五日不洗，不大悶癢，不能沐也。每小便而忍不起，令胞中略轉乃起耳。又縱逸來久，情意傲散，簡與禮相背，嬾與慢相成，而爲儕類見寬，不攻其過。又讀莊老，重增其放……吾頃學養生之術，方外榮華，游心於寂寞，以無爲爲貴。」

山濤字巨源，河南懷人也。早孤居貧，少有器量，介然不羣，性好莊老，每隱身自晦；與嵇康、呂安善，後遇阮籍，便爲竹林之遊，著忘言之契。及居榮貴，貞愼儉約，雖爵同千乘，而無嬪媵；祿

賜俸秩，散之親故。（見晉書本傳）

向秀字子期，河內懷人也。淸悟有遠識，少爲山濤所知。雅好老莊之學。莊周著內外數十篇，歷世方世，雖有觀者，莫適論其旨統也。秀乃爲隱解，發明奇趣，振起玄風，讀之者超然心悟，莫不自足一時也。（晉書本傳）其後此書爲郭象所竊，如世說新語文學篇所云：「向秀於舊注外爲解義，妙析奇致，大暢玄風……郭象者，爲人薄行，有儁才，見秀義不傳於世，遂竊以爲己注。」如此說而信，則今傳郭注莊子，實爲向秀之所作也。

劉伶，字伯倫，沛國人也。身長六尺，容貌甚陋。放情肆志，常細宇宙齊萬物爲心；澹然少言，不妄交遊，與阮籍嵇康相遇，欣然神解，携手入林，初不以家產有無介意。常乘鹿車，携一壺酒，使人荷鍤隨之。謂曰：「死便埋我。」其遺形骸如此。嘗渴甚，求酒於其妻，妻捐酒毀器，涕泣諫曰：「君酒太過，非攝生之道，必宜斷之。」伶曰：「善，吾不能自禁，惟當祝鬼神自誓耳，便可具酒肉。」妻從之，伶跪祝曰：「天生劉伶，以酒爲名，一飮一斛，五斗解酲，婦人之言，愼不可聽。」仍引酒御肉，隗然復醉。伶雖陶兀昏放，而機應不差，未嘗厝意文翰，惟著酒德頌一篇……泰始中對策，盛言無爲之化……竟以壽終。（晉書本傳）

阮咸，字仲容，任達不拘，與叔父籍，爲竹林之遊，當世禮法者，譏其所爲。……咸妙解音律，善彈琵琶，雖處世，不交人事，惟共親知弦歌酣飮而已。……荀勗每與咸論音律，自以爲遠不及也，疾之。出補始平太守，以壽終。（晉書阮籍傳）

王戎字濬冲，琅邪臨沂人也。……幼而穎悟，神彩秀徹，視日不眩……戎與籍爲竹林之遊，戎嘗後至，籍曰：「俗物已復來敗人意。」戎笑曰：「卿輩意亦復易敗耳。」鍾會伐蜀，過與戎別，問計將安出？戎曰：「道家有言，爲而不恃。非成功難，保之難也。」及會敗，議者以爲知言。（晉書本傳）

第四節　道　教

一、道教與道家

道教與道家，在英文中同爲「Taoism」，因此二種觀念常易混淆，而引起誤會。其實道家爲一派超逸之哲學，而道教則爲一種迷信色彩極其濃厚之宗教，二者之區別甚爲明顯；然道教之形成，則假托於道家。

道教成立之時代，始於東漢之張道陵。其後再加補充建設，始成爲今日之形態。道教開創之初，既無教主，又無經典，爲取得羣衆之信仰，與社會之同情，乃不得不有所依附，有所假托。而當時依托之最佳對象，乃是道家。因道家思想充滿神秘色彩，可以附會；道家人生，崇尚虛無恬靜，可作爲神仙之境界。復以史記老子傳之敍述，撲朔迷離，使老子成爲地位崇高，身世不明，神龍見首不見尾之人物，最宜假托。而道德經五千言，辭義抽象，便於假借；文字押韻，易於朗誦。因此道教徒輩遂將老子抬出，作爲教主，而以道德經爲聖典，直接與道家發生關係。是故道教與道家雖爲截然不同之二物，然道教高推聖跡，擁道家以自重，一切以道家爲依附，假托，又不能不認爲係屬道家流變之一派矣。

二、道教之源流

道教雖成立於東漢，然其源流，則爲時甚早，可以追溯至於戰國時神仙之談，與陰陽之說；甚至可以遠及春秋以前之各種占卜與祭祀。

先民於自然界及人事間之種種現象，無可解釋者，一概歸之於鬼神，占卜之目的，在求鬼神之指示，以圖趨吉避凶；祭祀之目的，則在求鬼之保護，以求除禍得福。故占卜與祭祀，並鬼神之觀念以生；而自有人類以來，卽有鬼神之觀念，其淵源可謂甚古甚古。

春秋以前，祭祀占卜之事，均設官吏以司掌之，如巫、祝、史是也。左傳：「國之大事，在祀與戎」，亦可見鬼神在先民心目中之威勢矣。降至後代，民智漸開，然對鬼神之信仰，仍屬根深蒂固。春秋戰國之時，墨子猶爲明鬼之篇以倡之；孔子雖不提倡，亦有「敬鬼神而遠之」之語，並不敢公開反對。

春秋以後，王官失守，前此占卜祭祀之專家，流落民間，以易經爲主要之經典，又揉合鄒衍五德終始之論，而造成陰陽五行學說之勃興。雖屬閎大不經，但已溶入道教之中，而成爲道教內容之一。戰國時，燕齊海岸一帶之人（今河北山東），見到渤海灣上幻起之海市蜃樓，遂產生一種神仙思想。彼等相信在海上有三座神山，曰蓬萊、方丈、瀛州。山上有仙人居住。此種傳說，與鄒衍之九州五行說相結合，遂形成一種訪尋神藥之迷信。一般國君，對此無不垂涎，而齊威王、齊宣王及燕昭王好之尤篤。秦始皇統一天下後，並曾派徐福帶領五百童男女入海求仙。漢代此風益烈，武帝雖罷黜百家，亦屢次遣人入海求仙；孝武帝禮李少君，信祠竈穀道卻老方，求蓬萊安期生之屬。國君如此，民間可知。在此迷信之下，社會上遂產生一班職業求仙之術士。彼等自謂了解神仙之性質，能以召致神仙，又有種種技術，煉製仙丹，食之可以成仙不死。此類人即時之所謂方士，如魏之卻儉、甘始、左慈等人皆是。

東漢之時，由於朝政腐敗，民生疾苦，復以佛教之刺激，乃有沛人張道陵者，以仙術爲號召，而組織羣衆。道陵爲張良之八世孫，早年曾遊太學，博通五經。晚年學道於四川鵠鳴山，造作道書二十四篇，以惑衆動俗。從受道者，出五斗米，故世號「米賊」，又曰「五斗米道」。陵死，傳子衡；衡死，傳子魯。彼等祖孫三人，自東漢以來，經營奔波，傳授教徒，爲道教建立雄厚之基礎，世號「三張」。張魯修其祖道陵之術，稱天師君，其子盛移居江西龍虎山，代襲其職。元順帝至元間，封其後裔張宗演爲「輔漢天師」，遂成道教之教皇。以後代有册封，淸乾隆時，革其封號，改秩正五品，入民國始廢，然仍自代襲天師之名號也。

在「三張」之組織中，分鬼卒、姦令、與祭酒。鬼卒爲初信者，姦令乃爲人祈禱者，祭酒爲教人讀經者。推崇老子爲教主，以道德經爲聖典。其教義爲誠信不欺，病者首其過，犯法者宥之而行刑。

建義舍於各處，免費以酒肉供客旅之需。此外尚有特殊之方術，如符水咒語治病，勸人行氣導引，行房中之術等等，以招徠信衆。

三張之後，有鉅鹿人張角，奉事黃老，亦行五斗米道，以符水呪語治病，自號大賢良師，名其術曰「太平道」。因訛言蒼天已死，黃天當立，誑惑州郡，起而爲亂，徒衆至數十萬，皆著黃巾，時人謂之黃巾賊。卒由皇甫嵩討平之。

「三張」及張角之時代，道教實爲一種教匪之形式，不得謂之宗教。逮乎南北朝時，魏伯陽著周易參同契，葛洪著抱朴子。爲道教建立理論基礎與教義之依據，並明白開列修養成仙之方法；寇謙之陶宏景起而改良，規定儀式戒律，創設道院神像，組成宗教體制，而贏得中上層社會之信仰。其後勢力漸大，甚至一度壓倒佛教，變成國教。以上爲道教形成之經過情形。

三、道教之內容

道教爲一種混雜之宗教，除依托老子莊子其人，而以道德南華之義理爲比附外，又糾合佛儒之學說與信仰，以及占驗卜筮，陰陽五行，神仙方士，與其他種種低級迷信。其內容雖五花八門，然其要點，不過修煉成仙，長生不死，以具備超人本領之一念。據文獻通考經籍考，稱道家之術，共有五門。曰清淨、煉養、服食、符籙、經典科教。清靜無爲，乃老莊之本旨，後之何晏、王弼、向秀、郭象，發明其義；實爲哲學之業，與宗教無關，可述者惟其餘四者而已。

(1)**煉養**：養生之術，老莊之書已略言之。然僅屬於一種身心性命之修養，而無迷信成分存於其內。至於後代道士，則爭奇鬪異，玩弄玄虛，有存想、符咒、房中、行氣、導引及拜神等法術。道教徒認爲，性命之根本，爲「精」「炁」「神」三寶，故煉養之根本，在保精、行炁、養神。精有兩種意義：一爲無形之精神，一爲有形之精液。愛養精神，乃老莊之本旨；保養精液，使其逆轉，以還精補腦，則爲煉養之一方，亦卽道教房中之術也。所謂行炁，卽是運氣。莊子所謂「吹呴呼吸，吐故納新，熊經鳥申，爲壽而已矣。」(刻意)是也。「炁」有二義：一爲身外之空氣，一爲體內之元氣。吾人平時呼吸用鼻，一竅旣開，元氣外洩，洩而不止，性命必窮。是以運氣之道，當模仿胎兒，不用鼻呼吸，而用腹部，以培養元氣，夫是之謂「胎息」。所謂養神者，爲用種種方法，使精神內斂，外閉諸邪，以養形凝神。如此始能避免無謂之刺激，而保全生命之潛能。至於存想五臟，以意行功，履罡步斗，藉助符咒，乃養神之別派，雖或涉迷信，然其利用人體自身之機構，發揮其抵抗力，以卻病延年，與近世生理療法，精神治療，亦不無相合之處。至依拜神而得長生，不知何所依據？意者對神之崇拜，無意中模仿神之性情，而終有一日學得此長生不死之本能乎？抑神憐憫信者膜拜之虔誠，而賜其成仙長壽乎？

(2)**服食**：服食之目的，亦在長壽登仙。史記封禪書，李少君祠竈穀道卻老方，丹沙諸藥，三神山有諸僊人及不死之藥，爲後世服食丹藥之濫觴，所謂「外丹」者也。後之求神仙者，輒以爐火丹竈，煮不死之藥，故服食丹藥，爲求長生不老之主要方術。抱朴子金丹篇，雲笈七籤金丹訣，皆詳言之。

彼以謂藥有三種，下藥治病，中藥養性，上藥可以長生不死。普通藥物，皆爲草木所製，其本身卽不能恃久，又惡可以長生？故上藥爲丹砂、黃金、白銀、五芝、五玉、雲母等等，不腐不朽，製成金丹，可以堅固血脈，不老不死，羽化而登仙。然上藥金丹，不可隨意服食，必須有「內丹」之工夫。（卽煉養，其法已見前項），否則承受不住云云。

(3)**符籙**：煉養服食之目的，在卻病延年，成仙不死；而符籙之作用，則在驅策鬼神，具備神仙之本領。「符」爲「符璽」，乃古代發軍令之印信，如史記信陵君傳有竊兵符於臥內之事。漢封諸侯，有「銅虎符」、「竹史節」，發兵時合符，符合卽遵其命令。「籙」字上從竹、下從錄。籙卽書冊之意。隋書經籍志有「符籙十七部，百三卷」，是籙卽古時之書；又「籙者，素書記天曹官屬佐吏之名」，是籙爲鬼神官吏之名冊。蓋在道教，乃爲一種多神之信仰，衆神各有其職司，地位亦有尊卑之不同，猶如人世間之政府官吏者然。在人類社會中，兵符印信極具威重，因其有法律之力量，可以驅使官吏；道教徒乃發生聯想，欲以符籙驅策鬼神。至於道教之呪語，多係承受佛教淨土宗與眞言宗，爲一種驅鬼治病之口訣；其末尾多有「太上老君，急急如律令勅」，亦可見其借重法律之威力，而使人發生信仰矣。

(4)**經典科教**：馬端臨文獻通考云：「至於經典科教之說，盡鄙淺之言，庸黃冠以此逐食，常欲與釋子抗衡，而其說較釋氏不能三之一，爲世患蠹，未爲甚鉅也。」按近時道士，有所謂山人者，亦稱在家老道，居於俗家，有妻子，食葷，不蓄髮，大抵以誦經爲職業，卽出外誦經，收取費用，以爲生活者，蓋即此類之屬也。

除此而外，尚有練拳擊劍之輩，靜坐自修之徒，卜筮、星象、推算命理，觀測風水之江湖術士，亦皆祖述道教，以道教自命，然皆無甚足觀，故不詳予討論焉。

四、道教之經典

道教初無經典，依附老子道德經而宣教，至南北朝時，始著意編纂。其後代有增加，並將儒家、釋家，甚至墨子之書亦加以收錄，因而漸趨蕪雜。唐開元中，刪蕪去繁，仿佛教大藏經之名，列其書爲藏。曰三洞瓊綱，凡三七四〇卷，道書稱藏自此始。據文獻名考載，宋時道書一度增至七千餘卷，徐鉉等校去其重，得三七三七卷，其大綱分爲三洞四輔十二類。（明之道藏分類本此。）迄大宗祥符初，眞宗命樞密直學士戚倫，翰林學士陳堯佐，及道士素冲大師朱益謙、馮德之等，專其修校，而以司徒王欽若爲總理，以司其成。依舊日刊補洞眞部、洞玄部、洞神部、太玄部、太平部、太淸部、正一部，合爲新錄，共凡四三五九卷。而張君房奉敕校正秘閣道書，撮其精要，成雲笈七籤，亦分爲七類，與此相同。崇觀間，道藏增至五三八七卷，迄於元代，披雲子於平陽府所刋之道藏經，達七千八百卷。

今傳道藏，收書凡一千四百七十三種，乃明正統萬曆間所纂修。共五四八五卷，用千字文編號。分三洞四輔十二類。三洞者，一曰洞眞，元始天尊所流演，是爲大乘上法；二曰洞玄，太上老君所流演，是爲中乘中法；三曰洞神，亦出太上老君，是爲小乘初法。四輔者，一曰太玄部，洞眞之輔也；二曰太平部，洞元之輔也；三曰太淸部，洞神之輔也；四曰正一部，三洞三輔之所會歸也。三洞四輔合共七大類，蓋歷代道書之舊目。十二類者，其子目也。一曰本文，解說基本原理。二曰神符，護符之類。三曰玉訣，秘訣也。四曰靈圖，鬼神之像。五曰譜錄，述教法之傳來。六曰戒律，修道之戒條也。七曰威儀，乃齋戒祭醮之儀式。八曰方法，則拘致魂魄等術。九曰衆術，煉丹之類。十曰記傳，記老子等傳。十一讚頌，如佛經中之偈語。十二表奏，則奏上鬼神之祈願文也。

按道藏雖爲道教經書之總集，然而並非純屬經籙符圖神仙怪誕之書，隋唐人所撰之秘笈，未經傳錄而入藏者甚多。尤其周秦諸子，大半均係宋元舊刻；金元專集，四庫未甄收者，尤爲罕見。其中包含文學、哲學、考據、思想、科學史等重要資料，誠爲中國文化之一大寶藏。藝文印書館近有翻印，三十二開本中式線裝一一二〇册。

第二章　先秦道家思想與儒墨名兵陰陽諸家之關係

先秦爲思想勃興諸子並出之時代，諸子處於相同之社會，具有相同之歷史背景，又面對同樣之宇宙人生政治社會種種問題，其救世主張雖不盡相同，然其彼此之間，相互影響之事實，則萬萬不容否認。何況道家思想之產生，在諸家中，爲時最早，則其他各家之受其影響，更屬必然之事。因此，比較其他各家思想與道家之關係，當更有助於對道家思想之了解。

（法家思想與道家之關係，比諸家更爲密切，已於上章「道家思想之流變」討論完畢，故此章不再贅述。）

第一節　道家思想與儒家之關係

道家之開山祖師爲老子，儒家之開山祖師爲孔子。據史記老子傳，孔子嘗問禮於老聃，（此說可信，見本論第一章。）則自根本而論，二家思想，乃同出於一源，其關係之密切可見。

吾人論及道家思想之淵源時，嘗謂漢志「出於史官」一語，乃指承自吾國歷史傳統之學術與智慧而言。然就事實而論，老子學說之形成，中間尙有一種轉變，並未完全繼承吾國固有學術之精神而發揚之。其轉變之契機何在？蓋卽史記老子傳所云：「……見周之衰，乃遂去之……關令尹喜曰：子將隱矣，強爲我著書」者是也。故道家思想，乃由仕而隱之思想，亦對固有文化精而熟之，而產生一種反動之思想。儒家則不然，孔子問禮，在老子早年，未曾棄官而隱，思想未經轉變之時，故其思想，乃直承吾國固有之學術，而賦予一種新義，使其適合時代之需要。易言之，儒家思想乃完全爲吾國傳統文化之繼承與發揚者。

孔子生當衰亂之世，認爲救世之道，在恢復已經破壞之制度，建立已經混亂之秩序，尤其要恢復並發揚歷史傳統之學術與文化。彼雖自稱述而不作，但其整理古書，並貫注自己之見解，使其面目一新，實乃以述爲作，而構成儒家之思想體系。

儒家思想，其中心在一「仁」字。「仁」之意義何若耶？中庸云：「仁者人也。」簡單言之，仁乃理想之人格。做人合乎理想之人格，乃得謂之「仁」焉。然而理想之人格，有何標準？欲解答此一問題，當問「人格」之何以產生？「人格」之所以產生，由於人與人間彼此關係之建立。若世界上唯我一人，則所謂「人格」者，決無從看出，必須二人以上，相互發生關係，然後始能看出人格之高下。故鄭玄注禮記曰：「仁、相人偶也。」然人與人間之關係，如何始能合乎「理想之人格」，即如何始能合乎「仁」之要求？關於此點，孔子雖未明言，然吾人可以想見。人與人相處，其最主要者在顧及他人。我爲人，他人亦人，既同爲人，則我之所欲，必爲他人之所欲；我之所惡，亦必爲他人之所惡。倘若專顧自己，不顧他人，則不仁滋甚。必須以己度人，處處爲他人着想，始能合乎「仁」，合乎「理想之人格」。故在消極方面，當注意一「恕」字，在積極方面，當注意一「推」字。所謂「恕」，孔子曾解釋爲「己所不欲，勿施於人」；即「我不欲人之加諸我也，吾亦欲無加諸人。」所謂「推」，即「己欲立而立人，己欲達而達人」，「推己之所欲，以及於他人」，（推己及人）是也。

人與人之關係，可大別爲五類。則君臣、父子、夫婦、兄弟、朋友是也，謂之五倫。中庸云：「所求乎子，以事父；所求乎臣，以事君；所求乎弟，以事兄；所求乎朋友，先施之。」此人倫相處之道也。

儒家認爲倫理道德爲一切事務之根本。在人生哲學上，「仁」爲人生之目的。子曰：「人而不仁，不知其可也，大車無輗，小車無軏，其何以行之哉？」（爲政）子曰：「朝聞道，夕死可矣。」（里仁）在教育上，人格之養成，爲其內容。子夏曰：「賢賢易色，事父母能竭其力，事君能致其身，與朋友交，言而有信，雖曰未學，吾必謂之學矣。」子曰：「弟子入則孝，出則弟，謹而信，汎愛衆，而親仁，行有餘力，則以學文。」（均見學而）在政治上，道德之感化，重於政令之制裁，而政治之目的，即在化民成俗。故曰：「政者，正也，子率以政，孰敢不正？」「君子之德風，小人之德草，草上之風，必偃。」又曰：「道之以政，齊之以刑，民免而無恥；道之以德，齊之以禮，有恥且格。」（爲政）明乎此，則儒家思想之綱領可得矣。

孔子之後，儒家分爲兩大宗派。其一爲孟子，其一爲荀子。分別之原因，在於對人性之見解有所不同。

孟子認爲，凡人皆具有善端，凡人皆具有良知良能，凡人皆具有善善惡惡之本心，是以主張性善。然孟子又以爲人性雖善，而自暴自棄，不加以存養，以至受外力之影響，使善性遭受壓制，則至終仍將近於禽獸——卽徒具人之形體，而失去人之人格。故吾人之責任，在如何使此善端擴充發揚，以養成完美之人格。善端在吾人之內心，發揚善端，在存之養之，無使放失。「學問之道無他，求其放心而已。」只需保持此種良知良能之覺醒，卽可達於至善。故孟子注重內心之修持，理性之覺醒，道德之感化，而不注重外在禮法之約束。公孫丑篇言「浩然正氣」之培養，需「心勿忘，勿助長」，完全爲內心修養之工夫，可見孟子所重者在內而不在外。

孟子認爲國君施政，亦應本諸仁德，所謂「仁政」是也。仁政又謂之「不忍人之政」，發自「不忍人之心」（仁心，惻隱之心），以德行仁，一切以人民之幸福爲依歸。施行之辦法，消極方面在不擾民，（使民以時）；積極方面在保民，（保民而王）。保民之方，第一步實施種種不同之經濟政策，如井田，什一之稅，關市譏而不征、山林川澤等資源之保護……等等，以改善人民之生活。「使民……養生送死無憾，王道之始也。」（梁惠王上）第二步實施教育。因人民「飽食煖衣，逸居而無教，則近於禽獸。」（滕文公）實施教育，一則所以提高人格，建立道德標準；一則所以維持社會秩序，完成政治之目的。

孟子有極豐富之民主思想，其言「民爲貴，社稷次之，君爲輕。」（盡心下）爲歷世不磨之名言，其主張仁政，一切以民衆之福利爲鵠的，又謂政府施政，以順從民意爲標準，故曰：「所欲與之聚之，所惡勿施爾也。」（離婁上）而尤有進者，彼且主張人民反抗暴政之革命爲合理。梁惠王上所謂：「聞誅一夫紂矣，未聞弑君也。」可爲明證。

荀子思想，與孟子相反，認爲人性本惡。性惡篇：「人之性惡，其善者僞也。」荀子認爲人生而有種種情欲，若順此以往，必爲惡人矣；此爲其性惡論之根據。人性旣惡，則爲建立社會之秩序，鞏固國家之組織，不能不有所防制之。彼之言曰：「今人之性惡，必將待師法然後正，得禮義然後治。」（亦見性惡篇）蓋惟禮義，爲可以「化性起僞」，而建立人之善行。

荀子思想之特色，在破除迷信，認爲天無意志，無權威，不能賞善罰惡，一切根據自然律之運行。故求天不如求己，征服自然，利用萬物，以增進人類福祉，此之謂與天地參。在知識論上，荀子爲求絕對之客觀，主張「虛壹而靜」。虛者，不以所已藏害所將受，卽不爲已得之知識所蔽；壹者，不以夫一害此一，卽不爲一方面之情勢所蔽；靜者，不以夢劇亂知，卽不爲煩囂所蔽。皆求吾心之自由，而不受閉塞，以明辨是非，認識眞理也。

以上略論儒家思想之大要，以下當論道儒之關係。

(1)就源流而論，儒道兩家皆承自吾國歷史傳統之學術與智慧，但道家思想中經隱者之一變，而爲退避恬淡；儒家自孔子問禮之後，始終承繼正統文化而發揚之，故主維持舊制度、禮儀，並認倫理道德爲修身治國之無上圭臬。

(2)道家談道德，儒家亦談道德；但二家對於道德之解釋，則有所不同。韓愈原道云：「其所謂道，道其所道，非吾所謂道也；其所謂德，德其所德，非吾所謂德也。凡吾所謂道德云者，合仁與義言也，天下之公言也；老子之所謂道德云者，去仁與義言之也，一人之私言也。」此論兩家道德之觀念甚爲明晰。道家之道，爲宇宙之本體，或萬有運行之規律；道家之德，爲與此道體合一，或與此規律應合。完全屬乎自然，並無義理之成分在內。至於儒家之道，講究做人之道理，亦卽「仁道」。荀子儒效篇：「道者，非天之道，非地之道，人之所以道也，君子之所以道也。」故儒家之道德觀念，以仁義爲本，且以仁義爲其性質。

(3)道家思想在求解決問題之根本辦法，儒家亦甚注重本末先後。漢志稱道家歷記存亡禍福古今之道，然後知秉要執本。大學云：「物有本末，事有終始，知所先後，則近道矣。」雖如此，二家之根本辦法，絕不相同。道家將歷史事實，成敗經驗，歸納而成理論，離人事而入天道，故其結論爲自然無爲；儒家根據做人之需要，討論做人之根本道理，一切以實踐爲主，故其結論爲倫理道德。

(4)老子講柔弱謙下，以避禍全生。說文：「儒、柔也，術士之稱。从人需聲。」段注引鄭目錄云：「儒之言優也，柔也，能安人，能服人。」是儒教亦以柔弱爲主。子路野人也，夫子屢挫之。中庸云：「寬柔以敎，不報無道，南方之強也。」蓋凡敎育之結果，無不使粗野剛鄙之人，化而爲柔和謙虛也。

(5)道家對天之觀念，認係自然，爲無意志者，不能賞善罰惡，與儒家荀子之主張「天行有常，不爲堯存，不爲桀亡，應之以治則吉，應之以亂則凶」（天論），完全相同。但因荀子甚爲積極，故進而爲制天裁天之主張；而道家則始終留於順天，應合之觀念中。另外，莊子主張與道冥合，與萬有爲一；孟子亦主張「上下與天地同流」，「萬物皆備於我。」（皆見孟子盡心上）二者之分別處，在目的與方法之不同。就目的言，莊子爲求超脫，孟子爲求道德。（義理之道德。孟子認爲本體卽道德，道德卽本體。）就方法言，莊子用「心齋」「坐忘」，孟子用存仁心，養善性之方法，所謂「盡其心者，知其性也，知其性，則知天矣。」（盡心上）

(6)荀子主張虛壹而靜，以明大道，與莊子「惟道集虛」，「無心爲道之宗師」，同一旨趣。

(7)道家講無爲政治，孔子亦甚羨慕。論語爲政：「爲政以德，譬如北辰，居其所，而衆星拱之」。此認德化爲無爲之基，與道家「至德內充，萬物自化」之觀念相類似。儒家提倡禮樂以建立道德；道家認係違反自然，而加以反對。但儒家主張賢人政治，以化民成俗，收風動草偃之效，亦不能不謂其受道家之影響。

第二節　道家思想與墨家之關係

墨家哲學之基本觀念，可以三字表明之：一爲愛，二爲利，三爲知。三者之中，以愛爲最重要。墨子認爲社會之動亂，戰爭之頻興，皆由不相愛而起；是以救之之道，在乎使人彼此相愛。愛不可有差等，有區別，否則仍不免自營其私，黨同伐異。墨子特創一名詞，曰「兼愛」。「兼」與「別」相對，卽無差等無區別之意。

「兼愛」並非空言，必須出之於行動；而「愛」之表現於行動者，則爲「利」。欲「利」人又不能不研究種種辦法，建立理論，創造工具，故亦連帶求「知」。

墨子欲其學說之爲人接受，乃創立「天志」。墨子之「天」的觀念，爲神靈者，能賞善罰惡。墨子信有鬼神，凡言，「上帝」、「鬼」、「神」，皆包於「天」之範圍以內。墨子認兼愛爲天之意志或性情，吾人敬天畏天，當以天爲法儀，以兼愛衆人，此吾人所以必需兼愛之理由。

爲求愛民利民，首當改善人民之生活。改善之道，第一步在取消不必要之浪費，將人力或資源用於改善人民之生活方面。此卽墨子所以主張節用、節葬、短喪、非樂、非儒、早婚之理由。第二，在調節分配方面，注重兼利，卽不顧此薄彼，只重一部份或一階級之利益；而圖平均分配，播利於萬民。

「利」爲「愛」之表現。墨子主張兼愛，自然引出「交利」；既主兼愛交利，自然提倡「非攻」。——非攻乃係反對侵略性之戰爭，而不反對防禦性，自救性之戰爭。

在人生哲學上，墨子主張力行、非命。蓋相信命運，則必不肯努力矣；而欲圖國家之治，生產之多，非努力不爲功。故墨子雖主天志、明鬼，而不信命運也。

在政治思想上，墨子主張「尚賢」，「尚同」。尚賢主張賢人政治，好人出頭，里長、鄉長、國君、天子，皆應爲一里、一鄉、一國、天下之賢者。尚同主張統一思想，集中意志。一里之人，以里長之是非爲是非，一鄉之人，以鄉長之是非爲是非；至於一國，推而至於天下，莫不皆然。而天子則尚同於天志。

以上爲墨家思想之大要，以下討論道家思想與墨家之關係：

(1)就學說之產生言，墨道二家同爲傳統文化與固有制度之反動。道家與傳統文化之關係較爲密切，其立場爲上層社會或知識分子之意見；墨家則代表下層民衆之心聲，與傳統文化之關係，不若道家之直接。故同屬反對禮教，反對文化，道家之論據爲「返乎自然」，較爲玄虛；而墨家則直接從「節用」、「不利」等平民切身之感受而立論。

(2)墨道二家皆注重「儉」字。儉有廣狹二義。狹義之儉，純指物質方面之簡約而言；廣義之儉，則泛指一切慾望之節制。張純一晏子春秋校注序後記云：「墨晏尙儉，儉在心不在物，所以不感於外也。」余謂求內心之寧靜，而不感於外，乃道家之所尙；於亦可見墨道之關係矣。

(3)對於「天」之觀念，墨家爲神靈者，道家係自然者。墨家認爲天有好惡，能作威福，能司賞罰，迷信氣氛甚濃，且其言上帝鬼神天，糾纏不清，似乎介於一神與多神信仰之間。道家不信天有意志，有好惡，（後代道教採取多神信仰，則又當別論。）而創一獨特之觀念，曰道，似乎爲一元論之宇宙觀。據宗教、考古、與民俗學之研究，人類先有多神信仰，而後進爲一神；對於本體，亦先有多元論，而後進爲一元論。據此，則道家思想比之於墨家猶爲進步矣。

(4)墨家之基本觀念，爲愛利，且將此基本觀念歸之於天志。道家之「天」雖無意志、無情感，但彼宗歸納自然運行之規律秩序，其結論仍不能不涉及此二觀念。如云：「我有三寶……一曰慈……」（老子六十七章）慈即愛也。又曰：「上善若水，水善利萬物而不爭。」（老子八章）則明言利也。（不爭與墨家之非攻又相近。）是二家觀點不同，結論仍屬一致也。

(5)墨家主張力行，道家主張無爲。主張力行，自不甘雌伏於命運，是以非命；主張無爲，自然樂天安命，順乎自然。故對「命運」一事，墨道二家完全敵對，絕無妥協通融之餘地。或者墨家非命之說，即係針對道家安命主張而發者歟？

第三節　道家思想與名家之關係

說文：「名，自命也，从口夕。夕者冥也，冥不相見，故以口自名。」據此，則名之本意，爲自稱之詞。當夜暗之時，不辨來者之身份，故自呼我之名字，而示諸他人。引申其意，名爲稱號，所以區別事物，而確定其分際義類也。名爲實之賓，名實定然後可以論理，故「名」者，實爲論理之基礎。論理學即名學，又稱理則學、邏輯學（Logic），乃研究名實之關係，以及思想道理之模範法則者。

名家與名學有別。先秦諸子，皆各有其名學，然大體而論，其名學系統，皆合乎常識，而逐步推求其理論；至於名家之名學，則發展爲一種特異之論辯方式，其結論與一般常識所認可者相違背，故能獨樹一幟，而自成一家。莊子稱此派哲人爲「辯者」，所謂「合同異，離堅白，然不然，可不可，困百家之知，窮衆口之辯」（秋水篇），「飾人之心，易人之意，能勝人之口，不能服人之心」（天下篇），蓋近乎「詭辯」之術，無怪乎荀子譏之曰：「好治怪說，玩琦辭，甚察而不惠，辯而無用」也。（見非十二子篇）

名家之說，雖悖乎常識，然其中亦隱約含有智慧與純理論之興趣。茲舉惠施歷物十事爲例，以見一斑。(1)至大無外，謂之大一，至小無內，謂之小一。(2)无厚不可積也，其大千里。(3)天與地卑，山與澤平。(4)日方中方睨，物方生方死。(5)大同而與小同異，此之謂小同異；萬物畢同畢異，此之謂大同異。(6)南方無窮而有窮。(7)今日適越而昔來。(8)連環不可解也。(9)我知天下之中央，燕之北，越之南是也。(10)氾愛萬物，天地一體也。

辯者之說，大多類此，無暇一一討論，且就其與道家之關係，撮述如下：

(1)先秦爲諸子競起之時代，諸子各有其學說，亦各有其是非之標準。名家爲一辯者集團，事實上並無何種有系統之思想，藉曰有之，亦不過一切懷疑，一切否定而已。故辯者之說，雖不能服人之心，仍可處於一種超然之地位。道家之起，因對現實社會感到失望；對於社會政治及一切制度，亦採一種不信任之態度，遂退而避之，或求超而脫之——因此，吾人可以認定名家爲思想紛亂之反動，道家則爲社會動亂之產物。其由懷疑、否定，而求退避超脫之心理意識，完全相同。

(2)名家之說，多與常識之觀念相左，而使人感到有「詭辯」之嫌。然宇宙爲變動不居者，則今日所認爲是者可者，異日未必仍認爲是與可也。此種變動之理論，道家見之極明，故老子取柔居下，莊子齊一物論，亦多非常識所能接受也。

(3)名家言「萬物畢同畢異」，「天地一體」，與莊子之說相同。然名家雖示此種境界，而未指示如何時際經驗此種境界。莊子則於言之外，又言無言，於知之外，又言不知，由所謂心齋坐忘，以達到實際忘人我、齊死生、萬物一體、絕對逍遙之境界，此則較名家之學，更進一步也。

(4)名家注重「是非」、注重「辯論」，道家多主逃避是非，反對辯論，此則兩家之不同也。故莊子譏諷惠施，有言曰：「道與之貌，天與之形，無以好惡內傷其身。今子外乎子之神，勞乎子之精，倚樹而吟，據槁梧而瞑。天選子之形，子以堅白鳴！」（德充符）

(5)名家破壞一切時空、是非、同異之標準，莊子亦然。然名家僅止於破壞而已，莊子則除破壞之外，提出一箇「道」字，作爲估量萬有之絕對標準，且創立萬物形成與物論產生之理論，而自成一體系，皆非名家之所及也。

第四節　道家思想與兵家之關係

先秦論諸子流別者，言及兵家，首見於呂氏春秋不二篇，其中列舉「孫臏貴勢，王廖貴先，兒良貴後」，此後淮南子要略，太史公自序均不見談，漢書藝文志諸子略分爲十家，亦不及兵家，其書別見於兵書略。所以然者，先秦兵家僅爲春秋戰國期間，用兵者之言，並無何種嚴謹之思想系統。此處所以仍欲提出討論者，蓋以兵家借用諸家之思想，且近乎老子之權謀，與道家之關係甚爲密切也。茲以孫子吳子素書三略代表兵家，而明其與道家之關係。

(1)道家講求根本之道，消滅問題於無形，兵家亦以「不戰而屈人之兵」爲最高境界。（孫子謀攻）又老子言至善無跡（廿七章），孫子亦稱「善戰者之勝也，無智名，無勇功。」（軍形篇）根本之道，運用於法家者，則爲「賞柄」，即主君以賞罰之法控制臣下。法家此理，亦可用於治軍。故施恩賞德惠以結之，用威勢刑罰以控之。素書：「牧人以德者集，繩人以刑者散。」孫子：「卒未親附而罰之，則不服，不服則難用，卒已親附而罰不行，則不可用。」（行軍）至於根本之道，用於應敵，則爲「爭取主動」。如孫子所云：「是故善者，致人而不致於人，能使敵人自至者，利者也；能使敵人不得至者，害者也。故敵佚能勞之，飽能飢之，安能動之……故善攻者敵不知其所守，善守者敵不知其所攻……我欲戰，敵雖高壘深溝，不得不與我戰者，攻其必救也；我不欲戰，雖畫地而守之，敵不得與我戰者，乖其所之也。」（虛實篇）軍隊之根本爲輜重，孫子軍爭篇：「是故軍無輜重則亡。」老子：「是以聖人終日行不離輜重。」故保我之輜重，焚敵之糧草，亦爲戰術運用之一。

(2)老子主張以柔克剛，而軍讖曰：「柔能制剛，弱能制強。柔者德也，剛者賊也，弱者人之所助，強者怨之所攻。」（三略）正同此旨。孫子用兵，主避強擊弱，不攻其堅，皆柔道之運用也。軍爭篇：「善用兵者，避其銳氣，擊其惰歸……無邀正正之旗，勿擊堂堂之陳。」九地篇：「我得亦利，彼得亦利者爲爭地……爭地則無攻。」

(3)老子言反者道之動，兵家亦圖利用此種反作用之力量以求勝。孫子九地篇：「投之亡地然後存，陷之死地然後生。」吳子治兵篇：「凡兵戰之場，立屍之地，必死則生，幸生則死。」其次，自然之道，可以利人，可以害人，可以成人，可以毀人。道家之說，即論其所以應合之方，而得利免害，求成避毀。兵家與敵對立，亦求所以全己成己，而不受敵害之方，進一步再求摧毀敵人，贏取勝利。道家之對象僅自然而已，兵家之對象，除敵人外，舉凡一切天候、地形，以及水火之運用，民心之歸向，皆與我之安危，與戰爭之勝負有關。此數種力量，亦如老莊自然之道，可以害敵利己，亦可以害己利敵，惟在其善於運用而已。倘運用得當，甚至敵人之力量，亦可轉爲我用，使其自相殘殺。故在消極方面，當求此數種力量之不爲我害；積極方面，則求利用此數種力量，以摧毀敵人。（參見孫子始計、地形、火攻、用間等篇，吳子論將篇、應變篇。）

(4)道家講「用志不分，乃凝於神。」兵家講究集中衆人之精神與力量。「夫金鼓旌旗者，所以一人之耳目也。人既專一，則勇者不得獨進，怯者不得獨退，此用衆之法也。」（孫子軍爭篇）又講集中優勢兵力，以攻其虛。孫子：「……我專而敵分，我專爲一，敵分爲十，是以十攻其一也。」（虛實篇）

(5)兵家言：「視卒如嬰兒，故可與之赴深谿，視卒如愛子，故可與之俱死。」（孫子地形篇）「良將者……恕己而治人，推恩施惠。」「蓄恩不倦，以一取萬。」（三略）此亦老子柔道（懷柔）之運用也。

(6)道家講究自隱無名，進而爲不可測。老子：「……和其光，同其塵，是謂玄同。故不可得而親，不可得而疏，不可得而利，不可得而害。」（五十六章）莊子：「……立乎不測，而遊於無有。」（應帝王）兵家對此之運用，可分兩方面。其一對部下，如素書云：「以明示下者闇……怒而無威者犯。」其二，對敵人，則變化無窮，機巧莫測。如孫子：「微乎微乎，至於無形，神乎神乎，至於無聲，故能爲敵之司命。」（虛實篇）「形人而我無形，則我專而敵分。」（同上）「戰勢不過奇正，奇正之變，不可勝窮也。奇正相生，如循環之無端，孰能窮之哉？」（兵勢篇）

第五節　道家思想與陰陽家之關係

陰陽之名，由來甚古，而其觀念，則肇始自易經。繫辭傳上：「一陰一陽之謂道。」說卦傳：「立天之道，曰陰與陽，立地之道，曰柔與剛。」是標明陰陽二字於文中也。而易之根本爲八卦，八卦之根本爲陰陽爻，繫辭傳所云：「易有太極，是生兩儀，兩儀生四象，四象生八卦。」兩儀者，陰爻陽爻之總名也。故伏羲畫卦之時，雖未必卽有陰陽之名，然而陰陽之觀念，實已具備。

漢書藝文志諸子略云：「陰陽家者流……敬順昊天，歷象日月星辰，敬授民時。」由此觀之，漢人所謂陰陽家，實包天文、歷譜、五行、蓍龜、雜占、形法之學而言（均見漢志術數略），範圍甚廣，或人分陰陽家爲三派：一、日月陰陽，天文曆譜之類。二、陰陽變化：兵陰陽。三、五行陰陽：蓍龜雜占之類。

其實天文曆譜與夫蓍龜雜占之術，並非始自陰陽家者流。尙書堯典「乃命羲和，欽若昊天，歷象日月星辰，敬授民時。分命羲仲，宅嵎夷，曰暘谷，寅賓出日，平秩東作，日中星鳥，以殷仲春，厥民析，鳥獸孶尾……帝曰咨！汝羲暨和，朞三百有六旬有六日，以閏月定四時成歲，允釐百工，庶績咸熙。」洪範曰：「擇建立卜人筮人，乃命卜筮，曰雨、曰霽、曰蒙、曰驛、曰克、曰貞、曰悔，凡七。……立時人作卜筮，三人占，則從二人之言。汝有大疑……謀及卜筮。」由此可見曆數占卜之學，在周代以前，即已流行。至於陰陽家之其他論據，如五行說，及以干支計日，均為時甚古。（五行說始於尚書洪範，干支計日，據研究甲骨文之報告，在商或商以前即已運用。）然陰陽家之特色，乃在以干支配入五行之內；不但如此，四時、四方、五帝、五德、五音、五色、十二月、十二季、十二律、十二屬……等，亦莫不與五行相配，而成為一種整齊理想之構架。（如附表）

天干	五行	五帝	五德	五味	五色	五音	四方	四時	十二月	十二季	地支	十二律	十二屬
甲乙	木	太昊	仁	酸	青	角	東	春	一月 二月 三月	孟春 仲春 季春	寅卯辰	太簇 夾鐘 姑洗	虎兔龍
丙丁	火	炎帝	禮	苦	赤	徵	南	夏	四月 五月 六月	孟夏 仲夏 季夏	巳午未	中呂 蕤賓 林鐘	蛇馬羊
戊己	土	黃帝	智	甘	黃	宮	（中）	（四季之始）					
庚辛	金	少昊	義	辛	白	商	西	秋	七月 八月 九月	孟秋 仲秋 季秋	申酉戌	夷則 南呂 無射	猴鷄狗
壬癸	水	顓頊	信	鹹	黑	羽	北	冬	十月 十一月 十二月	孟冬 仲冬 季冬	亥子丑	應鐘 黃鐘 大呂	猪鼠牛

陰陽家之書，皆已亡佚，惟史記孟子荀卿列傳載戰國末年陰陽家首領騶衍之事，甚爲詳盡。據其所記，則騶子之學，可分歷史觀與地理觀兩方面言之。「稱引天地剖判以來，五德轉移，治各有宜，而符應若茲。」此其歷史觀也。彼之意，蓋以五行爲五種天然之勢力，此種勢力，彼此之間，可以相生，亦可以相剋。（見五行生剋圖。）是以每種勢力，皆有其盛衰之時，在其盛而當運之頃，天道人事，皆受其支配，及其運盡而衰，則能勝而剋之者，繼之盛而當運，如是循環，無有止息。至其地理觀，「以爲儒者所謂中國者，於天下乃八十一分居其一耳。中國名曰赤縣神州，赤縣神州內，自有九州。禹之序九州是也，不得爲州數。中國外如赤縣神州者九，乃所謂九州也。於是有裨海環之，人民禽獸莫能相通者；如一區中者，乃爲一州。如此者九，乃有大瀛海環其外，天地之際焉。」由此觀之，其說純屬一種推測之辭，所謂「怪迂之變」，「閎大不經」是也。茲條列道家與陰陽家之關係於後：

(1) 道家主張吾人應順天而行，陰陽家亦然。

(2) 道家與陰陽家同主「天道自然」，認爲萬有並無神靈之主宰，只是一種規律之運轉而已。

(3) 然而陰陽家承認「天人交感」之事實，認爲天道固可改變人事，而人事亦可以影響天道，又略有「神靈天」之意味。此則較道家之天道不可變不可改，似猶遜一籌也。

(4) 道家雖無「天人交感」之觀念，但有「天人一體」之思想，或「天人合一」之傾向。許或「天人交感」之觀念，即由「天人一體」轉化而來。

(5)易言陰陽，言變化，爲道家與陰陽家之共同淵源。及至後世，陰陽家思想混入道家，又綜合其他材料，幾經演變，遂成爲道教。

五行生剋圖

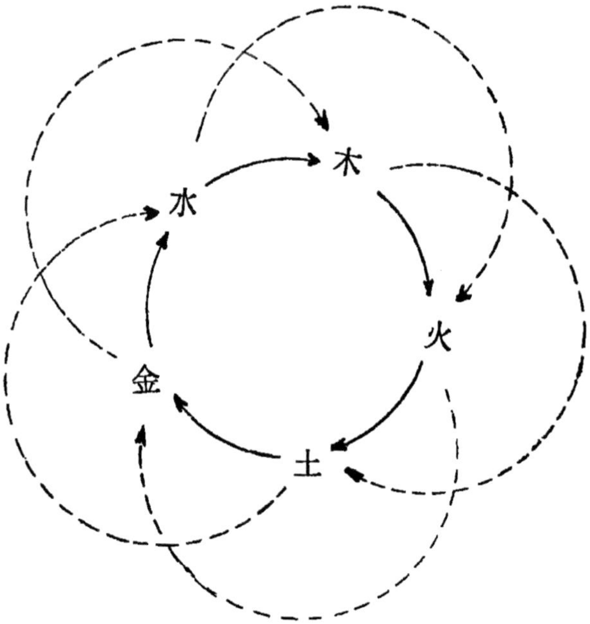

說明

春秋繁露云：「五行者……比相生而兼相勝也。」如圖所示，凡實線爲相生關係，凡虛線爲相剋關係。相生之序，木火土金水，相剋之序，金木土水火。

第三章　先秦道家思想之評價

道家思想，內容複雜，非一言所能盡包。然道家諸子，有一共同之特點，即「尊道貴德」是也。凡屬道家，無不注重此一道字，其所論說，千言萬語，各不相同，亦不外討論如何與此「道」相配合呼應而已。此即道家之所以名爲道家之故也。

「道」字，就其產生之本源論，乃係歷觀人事變化之現象，加以歸納，而得出之原理原則。其後再根據此項原則，而推斷天道，遂使道之涵義，由人事而擴充爲宇宙之本體，萬物之原因，以及溝通天人之理則矣。至此，道家對道之觀念，乃完全形成。

「道」之觀念既已具備，再根據此種觀念，說明宇宙人生之各種問題，遂構成一種完整之理論，此即道家之整個思想系統。是以就「道」之觀念之生成言，係由人而推天；就其思想之體系言，又爲據天而論人。此爲道家思想之中心。

吾人如能掌握此種思想中心，則雖繁複糾雜之道家諸子，亦不難洞悉其條理。以諸子對「道」之觀點言，老子注重道之變動原則——反者道之動，弱者道之用，而主張守柔居下以應合之。莊子注重道之絕待自由等性質，而主張與道冥合，以達乎逍遙超脫之境地。陰符經發揮老子思想，而主張掌握其推演變化之「機」，以求得利免害。列子書之思想，則取莊子之超脫放逸，與老子之守柔居下，雜糅而成。楊朱主張放縱情慾，與老莊清靜之旨大相逕庭，然其順性適意之主張，實亦得之於崇尚自然；自然即道，故楊朱思想亦爲尊道之論也。至於道家其他諸子，如黃帝、關尹、辛甲、鬻子、老萊子、黔婁子、鄭長者、鶡冠子、子華子、亢倉子……則多屬戰國末年或以後人之所僞托，可信者有限；且書簡殘脫，難以窺其全貌。僅就現存資料而言，亦皆以發揮或採合老莊思想之一端爲主，間亦雜有儒墨法名兵陰陽諸家之言，其所論說，要亦本諸道德之意。

以上，吾人已將道家思想之大概，敍述完畢；以下當討論「先秦道家思想之評價」。

一、先秦道家思想之價值

(1)「唯道論」在哲學上之價值：自有人類以來，對於宇宙本體之探求，即從未間斷。然以吾人之能力有限，此一問題，迄未能獲致圓滿之解決。何則？蓋今日雖稱科學發達之時代，第窮現有之工具與儀器，亦猶不能探測無限神秘之太空與深海，則對此藏於宇宙背後之實在本體，自更無法予以測量甚至親身體驗。是故科學對於宇宙本體之探求，尙有所不逮也。哲學之功用，在濟科學之所窮。科學求事實之眞象，哲學求事理之必然。事有不可以器械探測者，而可以理智推求之。此哲學之所以超過科學者也。今日哲學對於本體之見解，可略分四類：一曰唯心論，一曰唯物論，一曰心物合一論，一曰心物並行論，雖不能接受科學之驗證，要皆持之有故，言之成理。道家之本體論，於此數派之中，獨樹一幟。彼乃以道爲宇宙之本體，可稱爲「唯道論」。彼亦以推理之方式，獲得結論。以爲有不能生於有，必生於無；宇宙變化無窮，則道必運動不居；萬有有成有毀，則道必無成無毀；衆甫由道而出，則道必至大無極……此道非物，而能產生萬物；此道非心，而希夷渺茫，不可象狀，莫可窮詰。故以道爲心、爲物可，謂其非心、非物，亦無不可。道蓋兼斯二者。如此，唯道論似又近乎心物合一之說；然玄妙虛無，又有其不同之處。故道家之本體論，乃爲一派特殊之哲學，與世界其他各派之議論，全不相侔。在哲學上，本體論爲宇宙、人生、知識諸論之基礎，對於道家此種獨特之見解，治哲學者，自應給予適當之重視。

(2)道家處世態度頗近乎論語之「狂狷」。「子曰：不得中行而與之，必也狂狷乎！狂者進取，狷者有所不爲。」（子路篇）道家隱行藏能，不爲世用，雖不能進取有功，而能有所不爲，遠避汚行，實亦操守清高之人，如伯夷、叔齊、柳下惠之屬，皆狷者也。喪亂之時，舉世溷濁，居貧賤之地，而能道勝無戚，固窮不濫，出汚泥而不染，濯淸漣而不沃，以保持其獨立之人格，實亦難能可貴。至若莊周列子楊朱之徒，曠達放肆，則近乎狂者之一流，此乃對於亂世社會之一種反抗，思藉此以擺脫內心之痛苦，如箕子佯狂仕紂者然，不可以等閑之傷風敗俗者視之。

(3)老子學說與道德律之建立：無論何種社會，均應有一種道德律，爲人羣所共信共守。上古之世，神權發達，以爲上帝無所不在，無所不知，又能賞善罰惡，福德禍淫，使人們發生崇拜，而有所忌憚，故不敢胡作妄爲。及至民智漸開，神權思想不足以約束人心，而空言道德，又何與乎狂悖？於是乃假政治法律之力量，以維持社會之秩序。然法律政治，制其外者也，專恃之，則民「終苟免而不懷仁，貌恭而不心服。」且由知識之發達，懷疑之論漸興，「此亦一是非，彼亦一是非。」法律之判決，未必公平；子以爲善者，未必眞善；子以爲惡者，未必眞惡。如此，則是非善惡之間，果有一定之標準耶？此所以西方自十八世紀之後，宗教勢力漸衰，人心無所寄托，而終日皇皇無主，毫無安定之可言也。老子不講仁義，僅僅指明宇宙變化反復之原則而已。人之行爲，非以理性剋制情慾，即任乎情欲之所之而放肆無忌。人之常情，皆認合乎理性之行爲爲善爲是，倘有人焉，不以爲然，竟欲反理性而行之，老子對此，並不加以責備。然流連荒亡，或侵犯他人而不知止，在道理反復之過程中，必將身受其害而已。此老子所清楚指明者。至於吾人之行爲，應當如何？老子並不硬性定規，而予人以選擇之自由。但吾人旣明反復之理，則權衡利害，對自已之慾望及行爲，自當加以適當節制也。是老子雖不言仁義，而其結論，如慈、儉、柔弱、謙下等修養，實亦隱隱合乎道德之規律。此種新建立之道德規律，正可以補宗教之不足，對懷疑論者之破壞，亦爲一種有力之彌補。

(4)道家講求「執其根本」，此種意見甚爲寶貴。萬事萬物，皆有其規律條理，明其條理，握其規律，則能執一御萬，以簡御繁。近世思想學術之飛躍進步，在科學方法之運用，而科學之研究，卽係在現象中歸納定律，然後使用此種定律，以解決或解釋種種疑難之問題。此種歸納之方法，與道家所謂「根本之道」，不無相合之處。要之，掌握根本，爲處理一切事務之秘訣。大學：「物有本末，事有終始，知所先後，則近道矣。」卽係指此而言。至於統率下屬，領袖羣倫，尤需明其條理脈絡，得其要點重心，有其終始先後，此亦求其根本之一例。故漢志稱道家爲君人南面之術，良有以也。

(5)寬大與包容：道之性質爲大，故能無所不包，無所不容。吾人效法天道，亦應以寬大與包容爲主。以寬大言，不咎既往，報怨以德，此中國對日和約之精神，抑亦道家思想之感召也。倘能發揚此種精神，使人類彼此之間，皆以寬大爲懷，互相原宥，互相體諒，則將造成何等和睦融洽之社會！至於包容，李斯諫逐客書：「泰山不讓拳石，故能成其大，河海不擇細流，故能就其深。」爲最佳之註脚。中華民族之所以能够融合發展，以至於成長壯大，皆因採取一種包容之態度。道家（尤其莊子）認爲一切意見皆屬良善，故中國人無論何事皆能包容。在中國沒有宗教戰爭，却能形成一種綜合衆說之道教。他如融合印度之小乘佛教，而爲大乘佛法；融會儒佛，而形成理學；尤有進者，中華民族富有和平之精神，又能同化外來民族，而不被外來民族所同化，凡此皆係「包容」之成效。

(6)道家思想之另一種精神，曰公平無私。道爲公平無私者，故吾人對人對事之態度，亦應如此。至乎法家，則「棄知去己，而緣不得已」，而變爲一種齊一上下之法治主義。無論如何，吾人認爲公平無私爲一種極正確之主張，藉此可以用一種極簡單之原則治人辦事，又可以避免許多無謂之麻煩與爭議，而使人人心服。

(7)老子主張柔弱謙下，以爲柔能勝剛，弱能勝強，謙虛下人，則能成器長；又主張不爭，以爲夫惟不爭者，故天下莫能與之爭。此爲一種極富智慧之見解。蓋在人類之社會中，許多事情，非剛強所能達到目的，而蠻橫驕縱，適足以敗事也。舉例言之，請人爲辦某事，其人不肯，吾以暴怒脅之，竟致引起爭鬪；反之，若以溫和之態度向其請求，彼或可以同心轉意，樂爲相助。又如有丐者二人，其一身強體壯，其一羸弱多病，則弱者病者之所獲，反較強者壯者爲多也。再以選舉爲例，高高在上，驕傲不可一世者，反不若謙虛敬謹之人，更受選民之擁護。以上諸例，皆顯而易見者也。

(8)追求幸福，爲古今中外人類一致之要求。然而眞正之幸福，果何在耶？常人咸以慾望之滿足，爲幸福之達成，故多執迷於物質之追求，與夫聲色之刺激，流連荒亡，靡有止境。殊不知人類之慾望，乃愈引愈大，如無底之深淵，永難予以徹底之滿足。試觀近世科學進步，種種發明，使人類之物質享受，不知增加數千百倍於往昔，而戰爭矛盾，方興未已，人類內心之虛空與苦悶，亦益形加重，則物質生活之改進，與人類之眞正幸福，是否有其必要之關係，誠足以令人懷疑。在道家觀之，求幸福而逐外物，毋寧南轅北轍，緣木求魚。眞正幸福，在精神之自由，與夫內心之寧靜。輕外物，小得失，則世變不能動，毀譽不能傷，此則眞正之幸福也。老子云：「五色令人目盲，五音令人耳聾，五味令人口爽，馳騁田獵令人心發狂，難得之貨，令人行妨」，不啻爲今日社會之暮鼓晨鐘。

(9)道家無爲之主張，雖不爲積極謀求問題之解決，然亦屬一種智慧之見。因爲在人類社會中，有許多事情，如放任不理，反而能獲得自然和諧；而插手處理，反而動輒得咎，自找麻煩。蓋將和諧破壞，而產生矛盾、對立，使問題愈趨複雜。已故青年黨黨魁曾慕韓先生嘗言，每當黨內意見分歧，甚至瀕臨決裂之時，倘彼出面斡旋，常大興波濤，而處處開罪於人，於事無補；反之，若沈默不言，靜待事變之平靜，常能面面圓到，履險如夷。此實深得道家無爲精神三昧者之言也。

(10)近世文明進步，教育普及，人類對於知識之追求，日形迫切。然知識之增進，與智慧之提高，並無何種必要之關係。有時知識反爲一種蔽障，使人失去其客觀與明斷。且知識增多，憂愁痛苦亦隨之增多，反不如無知者之無憂無慮也。俗云：「傻人自有傻福。」又云：「難得糊塗。」故道家反對知識，亦有助於人類過份追求知識而造成心靈痛苦之解救也。

(11)道家思想之最可貴處，在主張純樸混沌，保持吾人之眞性情。當人類初生之時，天眞純樸，無知識，無煩惱，最近自然；及至年事漸長，知識漸增，而顧慮憂思，亦隨之增多。於是虛僞矯飾，而喪失其天眞純一。此種情形，尤以文明進步，禮教發達之社會爲甚。試觀世人歡喜之時，不敢縱聲大笑，悲哀之時，不敢盡情痛哭，愛、慾、憤、恨、情、思等等，均不敢自由表達，何等拘束！何等痛苦！反而美其名曰斯文，教養，豈不悲哉！而世之自始至終，均能順性而行，永保其天眞者，舉世究有幾人耶？此文明社會之所以可悲也。道家思想，實爲文明社會之反動，欲由種種人情世故之束縛中獲得解脫，而還反其天眞自由。

(12)道家思想，有助於感情之昇華：實際人生，與理想之間，總有一段距離，決無十全十美之情形。對於現實不滿，則精神鬱結，生活之情趣全失。排遣之道，或假哲學、宗教，或藉文學、音樂、美術，無非在求情感之昇華，而使精神獲得合理之發洩。道家思想在此方面之功效尤爲顯著，蓋其滅除物欲之目的，卽在獲得精神之自由也。尤其莊子思想，洸洋恣肆，予人一種心理上之共鳴。其「怒而飛」一語，最足以自狀其文。觀乎兀者王駘、申徒嘉、叔山無趾、哀駘它、支離疏、闉跂支離無脤、甕㼜大癭諸人，皆形體不全，而能心通至道，內充其德，逍遙自在，其樂無窮；自然予人一種移情作用，使人忘其殘缺，而一切煩惱及不如意事，亦渙然消解矣。

⒀道家樂天安命思想，造成一種和順之性情。中國人遇到逆境，甚至極大之痛苦，大多委之天命，而不加反抗，不發怨言，此爲道家對國人最大之一種影響。由於此種影響，使中國人成爲世界上最堅韌，最能克苦耐勞，最能適應各種惡劣環境之民族；另一方面，亦使中國人成爲一種最柔順，最聽話，最容易治理之民族；非至萬不得已，決不對統治者實行反抗。

⒁道家之無爲政治，主張一切順乎自然，則天下可治。此種見解，過於理想，自然無法適應日趨複雜之社會。然其純任自然，以淸虛爲本，以因循爲用之主張，實足以藥後世以擾民爲能事者之通病。

⒂中國歷代之讀書人，大多受兩種思想之影響。其一爲仕，其一爲隱。（李辰冬博士研究中國文學史，以作家之意識爲主，據其研究結論，認爲中國之文學家，要不外仕與隱兩種意識。詳見其所著文學新論。）隱者思想，與道家有密切關係，自不待言；即步入仕途者，亦多少存有一種「功成，名遂，身退，天之道」（老子第九章）之想法，不欲過盛過盈。於此亦可見道家思想對中國學者之影響矣。故中國學者之理想人物，係一種在隱居時遊心於虛無之境，研幾於天人之際；一旦國家有事，又能獻身仕途，運用其智慧，以扭轉乾坤，挽救世運之英雄豪傑。

⒃老子及陰符經，主張「應機」，亦甚有見地。蓋不論自然社會以及人事政治，均有其轉變之時機，倘能抓住機會，掌握機運，則往往可收事半功倍之效。孟子：「雖有智慧，不如乘勢，雖有鎡基，不如待時。」而 國父提倡三民主義救國革命，亦係「順應世界潮流，體察中國環境」；凡此皆

「應機」之例證。

⒄失敗後之繼起：道家思想，要人退一步看人生，故在遭遇失敗之時，亦能不灰心喪志；達觀樂觀，而無所憂愁。此實爲一種最高之修養，果能具此修養，則雖遭遇失敗，仍可待時而起，再圖恢復。吾人當知人生不如意事十常八九，在此工業發達之時代，社會有如戰場，此種情形，更所難免。尤有進者，工業社會，人情淡薄，而宗教又失去安慰人心之力量，則道家之達觀思想，倘運用得當，正可作爲今日社會撤退者之庇護所，失敗者之根據地，以其有安慰人心之功效也。

二、對於先秦道家思想之批判

⑴道家思想容易使人消極：由產生之背景言，道家思想起自混亂社會之隱者，故對現實問題，大致採取一種逃避退縮之態度。此種態度，吾人認爲是有欠健康的。固然，有些問題，一經逃避，即可不再受其干擾；但吾人日常所遇到之問題，則大多須經積極之努力，始能獲致解決，倘一味因循消極，以逃避問題，則有如駝鳥之自藏其首於沙坑之中，不見一物，遂以爲獵者之不復存在；若此，非自欺欺人而何？故吾人以爲，道家學說之功用，雖可補偏救蔽於一時，但終不可作爲正常人生之指導也。

⑵邏輯上之矛盾：老子主張「反者道之用」；設若此說成立，則必可應用於老子學說之本身。但其學說本身主張「反」，「反」之又「反」，則復歸於「正」，「正」與「反」不相容，是其學說自

相矛盾矣。莊子主張「齊物」，而不必有所偏執；然「齊物」與「不齊物」之間，亦爲「兩行」。主「齊」而擯「不齊」，是非爲另一種「物論」耶？倘眞正無心於物，順其自然，則「齊物」之執著，亦應予以破除也，此又一矛盾。

(3)道家思想與科學：道家思想，雖重自然，但其對於自然之態度，爲欣賞，爲崇拜，爲配合，彼等「並不想殺死月亮星子」，(引自漢明威老人與海)，故道家思想，始終未能在科學上有所建樹。西方文明則不然，其對自然之態度，自始至終，卽爲探索，征服，故能在科學上有輝煌之成就。私意以爲，中國科學之未能發達，道家思想應負極大之責任。

(4)莊子之齊物，老子之不爭，有相同之弊害。其害爲何？卽造成「差不多」，「馬馬虎虎」之觀念也。在道家思想中，宇宙甚大，常人所爭之大小多少，實在毫無價値之可言。蓋以道視物，毫末之差，並無重視之必要也。胡適評之曰：「這種學說，初聽了似乎極有道理，卻不知世界上學識的進步，只是爭這半寸的同異，世界上社會的維新，政治的革命，也只是爭這半寸的同異。若……把一切是非同異的區別都看破了……見地固是『高超』，其實可使社會國家世界的制度習慣永遠沒有進步，永遠沒有革新改良的希望。」(中國古代哲學史)

(5)莊子齊一物論，認爲一切意見都是好的，而主張包容，主張不譴是非。此項意見，固然亦甚高超，但其流弊，則易造成一種阿諛依違，苟且媚世之無恥小人，或是一種不關社會痛癢，不問民生疾苦，樂天安命，聽其自然的廢物。(說亦見胡著中國古代哲學史)

(6)老子主張屈曲，柔弱，亦有不可行之處。何以故？宇宙萬變，「曲則全」，「柔勝剛」，固亦有其理由，但非一成不變者。在人類社會中，更多之情形，爲「曲則毀」，「剛勝柔」。「優勝劣敗，適者生存」，在今日之世界中，無論國家或個人，仍屬大致可以通行之定律也。且以屈曲求全，以柔弱徉生，亦頗易於造成不顧道義，喪失人格，變節降敵，厚顏事仇之無耻行徑，此種重要之流弊，尤其不可不予注意也。

(7)老子「反」「復」之道，其流弊容易造成虛僞，及反覆無常；而「和光同塵」之主張，亦易於造成鄉愿及佞倖之流。更有進者，將養成一種文過飾非之習慣，惟知自掃門前雪，重人情味而缺乏公德心。漢書曹參傳：「參見人之有細過，掩愿而覆蓋之，府中無事。」

(8)老子主張以柔克剛，實爲一種陰謀之道，內含殺機。曾文正、吳子序均作此論。魏源亦云：「陰之道雖柔，而其機則殺。故學之善者，則淸靜慈祥，不善者，則深刻堅忍，而兵謀權術宗之。雖非其本眞，而勢亦所必至也。」吾意以爲人與人相處，仍應以忠厚篤實爲主，倘相率以陰謀殺機相向，則我以此對人，人亦將以此待我，人我之間，彼此相害相賊，則將防不勝防，永無安寧之日矣。

(9)莊子與道冥合，泯除物論，外乎死生，一切順乎自然，以待萬物之自化，其說誠高遠矣；奈社會進步，人事複雜，此種理論，不能切實實行何？夫旣處於人類之社會，自有應對人世之辦法，莊子專重天道，欲以之施於人事，毋乃偏於玄想乎？此荀子所以論其「蔽於天而不知人……由天爲之，道盡因矣。」（荀子解蔽篇）

(10)道家思想之破壞性：平心而論，道家思想對於傳統之社會與禮制，具有極大之破壞作用。觀其掊提仁義，絕滅禮樂，非議賢聖，甚至主張掊棄斗斛權衡，以反於純樸無知，亦可知其態度之激烈矣。胡適以革命家稱之，甚當。「革命」一詞，自非定爲壞事，但革命包括破壞與建設，道家破壞傳統制度，而其建樹，則又蔽於天道，故吾人不能已於言也。

(11)道家反對知識，知識固亦可能造成危害，但亦足以改進吾人之精神與物質生活也。反對知識，不免有因噎廢食之譏。道家又認爲一切意見均值得懷疑，宇宙中一切現象，以及一切問題之答案，均爲不可知，此亦未免失之過份。吾人並不認爲人類知識爲無限者，但在一定範圍之內，知識仍屬可能。倘若果如道家之言，一切知識均屬可疑，而打消一切標準，則日常生活，將造成何等困擾與混亂！

(12)莊子言與道冥合，可以超脫物論，外乎死生，入火不熱，穿石不傷，又認爲人雖渺小，但可與天地萬物之本體相結合，故通天而大。此種想法，在實際上爲不可能之事，其中多少含有迷信之成份。然若堅持此念，則易於造成一種固執自大之心理。何則？既能與宇宙之眞宰合一，則無所不能，亦無所期待矣；瑣屑之事，又烏能入其心目之中耶？中法之役，滿清戰敗，當時竟有人稱「小屈必有大伸」，此種自大狂之心理，與道家思想不無關係。

(13)樂天安命說之流弊：易於造成因循苟且之心理，安於現狀，而不求進取，不肯奮鬭，消極頹廢，終至於虛度光陰，一事無成。

⒁道家思想爲亂世社會所造成之反動，故反傳統，反一切固有之制度。道家破壞一切道德標準，其本身又無積極指導行爲之準則，是以使人無所依憑，至終流於頹唐也。大陸上不久以前出現所謂「逍遙派」之青年，不問世事，不管前途，只顧目前享樂，得過且過；美國境內亦有一種「嬉皮風」，奇裝異服，驚世駭俗，男女雜處，毫無顧忌；皆逃避現實，成爲莊子曠達流風之承繼者。

⒂道家思想妨礙政令之推行：道家遠離世俗，不求聞達，危言危行，居於能與不能之間，以求自全其生命。此種不預世事之態度，遂使政令無法推行。倘世人皆篤行其說，則國中將無可徵之兵，可籌之餉，亦將永無強而有力之政府矣。且其輕視外物，則賞不足以勸，罰不足以懼，作戰則不勇，做事則不力，國之分崩離析，可立而待也。

⒃道家思想，流爲楊朱，則變爲極端之個人主義。自私、放肆、縱慾、畏死、無父無君，其本意在不侵犯他人，但其末流，求不侵犯他人而不可得也。

⒄道家思想變爲申韓，則流於殘酷無情，刻薄寡恩，成爲軍國主義專制暴政之幫凶，其爲害於人，更顯然可見也。

三、結　論

本文至此，理當作一結論。

吾之意見，以爲道家思想，乃以天道用之於人事，其高明之處在此，其與實際情形齟齬之處亦以此。何則？道家探求天道，故所見高遠，非他家所及。然高則高矣，其奈未能實踐何？故老子之柔弱，莊子之高超，楊朱之放肆，均不能作爲人世間積極指導行爲之準則。譬如：「宇宙中無眞正之直線，亦無眞正之平面。」此言固爲眞理，然在普通工程之中，垂線、水平、與幾何圖形，仍有其存在之價值。倘因此而否定一切平面，則工程建設，幾何計算，均爲不能成立矣。又如：「自愛因斯坦發現質能互變律以來，物質不滅定律早應廢止矣。」此說誠是，然在普通化學之變化中，物質不滅定律，仍有使用之價值也。道家學說，亦何不如此。其言論雖亦有永存不滅之價值，然其偏頗之處，仍當以他家思想補充之。此卽儒、墨、名、法、兵……諸家之所以仍應並予重視之故也。

吾又有一種想法，認爲道家僅在說明現象，其理論本身，並無利弊之可言。及其產生或好或壞之影響，乃視後人運用之方向所決定。譬如一把利刃，可以割物，亦可以傷人。道家思想亦猶是也，同一論點，可以用於好的方面，亦可用於壞的方面。例如「棄知去己」，用於好的方面，爲公平無私，用於壞的方面，爲殘忍無情。「機」字，用於好的方面爲掌握機運，用於壞的方面爲投機取巧……均屬利弊互見，惟在吾人之善於運用而已。

道家思想之內容，極爲複雜，而諸子之論點，亦各不相同。其末流甚至有與老莊原意互相矛盾之處。是故欲作一種清晰篤實之評議，實非易事。以上所述，僅就研習所得，一一條列而已。其中誤謬及掛漏之處，自亦難免，然以學力所限，修正及補充，亦惟有俟諸異日矣。博雅君子，其有以教我！

本文主要參考書目一覽表

中國學術思想大綱、林尹著。　中國古代哲學史、胡適著。　中國哲學史、馮友蘭撰。　中國哲學史、謝无量撰。　中國哲學史話、張起鈞、吳怡著。　中國學術思想史、孫其敏著。　中國文化史、柳詒徵著。　先秦政治思想史、梁啓超撰。　林公鐸先生學記、徐澄宇述。　周秦諸子概論、高維昌撰。　諸子十家平議、毛鵬基纂。　諸子考釋、梁啓超撰。　讀子卮言、江瑔撰。　諸子平議、清兪樾撰。　諸子平議補錄、清兪樾撰、李天恨輯。　僞書通考、張心澂編著。　子略、高似孫撰。　古今僞書考、姚際恒撰。　古史辨、第四冊、第六冊、羅根澤編著。　中外老子著述目錄、嚴靈峰編纂。　列子莊子知見書目、嚴靈峰編著。　老莊哲學、吳康著。　老莊哲學、胡哲敷著。　老子注、周李耳撰、晉王弼注。　老子本義、清、魏源撰。　老子道德經註解、明憨山大師釋德淸撰。　道德經註解、張洪陽撰、玄宗內典本。　老子章句新編、嚴靈峰撰。　評點老子道德經、嚴復撰。　老子注、陳澧撰。　老子白話句解、陳修注釋。　老子道德經白話、梁夾如撰。　老子、張起鈞撰。　老子哲學、張起鈞撰。　莊子集釋、周莊周撰、郭象注、成玄英疏、陸德明釋文、郭慶藩集釋。　莊子集解、清王先謙撰。　莊子內篇證補、朱桂曜撰。　白話莊子讀本、葉玉麟撰。　莊子哲學、蔣錫昌撰。　莊子研究、葉國慶撰。　列子注、周列御寇撰、晉張湛注。　黃帝陰符經、唐張果注。　陰符經、張洪陽注、玄宗內典本。　集註陰符經、太公、范蠡、鬼谷子、張良等十一家。　陰符經眞詮、黃元炳箋釋。　伊尹書、商伊摯撰。　辛甲書、周辛甲撰。　公子牟子、周公子牟撰。　田子、周田駢撰。　老萊子、周楚老萊子撰。　黔婁子、周黔婁先生撰。　鄭長者、周鄭長者撰。以上七種、爲清馬國翰輯佚本。　子華子、周程本撰。　亢倉子、周庚桑楚撰。　鶡冠子、周楚之隱人。以上三書爲百子全書本。　文子（通玄眞經）周辛計然撰、正統道藏本。　性理題解、濟公活佛撰。　道學與道教、趙家焯撰。　韓非子集解、周韓非撰、清王先謙集解。　愼子、清錢熙祚校。　管子校正、唐尹知章注、清戴望校正。　史佚書、史佚撰。　墨子閒詁、孫詒讓撰、李笠校補。　荀子集解、唐楊倞注、清王先謙集解。　呂氏春秋、秦呂不韋撰、許維遹集釋。　淮南子注、漢高誘撰。　晏子春秋校注、張純一撰。　尸子、周魯尸佼撰、清汪繼培輯。　素書、漢黃石公撰。　三略、漢黃石公撰。　孫子兵法、孫武撰。　吳子兵法、吳起撰。　世說新語、劉義慶撰。　四書集註、朱熹撰。　論語注疏、何晏集解、邢昺疏。　易經注疏、王弼、韓康伯注、孔穎達正義。　詩經注疏、毛公傳、鄭玄箋。　書經注疏、孔安國傳、孔穎達正義。　禮記注疏、鄭玄注、孔穎達正義。　左傳注疏、杜預注、孔穎達正義。　說文解字注、漢許愼撰、清段玉裁注。　中華五千年史、第二冊、第三冊、張其昀著。　國史大綱、錢穆撰。　中華全史。　秦漢史、錢穆撰。　史記、漢司馬遷撰。　漢書、漢班固撰。　三國志、陳壽撰。　晉書、唐太宗御撰。　自然哲學與社會哲學、廖維藩撰。　哲學概論、范錡撰。

中華哲學叢書

先秦道家思想研究

1912

作　　者／張成秋　著
主　　編／劉郁君
美術編輯／中華書局編輯部

出 版 者／中華書局
發 行 人／張敏君
行銷經理／王新君
地　　址／11494 台北市內湖區舊宗路二段181巷8號5樓
客服專線／02-8797-8396　　傳　　真／02-8797-8909
網　　址／www.chunghwabook.com.tw
匯款帳號／華南商業銀行　西湖分行
179-10-002693-1　中華書局股份有限公司

法律顧問／安侯法律事務所
印刷公司／維中科技有限公司　海瑞印刷品有限公司
出版日期／2015年7月三版
版本備註／據1983年12月二版復刻重製
定　　價／NTD 520

國家圖書館出版品預行編目（CIP）資料

先秦道家思想研究 / 張成秋撰.-- 三版. -- 台
北市 : 台灣中華, 2015.07
面 ; 公分. -- (中華哲學叢書)
ISBN 978-957-43-2554-2(平裝)

1.道家 2.先秦哲學

121.3　　104010329

NO.B0029
ISBN 978-957-43-2554-2（平裝）

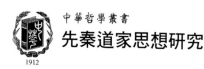